# LE JAPON CONTEMPORAIN

## Collection POLITIQUE ET ÉCONOMIE

Cette collection est dirigée par le Groupe d'étude et de recherche sur les transformations sociales et économiques (Université de Montréal — Université du Québec à Montréal).

Série ÉTUDES CANADIENNES
- *Énergie et fédéralisme au Canada* , Michel Duquette
- *La Montée de l'ingénierie canadienne*, Jorge Niosi
- *La Politique technologique au Québec*, Robert Dalpé, Réjean Landry
- *La Société libérale duplessiste*, Gilles Bourque, Jules Duchastel, Jacques Beauchemin
- *Vers l'innovation flexible* , Jorge Niosi

Série TENDANCES ACTUELLES
- *Action collective et démocratie locale. Les mouvements urbains montréalais*, Pierre Hamel
- *Les Formes modernes de la démocratie* , Gérard Boismenu, Pierre Hamel, Georges Labica
- *La Modernisation sociale des entreprises*, Paul R. Bélanger, Michel Grant, Benoît Lévesque
- *Où va le modèle suédois ? État-providence et protection sociale*, Lionel-H. Groulx
- *Les Pièges de l'austérité* , Pierre Paquette, Mario Seccareccia
- *La Recomposition du politique*, Louis Maheu, Arnaud Sales
- *Une voix pour le Sud. Le discours de la CNUCED*, Jean-Philippe Thérien

Série LES GRANDS PENSEURS
- *Gunnar Myrdal et son œuvre*, Gilles Dostaler, Diane Éthier, Laurent Lepage
- *Milton Friedman et son œuvre*, Marc Lavoie, Mario Seccareccia

Série CORPUS
- *Le Système politique américain*, Edmond Orban, Michel Fortmann

# POLITIQUE ET ÉCONOMIE
## TENDANCES ACTUELLES

# LE JAPON CONTEMPORAIN

## UNE ÉCONOMIE NATIONALE, UNE ÉCONOMIE MORALE

**Bernard Bernier**
Anthropologie,
Université de Montréal

LES PRESSES DE L'UNIVERSITÉ DE MONTRÉAL
C. P. 6128, succursale Centre-Ville, Montréal (Québec), Canada, H3C 3J7

**Données de catalogage avant publication (Canada)**

Bernier, Bernard, 1942-
    Le Japon contemporain. Une économie nationale, une économie morale
    (Politique et économie. Tendances actuelles)
    Comprend des réf. bibliogr.
    ISBN 2-7606-1654-1
1. Japon - Conditions économiques - 1945-    . 2. Japon - Politique économique - 1945-    . 3. Main-d'œuvre - Japon. 4. Entreprises - Japon. 5. Infrastructure (Économie politique) - Japon. 6. Japon - Conditions sociales - 1945-    . I. Titre. II. Collection.

HC462.9.B428 1995          330.952'04          C95-940937-8

Cet ouvrage a été publié grâce à une subvention de la Fédération canadienne des sciences sociales, dont les fonds proviennent du Conseil de recherches en sciences humaines du Canada.

Les Presses de l'Université de Montréal tiennent à remercier le ministère du Patrimoine canadien, le Conseil des Arts du Canada, le ministère de la Culture et des Communications du Québec et l'Université de Montréal pour le soutien constant qu'ils apportent à leur programme éditorial.

Illustration de couverture :
Jean McEwen
« Jaune, marges orange », 1958
Aquarelle sur papier, 35 cm x 25 cm
Galerie Simon Blais, Montréal

ISBN 2-7606-1654-1

Dépôt légal, 4ᵉ trimestre 1995
© Les Presses de l'Université de Montréal, 1995

# Introduction

La croissance de l'économie japonaise dans les décennies de l'après-guerre a fait l'envie à la fois des pays industrialisés d'Europe et d'Amérique du Nord et des pays en voie de développement. En moins de 50 ans, le Japon, détruit par la guerre, est devenu un des pays les plus prospères du globe, du moins si on se fie aux indices macroéconomiques. En quarante-cinq ans, le Japon est devenu le second pays pour ce qui est du PNB (4 000 milliards de $ US en 1992, environ les deux tiers de celui des États-Unis, avec un peu moins de la moitié de la population). Le PNB par habitant s'élève en 1993 à environ 35 000 $, le plus élevé de tous les pays industrialisés (sauf la Suisse). Le revenu par habitant, en 1990, se situait à 18 200 $. Le progrès du Japon a donc été tout à fait phénoménal. C'est ce progrès qui fait l'objet de ce livre.

La croissance économique du Japon dans l'après-guerre constitue un phénomène complexe qui exige une explication qui tienne compte d'un ensemble de facteurs interreliés, de nature différente, qui ont joué conjointement, mais quelquefois en s'opposant. Ces facteurs sont de nature économique (taux d'épargne, taux d'investissement, système de crédit, conjoncture internationale, etc.), politique (politique industrielle, politique monétaire, politique fiscale, politique de financement, etc.), institutionnelle (structure du monde des affaires, structure des entreprises, etc.), sociale (affrontements ou compromis entre forces sociales, relations sociales dans les institutions ou entre institutions, etc.), idéologique (promotion des politiques nationales, idéologie du sacrifice pour la nation, etc.) et culturelle (façons de penser et de se comporter, etc.). C'est ce faisceau de facteurs, analysé historiquement, qui est au centre de l'interprétation de l'économie japonaise présentée dans ce livre.

L'analyse qui suit se fonde sur le principe de l'insertion de l'économie dans des ensembles sociaux complexes (ce qu'on appelle les «sociétés») se développant historiquement en fonction de la conjoncture mondiale et en fonction des conflits, alliances et compromis internes. Il n'est donc pas question de traiter l'économie japonaise (ou toute autre économie) comme secteur tout à fait autonome, déterminé strictement par les règles du marché. L'économie japonaise est bien une économie de marché, mais qui s'est développée dans un contexte tel que l'idée et la réalité d'un marché comme mécanisme souverain et autonome de répartition des ressources et de la richesse n'ont pas pris racine. Notons que, même en Occident, où la théorie du marché autonome a pris naissance et a connu son développement le plus avancé, l'État n'a cessé d'intervenir pour corriger certains des effets négatifs de l'économie de marché. Au Japon, l'intervention politique dans l'économie a été et est encore reconnue d'emblée, considérée comme inévitable et valorisée. C'est que l'idée d'une économie *nationale*, comme économie de toute la nation représentée au premier chef par l'État et par les entreprises, est acceptée comme évidente par la majorité : de là l'acceptation du rôle économique de l'État (voir les chapitres 2 et 3) et la coopération étroite entre État et entreprises (voir le chapitre 5).

Par ailleurs, les institutions économiques par excellence que sont les entreprises ne sont pas considérées au Japon strictement comme des organisations visant le profit, mais plutôt comme des ensembles de relations sociales autour d'un objectif économique (voir les chapitres 5 et 6). On verra plus en détail au chapitre 5 que cette conception ne s'est pas imposée d'emblée, mais résulte de conflits internes survenus à diverses époques de l'histoire du Japon industriel. Il n'en reste pas moins qu'à l'heure actuelle, bien qu'elle cache certaines formes d'exploitation de la main-d'œuvre (voir les chapitres 4 et 5), cette idée d'une économie sociale et même d'une *économie morale* associée à l'entreprise existe au Japon. C'est donc dans ce contexte social au sens large que l'analyse de l'économie japonaise doit se faire.

L'analyse qui suit ne sera pas un panégyrique : si le succès économique japonais est indéniable, il ne s'est pas accompli sans heurts, sans difficultés et sans sacrifices. Certains groupes et certaines catégories de la population ont été délaissés au profit d'autres ; l'insistance sur la production s'est faite au détriment de l'environnement (du moins avant 1970) et des équipements sociaux ; le système d'éducation a mis sur les épaules des jeunes des pressions énormes. Tout cela sera analysé dans cet ouvrage. Mais, du point de vue de la croissance et du niveau de vie, le positif dépasse le négatif, et c'est ce positif qui sera au centre de l'analyse.

Dans l'examen qui suit, la continuité historique sera prise en compte : celle qui lie l'après-guerre à l'avant-guerre et aux périodes historiques antérieures, à travers les mentalités, les institutions, les doctrines, les personnalités, etc. Mais l'analyse portera aussi sur les discontinuités, les transformations, les redéfinitions, les réutilisations de modèles institutionnels ou culturels, modifiés pour qu'ils s'adaptent à des circonstances nouvelles. Parmi les transformations majeures, soulignons celles qui ont trait à la place du Japon dans le marché mondial. L'accent mis sur les transformations souligne l'importance que prend le processus historique dans l'analyse qui suit.

L'ouvrage est divisé en deux grandes parties de trois chapitres, le chapitre 4 servant de transition entre les deux. La première partie (chapitres 1, 2 et 3) présente une analyse macroéconomique de l'évolution de l'économie japonaise depuis 1945. Le premier chapitre offre, à l'aide de tableaux statistiques, une présentation schématique de l'évolution de l'économie et de la société japonaise entre 1945 et les années 1990. Le second porte sur les caractéristiques et sur les mécanismes économiques et politiques qui ont marqué la période de la haute croissance (1954-1973). On y verra comment les politiques et les arrangements institutionnels globaux qui ont encadré l'économie et la société japonaise depuis 1950 ont été mis en place et ont fonctionné. On y analysera aussi les politiques liées à la croissance. Le troisième chapitre présente une analyse des modifications des caractéristiques et mécanismes de l'économie japonaise depuis 1971, surtout à la suite de l'accession du Japon au rang de grande puissance économique et à la suite de la libéralisation et de la globalisation de l'économie japonaise qui s'ensuivirent. Cette première partie est donc centrée sur les évolutions globales et sur les politiques de l'État.

Le quatrième chapitre analyse, encore une fois à l'aide de tableaux statistiques, l'évolution dans la composition et dans l'utilisation de la main-d'œuvre de 1945 à nos jours. Cette analyse, de nature macroéconomique comme la première partie, s'ouvre néanmoins à l'analyse des institutions, surtout des institutions économiques, qui constitue la deuxième partie du livre (chapitres 5, 6 et 7). Le cinquième chapitre comporte un examen des structures du monde économique et de l'organisation des grandes entreprises (y compris le système des relations de travail). Le sixième porte sur le fonctionnement et les stratégies des grandes entreprises. Enfin, le septième traite des facteurs institutionnels et socioculturels qui ont un impact sur l'économie ou qui y sont reliés, comme le système d'éducation qui prépare au marché du travail, ou les inégalités sociales qui tiennent en partie au niveau du revenu, ou enfin le discours sur la nation qui tente de justifier l'insistance mise sur l'économie et l'effort exigé de tous pour la croissance. En conclusion, nous examinerons synthétiquement le rôle des différents facteurs dans l'explication de la croissance japonaise, en signalant certains des problèmes théoriques que l'évolution récente du Japon soulève.

Les deux grandes parties de cet ouvrage se complètent en ce qu'elles abordent le problème de l'évolution de l'économie japonaise selon deux angles interreliés. S'il est clair que les politiques de l'État ont eu un impact majeur sur la croissance, il n'en demeure pas moins que les entreprises, autant les PME que les grandes entreprises, ont participé de façon tout à fait essentielle au progrès économique. De plus, la façon dont les entreprises ont fonctionné dans l'après-guerre est liée étroitement à la politique de l'État japonais. Il est donc essentiel, pour une compréhension globale de l'évolution de l'économie japonaise, d'examiner tant les évolutions des politiques et de la croissance que le fonctionnement des entreprises.

Pour des raisons de facilité de lecture, les tableaux statistiques ont été limités presque exclusivement à deux chapitres (chapitres 1 et 4). Ces tableaux sont nécessaires pour montrer quantitativement l'évolution de l'économie japonaise (chapitre 1) et la composition de la main-d'œuvre (chapitre 4). Ils sont donc essentiels à la démonstration. Cependant, les lecteurs que les tableaux rebutent pourront toujours passer directement aux chapitres suivants, qui n'en contiennent que quelques-uns.

Les données qui ont servi à la rédaction de cet ouvrage proviennent de diverses sources. La majorité des données statistiques ont été tirées de compilations gouvernementales japonaises. D'autres données statistiques ainsi que certaines analyses sont extraites d'ouvrages déjà publiés : quand c'est le cas, ces ouvrages sont cités dans le texte. D'autres ouvrages ont influencé les analyses contenues dans ce livre, sans que des données qu'ils contiennent soient utilisées pour autant. La bibliographie présentée à la fin de cet ouvrage donne la liste de toutes les sources qui ont servi à la rédaction. Enfin, certaines analyses sont fondées en bonne partie sur des recherches originales que j'ai faites au Japon : sur l'agriculture, sur l'organisation des entreprises, sur les relations de travail, sur l'automatisation industrielle et sur les fondements sociaux et culturels de l'industrialisation japonaise. Toutes ces recherches, sauf celle portant sur l'automatisation, qui a été financée par la Fondation du Japon, ont été rendues possibles grâce à des subventions de recherche du Conseil de recherches en sciences humaines du Canada. Certaines de ces recherches ont déjà fait l'objet de publications antérieures (voir la bibliographie). Ces publications n'ont pas été incorporées comme telles à cet ouvrage, mais leurs conclusions y ont quelquefois été utilisées. Des passages d'un article plus récent portant sur le prétendu modèle familial de l'entreprise ont toutefois été utilisés dans le texte (voir Bernier, 1994 a, repris au chapitre 5).

# Chapitre 1

# L'évolution de l'économie et de la société japonaises depuis 1945

## 1. Introduction

### Les phases historiques de l'économie de l'après-guerre

L'économie japonaise de l'après-guerre peut commodément se diviser en cinq phases : la reconstruction (1945-1954), la haute croissance (1955-1973), la récession du choc pétrolier (1973-1974), la croissance modérée (1975-1990) et la récession des années 1990 (1991-1994). Cette division comporte une part d'arbitraire, des politiques ou des tendances caractéristiques d'une phase pouvant avoir leur origine dans une phase précédente (ou même dans l'avant-guerre ou pendant la Seconde Guerre mondiale) et certaines pouvant se continuer dans une phase ultérieure. Par ailleurs, les deux phases de récession apparaissent plus comme des phases de transition ou des accidents historiques, provoqués par la maturation de l'économie interne ou par la conjoncture mondiale, que comme des étapes ayant des caractéristiques structurelles propres.

La division en cinq phases a tout de même son utilité, en particulier par l'insistance mise sur les tendances qui les distinguent les unes des autres. Les premières années de l'après-guerre sont vouées à la réforme des institutions, imposée par l'armée américaine d'occupation (l'occupation a duré de 1945 à 1952), et à la reconstruction des équipements (logement, usines, ports, aéroports, etc.) détruits par les bombardements américains de 1944-1945. Cette phase est marquée par la déflation de 1949, conséquence d'une politique de restriction budgétaire imposée par les Américains, et par la reprise suscitée par la guerre de Corée (1950-1953). Elle est aussi marquée par la mise en place de la majorité des institutions et des arrangements organisationnels qui ont encadré l'économie et la société japonaises des 40 dernières années : structure financière, politiques économiques, structure du monde des affaires, structure des entreprises, relations de travail, etc. Étant donné l'importance des décisions prises pendant la reconstruction, les caractéristiques économiques de cette période sont traitées au chapitre 2 portant sur la période de haute croissance.

La période de haute croissance est sans aucun doute la plus importante pour la compréhension du succès économique du Japon. D'une part, c'est pendant cette période que le Japon a rejoint plusieurs des pays fortement industrialisés d'Europe pour ce qui est du revenu et du PNB par habitant. D'autre part, et il s'agit là d'un aspect encore plus important, les années 1955-1973 ont assuré la consolidation des structures économiques et du cadre institutionnel qui fondent et encadrent encore maintenant les entreprises et les relations de travail. C'est pendant cette période que les caractéristiques fondamentales de l'économie et de la société japonaises de l'après-guerre ont été vraiment définies.

La récession du choc pétrolier a servi en quelque sorte de transition, rendant nécessaires des modifications au cadre juridique et institutionnel de la période de haute croissance. Ces modifications, commencées durant la récession de 1973-1974, ont surtout eu lieu dans la période de croissance modérée, qui a permis au Japon d'accéder au rang de pays le plus riche parmi les pays fortement industrialisés, et qui a été marquée par la libéralisation du marché japonais et par la transformation de sa structure productive et financière. La récession des années 1990, provoquée par la récession mondiale, constitue vraisemblablement une étape transitoire dans cette phase de croissance modérée.

## 2. La croissance économique

### Les mesures de la croissance

La croissance économique du Japon, comme on l'a déjà vu, s'est située en général à un niveau qui équivaut au double de celui de ses concurrents, tant dans la période de haute croissance que dans celle de croissance modérée. Seules font exception les périodes de récession sévère de 1949-1951, de 1974-1975 et de 1992-1994.

Le graphique 1.1 nous donne la courbe de la croissance de 1954 à 1992. La distinction entre la phase de forte croissance, qui se termine brusquement en 1974, et la période de croissance modérée y apparaît clairement. On peut y voir aussi que la première période a donné lieu à des écarts annuels du taux de croissance beaucoup plus prononcés que la seconde, bien que les creux de la première période (1959, 1963, 1965) se caractérisent par des taux équivalents à ceux des sommets de la période de croissance modérée (1979, 1985, 1988), soit autour de 6 %.

La forte croissance du Japon lui a permis de prendre une place de plus en plus importante dans l'économie mondiale (tableau 1.1). En effet, la part du Japon dans la production mondiale a plus que doublé entre 1970 et 1987, alors que celle de ses concurrents diminuait (baisse de près de 20 % pour les États-Unis et de près de 15 % pour le Canada) ou augmentait beaucoup plus faiblement (environ 12 % pour l'Allemagne et pour la France). Cette forte hausse a signifié une augmentation plus que substantielle du PNB par habitant qui, de 40 % environ de celui des États-Unis en 1970, en est venu à le dépasser en 1987. Une part de cette hausse, mesurée en dollars, est attribuable à l'augmentation de la valeur du yen en comparaison du dollar (tableau 1.2), mais il ne s'agit pas là de la seule cause. En effet, le tableau 1.3 nous donne les taux annuels moyens de croissance du PIB au Japon, aux États-Unis, en France et au Canada pour la période 1965-1989. On peut y voir que sur ce point, le Japon a eu un avantage certain, surtout vis-à-vis des États-Unis.

La hausse du PNB par habitant a signifié aussi une augmentation rapide du revenu moyen. Le tableau 1.4 nous donne une comparaison du PNB et du revenu par habitant en 1988 au Japon par rapport à d'autres pays industrialisés d'Europe et d'Amérique du Nord. On peut y voir que le Japon se situe au troisième rang dans les deux catégories, derrière des petits pays comme la Suisse et le Luxembourg (deux pays se spécialisant dans le secteur bancaire avec comptes secrets), donc devant tous ses concurrents sérieux. Même si le coût de la vie, mesuré en dollars, continue d'être très élevé au Japon, on peut dire que les Japonais bénéficient en moyenne d'un des revenus les plus élevés au monde et que ce revenu, du moins jusqu'en 1991, a continué d'augmenter plus vite que chez ses concurrents.

*Les modifications de la base industrielle*

Un des facteurs qui ont permis au Japon de progresser aussi vite dans ces domaines est sans aucun doute la force de sa base industrielle, qui, de plus en plus, s'est orientée vers les secteurs de pointe. Le tableau 1.5 donne la répartition des activités selon les grands secteurs d'activité de 1960 à 1990 : si le tertiaire a sensiblement augmenté, passant de 41,9 % de la main-d'œuvre totale à 59,3 %, c'est surtout aux dépens du primaire, qui chute de 30,2 % à 7,2 %. La proportion du secondaire, donc de la production industrielle et de la construction, dans la main-d'œuvre totale a augmenté jusqu'au milieu des années 1970, atteignant 35,2 % en 1975, puis elle a légèrement baissé à 33,5 % en 1990.

En comparaison avec ses concurrents, le Japon possède une base industrielle très forte, le secondaire comptant pour 33,5 % de la main-d'œuvre et pour 41,5 % du PIB en 1990, comparé, par exemple, à 26,2 % et 29,2 % pour les États-Unis et 24,6 % et 30 % pour le Canada (tableau 1.6). Parmi les pays fortement industrialisés, seule l'Allemagne alloue une plus grande part de sa main-d'œuvre à la production industrielle (39,8 %), mais avec une production moindre que celle du Japon (39,3 %).

Si la proportion de la main-d'œuvre du secondaire a baissé au Japon depuis 1975, la main-d'œuvre de ce secteur a augmenté en chiffres absolus, comme le montre le tableau 1.7, passant à plus de 20 millions en 1990. Dans l'industrie, la main-d'œuvre totale en 1990 dépasse les 15 millions, soit près du quart (24,1 %) de la main-d'œuvre active totale (Kokuritsu kokkai toshokan, 1991, p. 250).

Il est par ailleurs intéressant de constater que la productivité par travailleur est beaucoup plus élevée dans l'industrie que dans le secteur primaire et dans le commerce (tableau 1.8). En effet, la production d'un travailleur de l'industrie en 1990 s'élève à environ 3,5 fois celle des travailleurs de l'agriculture, des pêcheries et de la coupe du bois, et à plus du double de celle des travailleurs du secteur commercial. Le secteur tertiaire, en excluant le commerce, a une productivité qui s'approche de celle de l'industrie. Par ailleurs, la productivité augmente plus rapidement, mais de peu, dans le tertiaire non commercial (62,8 % d'augmentation entre 1980 et 1990) que dans l'industrie (59 %) et dans le primaire (56,3 %). Le commerce (seulement 31,2 %) vient bon dernier, mais c'est la construction qui a le taux le plus élevé : 72,7 %. La hausse plus rapide de la main-d'œuvre dans le tertiaire est donc accompagnée d'une forte hausse de la production, du moins dans les secteurs non commerciaux. Notons qu'une partie de cette hausse, du moins dans le secteur financier et dans l'immobilier, est articificielle, compte tenu de la hausse des cours boursiers et des prix des terrains, hausse résultant de la spéculation et qui s'est terminée brusquement en 1990 (voir le chapitre 3). Les données de 1993 (non encore disponibles au moment d'écrire ces lignes) indiqueraient sûrement une baisse de la productivité dans le tertiaire.

Malgré les hausses de productivité, les comparaisons internationales donnaient toujours l'industrie japonaise comme en retard vis-à-vis de celle des États-Unis dans presque tous les secteurs de la production industrielle pour ce qui est de la production horaire par travailleur en 1989 (tableau 1.9). L'écart s'estompe entre 1975 et 1989, mais il demeure présent au total et dans tous les secteurs, sauf les produits chimiques et l'acier. L'avantage international du Japon dans plusieurs secteurs dans les années 1980 semble donc s'expliquer davantage par les longues heures de travail des travailleurs japonais (voir le chapitre 4) que par la productivité horaire. La réévaluation du yen par rapport au dollar depuis 1989 et des gains de productivité de l'industrie japonaise à cause des nouveaux équipements de 1989 à 1991 ont sans aucun doute fait augmenter la productivité du Japon face aux États-Unis, mais l'industrie américaine a récemment réagi et l'écart de productivité semble maintenant évoluer à l'avantage des Américains.

Le tableau 1.10 donne la répartition en proportion des divers secteurs de la production industrielle, mesurée par la valeur ajoutée, en 1970 et en 1990. C'est le secteur du matériel électrique qui a connu la plus forte hausse (de 11,9 % de la production industrielle totale à 16,9 %), suivi de très loin par l'imprimerie, les aliments et le matériel de transport. Les plus fortes baisses sont survenues dans le textile, le bois, la sidérurgie et les métaux non ferreux. Les secteurs des produits du pétrole et des produits chimiques ont aussi subi une baisse. On peut donc constater une hausse dans le secteur où se concentrent les nouvelles technologies (matériel électrique) et une baisse des anciens secteurs comme le textile ou l'industrie lourde.

Les progrès de l'industrie japonaise dans les secteurs des nouvelles technologies ont fait que le Japon est devenu dès 1986 le plus gros exportateur mondial de ce type de produit (24 % du total mondial d'exportations, contre 22 % pour les États-Unis, 14 % pour l'Allemagne et 9 % pour l'Angleterre). Il s'agit là d'un progrès rapide, si l'on considère que, en 1975, les exportations japonaises en étaient à un niveau équivalent à environ la moitié de celui des États-Unis (13 %

contre 26 % ; l'Allemagne comptait pour 16 % et l'Angleterre pour 10 %) (*Nikkei Weekly*, 1991, p. 77). Dans l'électronique, la production totale a presque doublé de 1983 à 1991, passant de 13 299 milliards de yen à 25 489 milliards. Des trois grands sous-secteurs de l'électronique, c'est la production de machines industrielles qui a connu la plus forte croissance (la production de robots a presque triplé de 1982 à 1989 ; JETRO, 1991, p. 49), suivie des composantes et, enfin, des produits de consommation (*Nikkei Weekly*, 1991, p. 80). De 1986 à 1989, la production totale d'ordinateurs est passée de 15 509 unités à 26 233, avec une augmentation de plus de 100 % pour les ordinateurs personnels et les postes de travail (JETRO, 1991, p. 43). Parmi les autres types de produits qui ont connu une forte hausse dans les années 1980, mentionnons le matériel médical, l'électrique lourd et les équipements de communication, alors que la construction navale connaissait une baisse (JETRO, 1991, p. 39, 41, 43, 47 et 51).

## 3. Le commerce international

### Les grandes tendances

Le Japon, dont l'entrée dans le marché international date du XIXᵉ siècle, avait été dans les premières décennies du XXᵉ siècle un participant actif au commerce mondial, jusqu'à ce que la crise des années 1930 entraîne une hausse du protectionnisme occidental et la militarisation du gouvernement japonais (Bernier, 1988 a, chap. 8). Les années 1931-1945 ont surtout été marquées par l'intensification de l'exploitation des colonies et, après 1937, date du début de la guerre avec la Chine, des territoires occupés. La défaite de 1945, la politique de l'occupation et surtout le déclenchement de la guerre de Corée ont permis au Japon de rétablir assez rapidement ses relations commerciales internationales. Mais le Japon ayant perdu ses colonies, les échanges japonais se sont orientés de plus en plus vers les autres pays industrialisés et, au premier chef, les États-Unis.

Le tableau 1.11 présente l'évolution du commerce international du Japon entre 1960 et 1990 selon les pays ou régions de provenance des importations et de destination des exportations. On peut y voir que les États-Unis ont joué pendant plus de 30 ans le rôle de premier partenaire commercial du Japon. La part des importations américaines dans le total des importations a fléchi, mais elle demeure toujours la plus importante (22,1 % des importations totales). Quant aux exportations japonaises, la part qui va aux États-Unis a augmenté, passant de 26,7 % à 29,1 %. L'Europe, en particulier la CEE, a un rôle grandissant, mais l'augmentation survient surtout après 1980. L'importance des États-Unis et de l'Europe apparaît de plus en plus dans le cas des exportations japonaises : en 1990, les États-Unis en absorbent près de 30 %, alors que l'Europe compte pour plus de 20 % (JETRO, 1991, p. 75 et 77). Les pays d'Asie ont continué d'avoir une place importante dans le commerce extérieur du Japon, mais la proportion des importations de ces pays et des exportations japonaises vers le reste de l'Asie a fluctué entre 1960 et 1990. La plus forte proportion dans les deux cas fut atteinte en 1980. Dans la décennie qui suit, le commerce avec l'Amérique du Nord et avec l'Europe s'est intensifié au détriment de celui avec le reste de l'Asie.

Pour ce qui est des produits importés ou exportés (tableaux 1.12 et 1.13), d'un côté, les importations comprennent surtout des matières premières industrielles et des produits pour l'alimentation (poisson, viande, céréales), mais la part des importations de machinerie a fortement augmenté depuis quelques années, surtout celle des ordinateurs et autres équipements de bureau et celle de l'équipement scientifique et optique (dont les États-Unis sont le principal fournisseur ; *Nikkei Weekly*, 1991, p. 258). Notons aussi l'importance des importations de produits manufacturés comme les avions ou les composantes électroniques. Quant aux exportations, l'évolution se fait, dans un premier temps, du textile vers l'industrie lourde (dans les années 1960) puis, dans un second temps, de l'industrie lourde vers les industries de haute technologie et vers le matériel de transport. Cette double évolution en cache une seule, plus fondamentale : une évolution vers les produits à plus forte valeur ajoutée. En 1990, selon le tableau 1.13, les exportations majeures du Japon sont les autos et pièces d'autos, le matériel de bureau (surtout des ordinateurs), les instruments de précision (photocopieuses, montres, caméras), des produits de l'électronique de consommation (appareils vidéo, caméras de télévision) et des machines. L'acier, les navires et les produits chimiques sont encore en bonne place, mais leur proportion dans les exportations totales a beaucoup diminué (tableaux 1.12 et 1.13).

Se concentrant sur l'exportation des produits à plus forte valeur ajoutée, le Japon a connu des surplus commerciaux très élevés depuis le début des années 1980. En réalité, la tendance aux surplus commerciaux a commencé en 1965 et, sauf pendant les années des deux crises du pétrole (1974-1975, 1979-1980), le Japon a toujours connu des surplus. Ce qui est inquiétant pour les concurrents du Japon, c'est que ces surplus atteignent depuis 1982 des montants exceptionnels : plus de 20 milliards $ US, plus de 50 milliards après 1985, plus de 100 milliards en 1992. Le gouvernement japonais a tenté de renverser quelque peu la vapeur après 1987, mais avec des résultats mitigés. De plus, la tendance à la hausse du surplus a repris avec la récession de 1991, les entreprises japonaises achetant peu à l'extérieur et tentant de compenser la baisse de la demande interne par une augmentation des exportations. Le gouvernement japonais, affaibli — les coalitions s'y succèdent depuis la perte de la majorité parlementaire par le Parti libéral-démocrate en 1993 après 38 ans de pouvoir — aura fort à faire pour tenter de remplir sa promesse de rééquilibrer le commerce extérieur du Japon.

## Les frictions commerciales avec les États-Unis

Les frictions commerciales entre le Japon et les États-Unis commencent dans les années 1960, au moment où l'excédent américain, systématique jusqu'en 1965, disparaît au profit d'un excédent japonais. Les causes profondes et immédiates du changement de situation dans les relations commerciales américano-japonaises sont analysées au chapitre 3. Contentons-nous ici d'en donner un aperçu chiffré. Le tableau 1.15 présente l'évolution de la balance commerciale entre les deux pays de 1955 à 1992. On peut y voir que le surplus japonais est constant, sauf quelques années exceptionnelles, depuis le milieu des années 1960. Ce surplus vient, d'une part, de la protection du marché japonais (dont on verra au chapitre 3 qu'elle a beaucoup diminué depuis les années 1970) et, d'autre part, de l'amélioration constante de la productivité et de la qualité des produits dans l'industrie japonaise. Le surplus commercial japonais à l'égard des États-Unis dépasse les 30 milliards annuellement depuis 1984, et il a atteint un sommet de 47,5 milliards en 1988 (surpassé par celui de 1992) et près de 45 milliards en 1989. Notons-le : il s'agit là des chiffres du gouvernement japonais et ceux du gouvernement américain les dépassent de quelques milliards !

Le tableau 1.16 présente la liste des principaux produits échangés entre les deux pays en 1990. On peut y voir que les principales exportations japonaises portent entièrement sur des produits manufacturés (machines, autos, pièces d'autos, instruments de précision, etc.) et une bonne proportion comprend des produits dits de haute technologie (ordinateurs et autres machines de bureau). Quant aux exportations américaines vers le Japon, certaines viennent de secteurs de pointe (ordinateurs, avions), mais leur montant total et leur proportion sont faibles si on les compare à ceux des exportations japonaises. Les exportations américaines comprennent aussi une bonne proportion de produits alimentaires et de matières premières (bois, poisson, maïs, viande, soya, etc.). Le détail de ces échanges montre clairement que l'industrie japonaise a pris le dessus sur l'industrie américaine dans plusieurs domaines. Il faut noter, toutefois, une réaction salutaire des industries américaines dans plusieurs secteurs, surtout depuis 1990, bien que la situation générale des États-Unis pour ce qui est de la balance commerciale avec le Japon n'ait pas pu se rétablir aussi significativement qu'on l'avait prévu, et ce à cause de la récession de 1991-1993 qui a fait baisser les importations japonaises (de 53 milliards de $ US en 1991 à 49 milliards en 1992).

## 4. Le tertiaire

### Le secteur commercial

Le secteur commercial japonais se caractérise par la présence d'un très grand nombre de petites boutiques et par la complexité du système de distribution. Le tableau 1.17 donne le nombre d'établissements (près de 3 millions en 1982) et la main-d'œuvre totale des petits commerces et restaurants pour 1982, 1985 et 1988. On peut y voir que le nombre moyen de personnes par établissement, dans chacun des secteurs mentionnés, ne dépasse pas cinq, sauf pour le secteur du commerce de gros. Le tableau 1.18 présente la répartition des commerces de détail et des restaurants selon le nombre de salariés. Dans tous les secteurs, sauf ceux des vendeurs et des réparateurs de voitures (où le pourcentage est de 45 %), le pourcentage d'établissements ayant moins de trois travailleurs dépasse 50 % et celui des établissements de moins de quatre travailleurs, sauf la même exception qu'auparavant (69 %), dépasse les trois quarts du total (83 % dans le cas des magasins d'habillement et 82 % pour l'alimentation). Étant donné cette très faible échelle des établissements, il n'est pas surprenant que la productivité, comme on l'a vu plus haut, soit faible si on la compare à celle du secteur industriel.

Le secteur commercial japonais est caractérisé par le grand nombre d'intermédiaires entre le producteur et le détaillant. Il existe en effet une structure pyramidale, allant des grossistes majeurs aux grossistes de petite envergure, ceux-ci alimentant les plus petits commerces. C'est ce qui explique le grand nombre d'entreprises dans le commerce de gros (436 000 en 1988) et les quelque 4,3 millions de travailleurs qui y œuvrent (voir tableau 1.17). Le système compliqué de distribution, tout comme le petit commerce, sert de secteur refuge pour une main-d'œuvre qui, autrement, serait au chômage. Cette structure a pour effet d'entraîner une augmentation des prix pour les consommateurs, chaque intermédiaire prenant évidemment une commission pour ses services.

Notons-le : les grandes entreprises japonaises et les grands magasins ont contourné le problème de l'augmentation des coûts attribuable au système pyramidal de distribution, les premières en établissant elles-mêmes leur réseau de distribution, les seconds en faisant affaire directement avec les grossistes au sommet de la pyramide. Dans les deux cas, l'objectif était de contrôler les prix. Jusqu'à récemment, les entreprises étrangères qui voulaient vendre au Japon devaient passer par ce système, ce qui entraînait des délais de livraison et une augmentation du prix de vente au consommateur. Plusieurs produits étrangers devenaient ainsi non compétitifs. Mais, comme on le verra au chapitre 3, le gouvernement japonais a récemment modifié le fonctionnement du système de mise en marché pour les entreprises étrangères, et ce afin d'augmenter les importations et atténuer le surplus commercial avec l'étranger.

### Le secteur financier

Le secteur financier a connu un fort développement depuis 1950, à la suite de la croissance et de l'accumulation du capital qui a marqué le pays. Les dépôts bancaires totaux sont passés de 109 milliards de yen en 1950 à plus de 47 000 milliards en 1989. Le crédit bancaire a suivi la même courbe, passant dans les mêmes années de 99 milliards à plus de 41 000 milliards. L'accumulation de l'épargne attribuable, d'une part, à la haute croissance et à la hausse des profits et des salaires et, d'autre part, après 1965, aux surplus commerciaux, a donc permis aux institutions financières d'avoir en main des sommes importantes qu'elles ont pu prêter prioritairement pour le développement industriel (voir les chapitres 2 et 3). Pour la même période, la valeur des actions et obligations est passée de 13 milliards de yen à 11 258 milliards (Kokuritsu kokkai toshokan, 1991, p. 82). La Bourse de Tokyo a vu la valeur des transactions annuelles passer de 3 540 milliards de yen en 1980 à 32 582 en 1989, soit une multiplication par dix environ en neuf ans (*idem*, p. 90). Quant aux dépôts dans les comptes postaux, dont on verra au chapitre 2 qu'ils servent à l'État pour financer des projets spéciaux hors du budget ordinaire, leur valeur totale est passée de 19 milliards de yen en 1950 à 4 562 milliards en 1989 (*idem*, p. 84). Le secteur financier japonais s'est donc considérablement développé, suivant en cela l'évolution générale de l'économie japonaise. La récession qui débute en 1991, comme on le verra au chapitre 3, a ralenti considérablement l'essor du secteur financier, mais il est à prévoir que la courbe ascendante reviendra dès la reprise de l'économie (qui, notons-le, s'annonce faible pour 1994-1995).

## 5. Le déclin de l'agriculture

L'agriculture, secteur important de l'économie japonaise jusque vers 1960, a connu depuis un déclin marqué, suivant en cela l'évolution typique de la majorité des pays industrialisés. En effet, comme on peut le voir au tableau 1.19, la production agricole a baissé de 21,3 % de la production totale (PIB) en 1950, à 10,8 % en 1960, puis graduellement à 2,6 % en 1990. Comme on ne reviendra pas sur ce secteur dans le reste de l'ouvrage, il a semblé important de donner quelques détails sur son évolution depuis la fin de la Deuxième Guerre mondiale, car l'agriculture est à la base de plusieurs des conflits commerciaux les plus importants auxquels le Japon a été et est encore mêlé à l'heure actuelle (voir les chapitres 2 et 3).

### La réforme agraire et ses effets

#### a) Pourquoi une réforme agraire ?

Ce sont les autorités américaines qui, au début de la période d'occupation, soit en 1946-1947, ont imposé cette réforme au gouvernement japonais. Les autorités américaines, en effet, considéraient que le système de propriété terrienne qui avait existé dans l'avant-guerre (et dont l'origine remonte à la période Edo ; à ce sujet, voit T. C. Smith, 1959) avait contribué à l'avènement du militarisme. Le raisonnement des Américains était que la misère rurale engendrée par ce système avait amené les paysans à appuyer des solutions radicales, celles des militaires, c'est-à-dire la dictature interne et l'expansion externe, aux problèmes causés par la crise des années 1930. Les Américains craignaient aussi que la misère paysanne devienne le fondement d'un appui au Parti communiste.

Le système de propriété terrienne que les Américains voulaient abolir était fondé sur la location de la terre par des propriétaires — qui ne pratiquaient pas l'agriculture (marchands, usuriers, etc.) ou qui en possédaient trop pour la cultiver avec la main-d'œuvre familiale — à des paysans sans terre ou qui n'en possédaient pas assez pour faire vivre leur famille. En échange du droit d'accès à la terre, le locataire, ou tenancier, devait payer une rente équivalant à environ la moitié de la récolte. La relation entre propriétaire et tenancier, relation économique inégale, comprenait aussi en général un aspect de soumission personnelle, marquée dans la langue et dans les attitudes corporelles, et une soumission politique, les propriétaires contrôlant en général les organes de pouvoir locaux (voir Bernier, 1988 a, chap. 4 et 10).

Les Américains ont défini un programme de réformes qui, en substance, expropriaient les propriétaires absents et limitaient la superficie de terre des propriétaires exploitants. Les terres expropriées furent vendues aux tenanciers. L'achat et la vente de la terre associés à la réforme eurent lieu entre 1947 et 1949. Les Américains décrétèrent que le prix d'achat et de vente serait déterminé sur la base des prix de 1945 ; or, entre 1945 et 1949 se produisit une forte hausse des prix, donc une dévaluation de la monnaie ; c'est ainsi que le prix payé aux propriétaires pour les terres expropriées et celui payé par les tenanciers pour obtenir la terre furent très bas. Les tenanciers eurent donc accès à la propriété à des coûts très bas.

### b) Effets de la réforme agraire

La réforme agraire contribua à la création d'un nombre très élevé de très petites fermes. En effet, si on regarde le tableau 1.20, on peut voir que le nombre de fermes en 1950 s'élevait à plus de six millions, soit entre un demi-million et un million de plus que le niveau antérieur, établi dès la période Edo et maintenu jusqu'en 1945. Or, il y avait plus de 4,5 millions d'exploitations qui avaient moins d'un hectare de terre (tableau 1.21), soit plus de 70 % de l'ensemble. Plus de 40 % n'avaient pas le demi-hectare de terre nécessaire à l'époque pour faire vivre une famille. La réforme agraire avait donc entraîné le transfert de la propriété aux petits paysans, mais en ne donnant pas à la majorité la superficie nécessaire pour faire de l'agriculture une activité suffisante pour survivre. Ce problème, qui s'est manifesté rapidement après la réforme, a perduré jusque dans les années 1990 sans que personne n'y ait trouvé de solution durable.

Parmi les objectifs poursuivis par les Américains avec cette réforme, il y avait la volonté de créer une agriculture de petits propriétaires qui, à cause justement de la propriété de la terre, deviendraient conservateurs. On peut dire que cet objectif a été atteint : dès les années 1950, les agriculteurs ont constitué une base électorale fidèle pour les partis conservateurs (Parti libéral et Parti démocrate jusqu'à leur fusion en 1955, puis appui au Parti libéral-démocrate). En retour, le PLD, au pouvoir jusqu'en 1993, a maintenu une politique de soutien aux agriculteurs, surtout en haussant les prix des produits agricoles, l'objectif étant d'assurer la parité de revenu entre agriculteurs et ouvriers urbains. Le maintien d'un si grand nombre de maisonnées agricoles, nécessaire au parti au pouvoir pour conserver le vote rural, passait donc par des subventions indirectes de l'État.

### L'évolution de l'agriculture

#### a) Diminution graduelle du nombre de fermes

La période de haute croissance a vu s'amorcer une tendance à la disparition de plusieurs fermes, une évolution qui dure encore à ce jour. En effet, comme on peut le voir au tableau 1.20, le nombre de maisonnées agricoles est passé de plus de 6 millions en 1950 et en 1960, à un peu moins de 5 millions et demi en 1970, puis à moins de 5 millions au milieu des années 1970, enfin à moins de 4 millions en 1991, soit une baisse de 2,3 millions, ou près de 38 %, en quarante ans.

La diminution a surtout frappé les petites fermes, comme on peut le voir au tableau 1.21 : les maisonnées ayant moins d'un hectare de terre passent de 4,5 millions en 1950 à 2,83 millions en 1989, soit une diminution de plus de 1,6 million (37 %). La diminution a d'abord frappé les maisonnées possédant moins d'un demi-hectare (entre 1950 et 1960), pour ensuite s'étendre à celles ayant entre un hectare et un hectare et demi dans les années 1960, et enfin à celles de un et demi à deux hectares depuis 1970.

Cette diminution du nombre de fermes et de la main-d'œuvre agricole est directement liée à la demande de force de travail hors de l'agriculture, c'est-à-dire dans l'industrie et dans les services de toute sorte, qui s'amorce au début de la période de haute croissance, et qui dure jusqu'à nos jours. Au départ, la baisse de la population agricole a touché surtout les surnuméraires, c'est-à-dire les personnes qui, sans emploi en ville ou rapatriées des colonies, s'étaient réfugiées à la campagne pour éviter la famine. Il faut souligner, en effet, qu'il s'était produit une forte hausse de la population rurale et de la population agricole en 1945, à la suite du retour des soldats et des colons et à la suite de la destruction des installations industrielles qui avait entraîné la perte de leur emploi pour des milliers de personnes. Mais dès les années 1960, c'est la population vraiment active dans l'agriculture qui commence à être attirée par le travail salarié. Par la suite, l'agriculture perdra chaque année une partie de son effectif le plus efficace, les jeunes, qui préfèrent quitter l'agriculture pour l'emploi salarié.

### b) Hausse du rendement et de la productivité

L'agriculture japonaise a connu depuis la réforme agraire une forte augmentation aussi bien du rendement par unité de surface que de la productivité par travailleur. Dans les premières années qui ont suivi la réforme, c'est-à-dire jusqu'en 1955 environ, les progrès se sont fait sentir surtout du côté du rendement par unité de surface. À cette époque, il y avait au Japon un surplus de main-d'œuvre, et ce surtout dans l'agriculture qui, comme on l'a vu, avait absorbé plusieurs millions d'urbains sans emploi ou de rapatriés des colonies : il n'était pas nécessaire ou même souhaitable d'économiser le travail. Mais à partir de la période de haute croissance, les salaires dans l'industrie ou dans les services attirant de plus en plus de jeunes et même de moins jeunes (par exemple, les hommes qui allaient travailler pendant plusieurs mois comme saisonniers dans la construction sur les chantiers urbains), l'agriculture japonaise a connu une forte hausse de la productivité. Cette hausse est attribuable surtout à l'utilisation du motoculteur, qui a permis de couper les heures de travail nécessaires de plus de la moitié (et même plus pour ce qui est des périodes de forte demande de travail, comme lors du repiquage du riz au printemps ou à la moisson à l'automne). Parmi les autres facteurs qui ont conduit à une augmentation de la productivité, il faut noter l'utilisation d'engrais chimiques, qui a fait disparaître les heures de travail nécessaires pour ramasser les plantes servant auparavant d'engrais naturel, et l'utilisation d'herbicides, qui a permis de couper sur les heures nécessaires au sarclage et au désherbage.

La productivité et les rendements ont augmenté pour toutes les catégories de fermes, mais nulle part autant que dans les plus grandes qui, faisant de l'agriculture à temps plein, ont utilisé efficacement tous les moyens pour augmenter la production à l'hectare ou par personne. Ces plus grandes exploitations, de 3 hectares ou plus, sont devenues, pour le gouvernement, le type même de ferme dont il fallait encourager le développement. Malheureusement, la politique du gouvernement, qui, d'un côté, favorisait le remembrement des fermes et, d'un autre, en soutenant les prix agricoles, encourageait le maintien de petites fermes, a donc entravé le remembrement. Il s'agit là d'une des nombreuses contradictions qui ont marqué la politique agricole japonaise depuis 1960 (voir plus loin).

*c) Avènement de l'agriculture à temps partiel*

La possession de trop petites terres s'est conjuguée à la possibilité de trouver un emploi hors de l'agriculture pour entraîner une hausse constante de l'agriculture à temps partiel, de 1950 jusqu'à aujourd'hui (tableau 1.22). En effet, la proportion des maisonnées agricoles qui obtiennent la majorité de leur revenu hors de l'agriculture est passée de 23 % en 1950 à plus de 70 % en 1989. Fait intéressant, c'est en 1975 que l'on atteint un sommet du nombre absolu de fermes dans cette catégorie. Par la suite, leur nombre absolu diminue, mais à un rythme plus lent que la diminution du total des maisonnées agricoles, ce qui fait que leur proportion par rapport à ce total augmente. Les maisonnées agricoles qui font de l'agriculture leur activité principale, mais qui doivent compléter leur revenu par du travail hors de l'agriculture, voient leur nombre et leur proportion augmenter jusqu'en 1965, mais connaissent par la suite une baisse rapide (de plus de 2 millions en 1965 à un peu plus de un demi-million en 1989, pour une diminution de la proportion de 35,5 % à 13,6 %). Quant aux maisonnées agricoles à temps plein, leur nombre et surtout leur proportion diminuent rapidement jusqu'en 1970, mais, à partir de 1975, cette tendance se renverse, et on assiste depuis à une stabilisation de leur nombre, donc à une augmentation de leur proportion dans le nombre total de fermes, qui ne cesse quant à lui de diminuer.

Plusieurs facteurs permettent d'expliquer cette évolution. Premièrement, l'attrait des emplois hors de l'agriculture, dans l'industrie et dans les services, de plus en plus abondants à mesure que l'on avance dans la période de haute croissance, ainsi que l'augmentation de la scolarisation, expliquent que plusieurs fermes, surtout les plus petites, ont tout d'abord recherché des revenus dans le travail salarié, puis, les emplois hors de l'agriculture rapportant plus (surtout si on avait une bonne scolarité), ont concentré leurs efforts sur le travail salarié, faisant de l'agriculture une activité d'appoint. Souvent, les jeunes quittaient pour la ville, laissant les parents âgés, dont plusieurs avaient un emploi salarié, s'occuper des champs les fins de semaine. Cette tendance, conjuguée à la diminution du nombre d'enfants par famille, a souvent entraîné des difficultés à trouver un successeur pour la ferme. En effet, plusieurs héritiers ont refusé de reprendre la ferme et ont vendu la terre. Une des explications de cette situation se trouve dans le fait que bien peu de jeunes femmes étaient attirées par la perspective de se marier avec un agriculteur héritier d'une ferme et de devoir s'occuper de ses parents vieillissants.

Deuxièmement, le déclin du nombre de petites fermes aurait été encore plus rapide si l'État n'avait soutenu les prix agricoles, et surtout le prix du riz (voir tableau 1.24), qui est devenu la culture préférée des agriculteurs à temps partiel. En effet, la généralisation de l'emploi du motoculteur et des engrais et herbicides a permis aux possesseurs de petites terres de pratiquer la riziculture les fins de semaine, comme activité d'appoint. Cette tendance s'est trouvée renforcée par la forte augmentation du prix du sol, à peu près partout sauf dans les régions les plus éloignées, et qui a fait de la terre une réserve de valeur très importante. Le maintien de plusieurs petites fermes (même si plusieurs ont disparu), comme on l'a vu, a servi à contrecarrer la politique gouvernementale de remembrement des terres.

Troisièmement, les pressions des États-Unis et les demandes internes des consommateurs, conjuguées à la nécessité de réduire le déficit de l'État, dont une bonne partie provenait de la politique agricole, ont peu à peu forcé le gouvernement à encourager la diversification des productions (depuis les années 1960) et à stabiliser le prix du riz (tentative effectuée sans trop de succès dans les années 1970-1985, réussite après 1985 ; voir tableau 1.24). Le tableau 1.23 montre comment la production s'est diversifiée, avec la baisse de la riziculture et l'augmentation de la production de légumes et de viande. Mais cette politique a rendu nécessaire une forte protection du marché, surtout en ce qui concerne le bœuf et les oranges. À partir des années 1970, le gouvernement japonais a peu à peu été forcé de libéraliser son marché, ce qui a nui à certaines productions, donc à la diversification. Cette ouverture a aussi fait diminuer le taux d'auto-suffisance alimentaire (voir tableau 1.25).

Mais le gouvernement, tout en stabilisant les prix du riz, a jusqu'en 1993 continué de prohiber l'entrée de riz étrangers, dont les prix étaient pourtant à la moitié ou au tiers des prix japonais pour la même qualité de cette denrée. La politique de diversification a donc un pendant contraire, qui est la protection de la riziculture. Malgré cette tendance contraire, la diversification de la production agricole n'a cessé de progresser, surtout depuis que le gouvernement a arrêté d'augmenter automatiquement le prix du riz à chaque année.

### d) La politique agricole

La politique agricole du gouvernement japonais, comme on vient de le voir, se centre sur deux objectifs partiellement contradictoires : diversifier la production et protéger la riziculture. La diversification de la production, amorcée dans les années 1970, était motivée par la volonté du gouvernement de diminuer le déficit de l'État, dont une bonne partie provenait de la politique de hausse du prix pour le riz, et d'éponger les surplus de cette denrée, dont la production ne cessait d'augmenter alors que la consommation interne diminuait (en 1970, le surplus équivalait à la consommation pour un an). On a vu que le gouvernement a tenté de stabiliser le prix du riz dans les années 1970, mais il faudra attendre 1985 avant qu'une politique efficace dans ce domaine soit instituée. En même temps, le gouvernement a inauguré une politique d'encouragement à la production de nouveaux produits. Cette politique a permis la diversification, mais elle n'a pas fait disparaître tous les problèmes : plusieurs nouvelles productions ont rapidement connu un surplus (c'est le cas, entre autres, des œufs et des mandarines) et d'autres n'ont pu progresser que grâce à des niveaux artificiellement élevés de prix dans un marché protégé.

La protection des productions agricoles, et notamment du riz, a fait partie de la politique agricole japonaise jusqu'à la signature du traité du GATT en décembre 1993 (voir plus loin), malgré les pressions étrangères et malgré des progrès notoires dans l'ouverture du marché pour ce qui est des oranges et de la viande de bœuf. Cette politique protectionniste s'explique par un ensemble de facteurs, le plus important étant l'appui des ruraux, et spécialement des agriculteurs, au parti au pouvoir entre 1955 et 1993, le PLD. La carte électorale japonaise a systématiquement favorisé les ruraux au détriment des urbains, et la majorité des élus ruraux ont été jusqu'en 1993 des représentants du PLD. De plus, l'organisation du PLD à la campagne a été fortement liée à celle des coopératives agricoles, dont les dirigeants locaux devenaient souvent des organisateurs et même des candidats pour le parti. Par ailleurs, les coopératives ont organisé un lobby efficace, qui talonnait les députés, et particulièrement ceux qui étaient élus à la campagne sur une plate-forme de défense de l'agriculture. Il n'était d'ailleurs pas toujours nécessaire de le faire, car les députés ruraux étaient organisés dans une sorte d'association de défense de l'agriculture dont les positions étaient toujours favorables à celles défendues par les coopératives.

Le lobby agricole a entravé la capacité du gouvernement à développer une politique agricole cohérente. Car, d'une part, le gouvernement du PLD disait vouloir créer des fermes plus grandes et plus productives, mais, d'autre part, sa politique des prix agricoles favorisait le maintien d'un grand nombre de petites fermes sans travailleurs à temps plein. Par ailleurs, la hausse de productivité aurait permis de faire face plus efficacement à la concurrence étrangère, mais elle se serait réalisée en éliminant des électeurs du PLD, ce que le parti au pouvoir ne voulait pas. Le gouvernement a donc suivi depuis les années 1960 une politique qui a défait d'une main ce qu'elle faisait de l'autre.

Depuis l'avènement de gouvernements de coalition en 1993, la politique agricole a changé de façon importante. D'une part, la mauvaise récolte de riz de 1993 a permis au gouvernement de laisser entrer une certaine quantité de riz étranger pour faire face à la demande ; d'autre part, la signature des accords du GATT de décembre 1993 va entraîner d'ici quelques années la libéralisation accrue du marché japonais des produits agricoles, y compris du riz. Le gouvernement japonais a donc modifié certains éléments essentiels de la politique agricole et ces modifications devraient entraîner à la fois une nouvelle baisse du nombre de maisonnées agricoles par la disparition de plusieurs fermes de fins de semaine et une concentration accrue des activités dans les mains des exploitations les plus rentables.

### La situation dans les années 1990

L'agriculture japonaise des années 1990 est à un tournant. Mais ne l'est-elle pas depuis le début des années 1960, quand la demande de main-d'œuvre salariée dans les secteurs de l'industrie et des services a commencé à dépasser le surplus de population agricole et quand la hausse du niveau de vie des agriculteurs, objectif principal de la politique des prix agricoles, qui n'a pas été accompagnée d'une augmentation correspondante de la productivité, a fait de l'agriculture un secteur non concurrentiel sur le plan international ? L'agriculture japonaise actuelle fait face aux mêmes difficultés que depuis 30 ans. Elle doit à tout prix, pour se maintenir, augmenter sa productivité afin de diminuer ses coûts de production. Mais l'obstacle majeur à cette augmentation est la petite échelle des exploitations, et le prix du sol empêche leur remembrement rapide. En fait, la concurrence pour le sol entre diverses utilisations (implantation d'industries, agriculture, habitat, loisirs, etc.) dans un pays à très forte densité de population, surtout dans les grandes plaines côtières propices à l'agriculture, ne favorise pas du tout l'agriculture, d'autant plus que la priorité du gouvernement, malgré sa politique de protection de l'agriculture, demeure la promotion des activités industrielles et de services dans les secteurs les plus modernes et les plus productifs (chapitres 2 et 3).

Mais, dans les limites imposées par le développement industriel, le PLD, pour se maintenir au pouvoir, est demeuré jusqu'à sa chute en 1993 fidèle à sa politique de protection de l'agriculture qui, comme en Europe, est vue comme patrimoine national. D'ailleurs, dans les années 1980, la population japonaise souhaitait dans une plus forte proportion protéger l'agriculture, surtout la riziculture, qui a tant marqué le paysage japonais, que les industries de haute technologie (Richard, 1988, p. 71). L'attitude populaire a changé depuis et semble favoriser une plus grande ouverture du marché. Par ailleurs, la protection du marché, avec les surplus commerciaux que le Japon connaît depuis les années 1970, devient de plus en plus difficile à défendre au niveau international, d'autant plus que ce sont les États-Unis, pays le plus fortement déficitaire vis-à-vis du Japon pour ce qui est du commerce international, qui profiteraient le plus de l'ouverture complète du marché japonais dans le secteur des produits agricoles.

Depuis 1993, le gouvernement japonais, comme on l'a vu, a pris des mesures concrètes pour ouvrir le marché. Il a aussi promis de régler le différend agricole avec les États-Unis. Mais il reste à voir comment les ententes internationales seront appliquées. Il reste aussi à voir quelle sera la réaction des agriculteurs, des députés de la campagne et des membres du PLD (ce parti participant au gouvernement de coalition depuis avril 1994) face à la libéralisation du marché des produits agricoles. En somme, on peut dire que la partie ne semble pas encore entièrement jouée dans ce domaine qui soulève tant de réactions émotives au Japon.

### Conclusion

Cette brève présentation nous a permis de voir comment l'économie japonaise s'est transformée globalement depuis 1945, à la fois dans ses tendances internes (développement de l'industrie lourde, puis de celle des nouvelles technologies, développement du tertiaire, déclin de l'agriculture) et dans ses relations avec le marché mondial (d'un déficit de la balance commerciale à un énorme surplus, surtout vis-à-vis des États-Unis). Il nous faut maintenant examiner les ressorts de cette évolution dans la période de haute croissance (chapitre 2) et dans la période de croissance modérée et de récession qui va de la crise du pétrole de 1973-1974 à nos jours (chapitre 3).

**Graphique 1.1**

**Taux de croissance du PNB au Japon, 1954-1992**

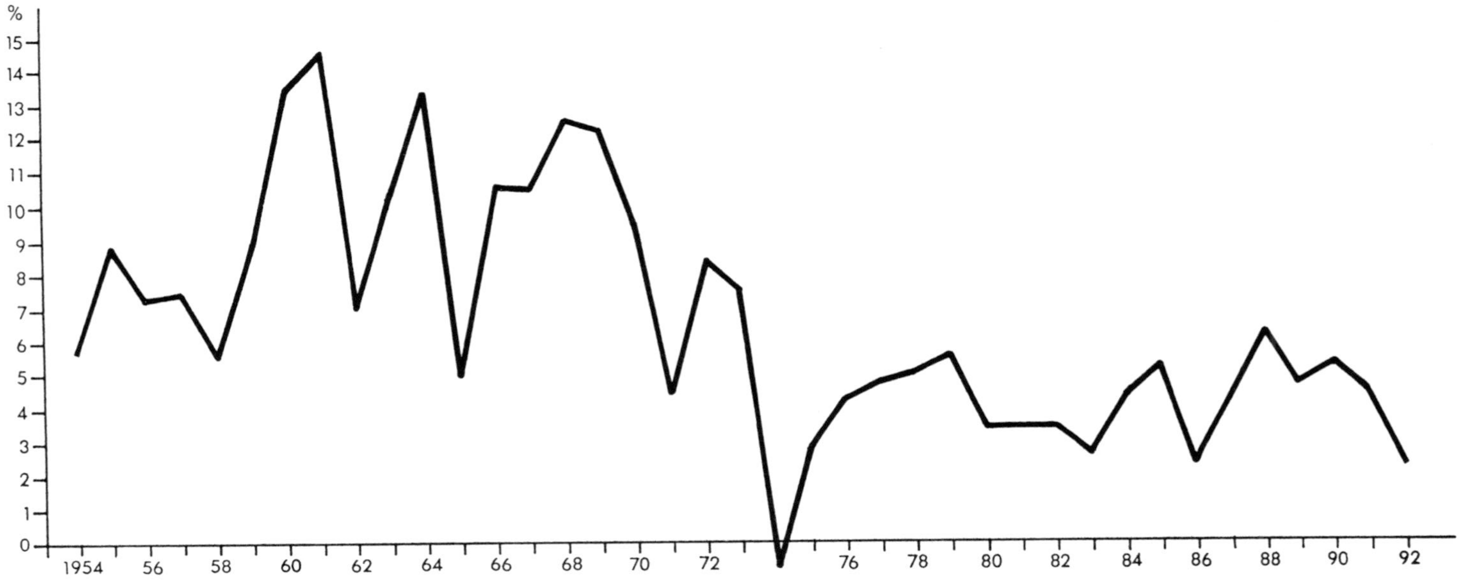

## Tableau 1.1

**PNB, PNB par habitant et pourcentage de la production mondiale, Japon, États-Unis, Allemagne, France et Canada, 1970, 1980 et 1987**

| Pays | 1970 PNB[1] | 1970 PNB/ hab. | % | 1980 PNB | 1980 PNB /hab. | % | 1987 PNB | 1987 PNB /hab. | % |
|---|---|---|---|---|---|---|---|---|---|
| Japon | 204 | 1 953 | 6,4 | 1 326 | 90 000 | 9,1 | 2 374 | 19 471 | 13,8 |
| États-Unis | 1 009 | 4 922 | 31,8 | 2 688 | 11 804 | 23,2 | 4 472 | 18 374 | 25,9 |
| Allemagne | 185 | 3 042 | 5,8 | 813 | 13 213 | 7,0 | 1 116 | 18 354 | 6,5 |
| France | 143 | 2 814 | 4,5 | 665 | 12 333 | 5,7 | 881 | 15 854 | 5,1 |
| Canada | 85 | 3 793 | 2,7 | 263 | 10 995 | 2,3 | 419 | 16 200 | 2,3 |

1. En milliards de dollars US.
Source : JETRO, *Japan Economic Data Book*, 1991, p. 117.

## Tableau 1.2
**Valeur du dollar américain en yen, 1970-1993**

| Année | yen/dollar |
|---|---|
| 1970 | 360 |
| 1972 | 300 |
| 1980 | 240 |
| 1985 | 250 |
| 1986 | 202 |
| 1987 (janvier) | 159 |
| 1987 (juillet) | 146 |
| 1987 (décembre) | 132 |
| 1993 (avril) | 114 |
| 1994 (juin) | 104 |

Sources (1980-1987) : Sabouret, J.-F. (dir.), *L'état du Japon*, Paris, La Découverte, 1988, p. 4 ; CBC Newsworld, 12 avril 1993 et 16 juin 1994.

## Tableau 1.3

### Taux de croissance annuel moyen du PNB, Japon, États-Unis, Canada et France, 1965-1989

|           | Japon | États-Unis | Canada | France |
|-----------|-------|------------|--------|--------|
| 1965-1974 | 8,2   | 2,7        | 4,7    | 5,4    |
| 1975-1979 | 5,0   | 3,2        | 2,9    | 2,8    |
| 1980-1984 | 3,7   | 2,6        | 1,3    | 1,3    |
| 1985-1989 | 4,5   | 3,4        | 4,0    | 2,6    |

Sources : JETRO, *Japan Economic Data Book*, Tokyo, JETRO, 1991, p. 117 ; Yano-Tsuneta Kinenkai, *Nippon, A Chartered Survey of Japan*, 1975, 1976, 1978, 1980, 1982, 1984, 1986, 1988, 1990, 1992-1993.

## Tableau 1.4

### Comparaison internationale du PNB et du revenu par habitant, 1988

| Rang | PNB Pays | Montant (en $ US) | Rang | Revenu* Pays | Montant (en $ US) |
|------|----------|-------------------|------|--------------|-------------------|
| 1    | Suisse   | 29 022 | 1  | Suisse              | 24 593 |
| 2    | Luxembourg | 23 837 | 2 | Luxembourg         | 19 436 |
| 3    | Japon    | 23 416 | 3  | Japon               | 18 268 |
| 4    | Islande  | 23 151 | 4  | Suède               | 16 098 |
| 5    | Norvège  | 21 176 | 5  | Islande             | 15 865 |
| 6    | Suède    | 21 139 | 6  | États-Unis          | 15 865 |
| 7    | Finlande | 20 849 | 7  | Allemagne de l'Ouest | 15 325 |
| 8    | Danemark | 20 077 | 8  | Norvège             | 15 124 |
| 9    | États-Unis | 19 694 | 9 | Finlande           | 15 040 |
| 10   | Allemagne de l'Ouest | 19 686 | 10 | Danemark     | 14 860 |
| 11   | Canada   | 18 094 | 11 | Canada              | 13 981 |
| 12   | France   | 16 981 | 12 | France              | 12 639 |

* Le revenu par habitant est calculé en divisant le revenu national total par la population totale.
Source : Kokuritsu kokkai toshokan, *Kokusei tôkei handobukku*, 1990, p. 45.

**Tableau 1.5**

**Répartition de la main-d'œuvre par grands secteurs,
Japon, 1960-1990 (en %)**

|      | Primaire | Secondaire | Tertiaire |
|------|----------|------------|-----------|
| 1960 | 30,2     | 27,9       | 41,9      |
| 1970 | 17,3     | 35,1       | 47,6      |
| 1975 | 12,7     | 35,2       | 51,9      |
| 1980 | 10,4     | 34,8       | 54,6      |
| 1985 | 8,8      | 34,3       | 56,6      |
| 1989 | 7,6      | 33,8       | 58,2      |
| 1990 | 7,2      | 33,5       | 59,3      |

Source : Kokuritsu kokkai toshokan, *Kokusei tôkei handobukku*, 1990, p. 249.

**Tableau 1.6**

**Comparaison internationale de la division du PIB et
de la main-d'œuvre par grands secteurs, 1990 (en %)**

|             | Primaire | | Secondaire | | Tertiaire | |
|-------------|-----|------|------|------|------|------|
|             | PIB | M.-O | PIB  | M.-O.| PIB  | M.-O.|
| Japon       | 2,6 | 7,2  | 41,5 | 33,5 | 55,9 | 59,3 |
| États-Unis  | 2,0 | 2,8  | 29,2 | 26,2 | 68,8 | 65,0 |
| Canada      | 2,9 | 4,2  | 30,0 | 24,6 | 67,1 | 71,2 |
| France      | 3,4 | 6,1  | 28,6 | 29,9 | 68,0 | 64,0 |
| Allemagne   | 1,7 | 3,4  | 39,3 | 39,8 | 59,0 | 56,8 |
| Royaume-Uni | 1,3 | 2,1  | 30,0 | 29,0 | 68,7 | 68,9 |

Source : OCDE, *OCDE en chiffres*, 1992, p. 26-27.

**Tableau 1.7**

**Produit intérieur brut et main-d'œuvre par secteur de l'économie, 1980-1990 (100 milliards de yen et 10 000 personnes)**

| Secteur/année | 1980 | | 1985 | | 1990 | |
|---|---|---|---|---|---|---|
| | PIB | M.-O | PIB | M.-O | PIB | M.-O |
| Total | 2 242 | 5 536 | 3 011 | 5 807 | 4 087 | 6 249 |
| Primaire | 88 | 577 | 102 | 509 | 107 | 449 |
| Secondaire | 941 | 1 915 | 1 210 | 1 983 | 1 658 | 2 099 |
| (industrie) | (702) | (1 367) | (947) | (1 453) | (1 229) | (1 505) |
| (construction) | (225) | (548) | (253) | (530) | (417) | (588) |
| Tertiaire | 1 213 | 3 009 | 1 699 | 3 283 | 2 332 | 3 701 |
| (commerce) | (368) | (1 248) | (428) | (1 318) | (546) | (1 415) |
| (autre) | (845) | (1 761) | (1 271) | (1 965) | (1 786) | (2 286) |

Sources : Kokuristu kokkai toshokan, *Kokusei tôkei handobukku*, 1991, p. 36 et 250 ; *idem*, 1993, p. 32-33 et 148.

**Tableau 1.8**

**Production par travailleur, selon les secteurs, 1980-1990 (1 000 ¥)**

| | 1980 | 1985 | 1990 |
|---|---|---|---|
| Primaire | 1 525 | 2 003 | 2 383 |
| Secondaire | 4 914 | 6 102 | 7 899 |
| (Industrie) | (5 135) | (6 518) | (8 166) |
| (Construction) | (4 106) | (4 774) | (7 092) |
| Tertiaire | 4 031 | 5 175 | 6 301 |
| (Commerce) | (2 941) | (3 247) | (3 858) |
| (Autre) | (4 798) | (6 330) | (7 813) |

Calculé d'après le tableau 1.6

## Tableau 1.9
### Comparaison de la productivité horaire par travailleur pour certains secteurs industriels, Japon et États-Unis, 1975-1989 (Japon = 100)

|  | 1975 | 1989 |
| --- | --- | --- |
| Aliments | 154 | 250 |
| Textiles | 152 | 179 |
| Bois | 222 | 189 |
| Pulpe et papier | 192 | 147 |
| Imprimerie | 152 | 137 |
| Produits chimiques | 233 | 92 |
| Acier et fer | 149 | 83 |
| Machinerie (ex. électr.) | 227 | 156 |
| Machines électriques | 303 | 120 |
| Véhicules moteurs | 208 | 154 |
| *Total* | *192* | *154* |

Source : Keizai Koho Center, *Japan, 1993. An International Comparison*, p. 70.

## Tableau 1.10
### Industrie japonaise par secteur, 1970-1990
### (valeur ajoutée en % du total)

|  | 1970 | 1990 |
| --- | --- | --- |
| Aliments | 8,0 % | 9,0 % |
| Textiles | 7,7 % | 4,5 % |
| Bois | 2,9 % | 1,4 % |
| Meubles | 1,6 % | 1,5 % |
| Pulpe et papier | 3,0 % | 2,6 % |
| Imprimerie | 4,3 % | 5,6 % |
| Produits chimiques | 10,1 % | 9,4 % |
| Produits du pétrole | 1,1 % | 0,6 % |
| Céramique | 4,7 % | 4,3 % |
| Fer et acier | 6,8 % | 5,2 % |
| Métaux non ferreux | 2,7 % | 1,8 % |
| Produits métalliques | 6,5 % | 6,8 % |
| Machinerie générale | 11,8 % | 11,5 % |
| Matériel électrique | 11,9 % | 16,9 % |
| Matériel de transport | 9,5 % | 10,6 % |
| Instruments de précision | 1,6 % | 1,7 % |
| Autres | 5,7 % | 6,9 % |
| *Total* | *100 %* | *100 %* |
| (100 milliards de yen) | 24,57 | 118,91 |

Sources : Statistics Bureau, Prime Minister's Office, *Japan's Statistical Yearbook*, 1972, p. 186 ; *idem*, 1992, p. 220-221.

**Tableau 1.11**

**Importations et exportations japonaises selon les régions ou pays, 1960-1990 (en % du total)**

| | IMPORTATIONS | | | | EXPORTATIONS | | | |
|---|---|---|---|---|---|---|---|---|
| | 1960 | 1970 | 1980 | 1990 | 1960 | 1970 | 1980 | 1990 |
| Amérique du Nord | 38,9 | 34,4 | 20,7 | 26,1 | 29,6 | 34,9 | 26,1 | 31,4 |
| États-Unis | 34,4 | 29,4 | 17,3 | 22,1 | 26,7 | 30,7 | 24,1 | 29,1 |
| Europe | 10,0 | 13,5 | 8,9 | 18,4 | 12,2 | 17,4 | 17,3 | 22,1 |
| CEE | 4,7 | 5,9 | 5,6 | 14,9 | 4,3 | 6,7 | 12,8 | 18,7 |
| Asie | 31,4 | 29,4 | 57,2 | 41,9 | 37,0 | 31,2 | 38,2 | 34,5 |
| Chine | 0,5 | 1,6 | 3,1 | 5,1 | 0,1 | 2,4 | 3,9 | 2,1 |
| Amérique du Sud | 7,1 | 7,3 | 4,0 | 4,2 | 7,6 | 6,1 | 6,8 | 3,6 |
| Afrique | 3,6 | 5,8 | 3,2 | 1,6 | 8,7 | 7,4 | 6,1 | 2,0 |
| Océanie | 9,0 | 9,6 | 6,0 | 6,3 | 4,9 | 4,2 | 3,4 | 3,1 |
| *Total* | *100,0* | *100,0* | *100,0* | *100,0* | *100,0* | *100,0* | *100,0* | *100,0* |
| (milliards de $ US) | 4,5 | 18,9 | 140,5 | 234,8 | 4,1 | 19,3 | 129,8 | 286,9 |

Sources : Yano-Tsuneta Kinenkai, *Nippon, A Chartered Survey of Japan*, 1962, p. 66 ; *idem,* 1972, p. 86 ; *idem*, 1981, p. 79 ; *idem*, 1992, p. 86 ; Ministry of Finance, *Main Economic Indicators of Japan*, janvier 1993.

**Tableau 1.12**
**Importations et exportations japonaises**
**selon le type de produits, 1965-1991 (en % du total)**

| | 1965 | 1970 | 1980 | 1990 | 1991 |
|---|---|---|---|---|---|
| IMPORTATIONS | | | | | |
| Aliments | 17,9 | 13,6 | 10,4 | 13,5 | 14,6 |
| Matières premières[1] | 39,4 | 35,4 | 17,0 | 12,2 | 11,5 |
| Pétrole, gaz et charbon | 19,9 | 20,7 | 49,8 | 23,9 | 23,1 |
| Produits chimiques | 5,0 | 5,3 | 4,4 | 6,9 | 7,4 |
| Machinerie et | | | | | |
| équipements | 9,3 | 12,2 | 6,7 | 17,4 | 18,1 |
| (Matériel électrique) | (1,3) | (2,4) | (1,9) | (5,5) | (6,2) |
| (Transport) | (1,9) | (2,1) | (1,6) | (4,7) | (4,4) |
| (Instruments | | | | | |
| de précision) | (0,6) | (0,9) | (0,8) | (1,3) | (1,4) |
| Métaux | 4,7 | 6,5 | 3,8 | 4,5 | 6,4 |
| Autres | 3,8 | 6,3 | 7,9 | 21,6 | 18,9 |
| | | | | | |
| Total (%) | 100,0 | 100,0 | 100,0 | 100,0 | 100,0 |
| (Milliards de yen) | (2 941) | (6 797) | (31 995) | (33 855) | (31 900) |
| | | | | | |
| EXPORTATIONS | | | | | |
| Aliments | 4,0 | 3,3 | 1,2 | 0,6 | 0,6 |
| Textiles | 18,7 | 12,5 | 4,8 | 2,5 | 2,5 |
| Produits chimiques | 6,5 | 6,4 | 5,3 | 5,5 | 5,6 |
| Métaux et | | | | | |
| produits métalliques | 20,3 | 19,7 | 16,5 | 6,8 | 6,7 |
| (Fer et acier) | (15,3) | (14,7) | (11,9) | (4,7) | (4,3) |
| Machinerie et | | | | | |
| équipements | 35,2 | 46,2 | 62,7 | 75,0 | 75,2 |
| (Matériel électrique) | (9,2) | (12,3) | (14,3) | (23,0) | (23,4) |
| (Transport) | (14,7) | (17,8) | (26,5) | (25,0) | (24,8) |
| (Instruments | | | | | |
| de précision) | (3,9) | (5,7) | (7,9) | (4,8) | (4,9) |
| Autres | 15,3 | 11,9 | 9,5 | 9,6 | 9,4 |
| | | | | | |
| Total (%) | 100,0 | 100,0 | 100,0 | 100,0 | 100,0 |
| (Milliards de yen) | (3 043) | (6 954) | (29 382) | (41 457) | (42 360) |

1. Exclut le pétrole, le gaz et le charbon.
Source : Statistics Bureau, Prime Minister's Office, *Japan's Statistical Yearbook*, 1992, p. 344-345.

**Tableau 1.13**
**Principales importations et exportations japonaises,**
**1990 (millions de $ US et % du total)**

| Importations Produit | Montant | (%) | Exportations Produit | Montant | (%) |
|---|---|---|---|---|---|
| Pétrole brut | 31 583 | (13,5) | Automobiles | 50 959 | (17,8) |
| Poisson et dérivés | 10 507 | (4,5) | Machines de bureau | 20 617 | (7,2) |
| Produits du pétrole | 9 670 | (4,1) | Instruments de précision | 13 846 | (4,8) |
| Gaz liquéfié | 9 223 | (3,9) | Acier et fer | 12 509 | (4,4) |
| Vêtements | 8 704 | (3,7) | Pièces d'autos | 10 850 | (3,8) |
| Bois | 7 471 | (3,2) | Transistors et diodes | 9 000 | (3,1) |
| Automobiles | 6 394 | (2,7) | Équipement vidéo | 6 395 | (2,2) |
| Charbon | 6 186 | (2,6) | Moteurs à combustion | 6 392 | (2,2) |
| Machines de bureau | 5 226 | (2,2) | Équipement de télécommunication | 6 035 | (2,1) |
| Viande | 5 010 | (2,1) | Produits de chimie organique | 5 640 | (2,0) |
| Aluminium et alliages | 4 771 | (2,0) | Navires | 5 566 | (1,9) |
| Acier et fer | 4 584 | (2,0) | Machines-outils (électriques) | 5 411 | (1,9) |
| Produits de chimie organique | 4 457 | (1,9) | Caméras de télévision | 4 591 | (1,6) |
| Oeuvres d'art, etc. | 4 223 | (1,8) | Produits métalliques | 4 632 | (1,6) |
| Or | 3 575 | (1,5) | Plastiques | 4 386 | (1,5) |
| Minerai de fer | 3 374 | (1,4) | Machines-outils (usinage du métal) | 4 324 | (1,5) |
| Avions | 3 165 | (1,3) | Pompes et centrifuges | 4 224 | (1,5) |
| Transistors et diodes | 3 027 | (1,3) | Équipement électrique lourd | 3 652 | (1,3) |
| Instruments de précision | 2 995 | (1,3) | Équipement de manutention | 3 046 | (1,1) |
| Plastiques | 2 834 | (1,2) | Machines pour textile | 2 951 | (1,0) |

Source : Yano-Tsuneta Kinenkai, *Nippon, A Chartered Survey of Japan*, 1992, p. 84-85.

## Tableau 1.14
### Balance commerciale du Japon, 1955-1992 (en millions de $ US)

| Année | Balance | Année | Balance |
|---|---|---|---|
| 1955 | − 460 | 1960 | − 437 |
| 1965 | 283 | 1970 | 437 |
| 1974 | − 6 574 | 1975 | − 2 110 |
| 1976 | 2 426 | 1977 | 9 686 |
| 1978 | 18 200 | 1979 | − 7 640 |
| 1980 | − 10 721 | 1981 | 8 740 |
| 1982 | 6 900 | 1983 | 20 534 |
| 1984 | 33 611 | 1985 | 46 099 |
| 1986 | 82 743 | 1987 | 79 706 |
| 1988 | 77 563 | 1989 | 64 328 |
| 1990 | 52 149 | 1991 | 77 789 |
| 1992 | 100 000 (+) | | |

Source : Ministry of Finance[1], Government of Japan, *Main Economic Indicators of Japan*, January 1993.
1. Les chiffres du gouvernement américain sont en général plus élevés.

## Tableau 1.15
### Surplus commerciaux, Japon et États-Unis, 1955-1992
### (en millions de $ US)

| Année | | Surplus | Année | | Surplus |
|---|---|---|---|---|---|
| 1955 | (É.-U.) | 218 | 1960 | (É.-U.) | 452 |
| 1965 | (Japon) | 113 | 1970 | (Japon) | 280 |
| 1974 | (Japon) | 13 | 1975 | (É.-U.) | 461 |
| 1976 | (Japon) | 3 881 | 1977 | (Japon) | 7 321 |
| 1978 | (Japon) | 10 125 | 1979 | (Japon) | 5 972 |
| 1980 | (Japon) | 6 959 | 1981 | (Japon) | 13 412 |
| 1982 | (Japon) | 12 151 | 1983 | (Japon) | 18 182 |
| 1984 | (Japon) | 33 075 | 1985 | (Japon) | 39 485 |
| 1986 | (Japon) | 51 402 | 1987 | (Japon) | 52 090 |
| 1988 | (Japon) | 47 597 | 1989 | (Japon) | 44 942 |
| 1990 | (Japon) | 37 953 | 1991 | (Japon) | 38 221 |
| 1992[1] | (Japon) | 42 883 | | | |

Source : Ministry of Finance[2], Government of Japan, *Main Economic Indicators of Japan*, January 1993.
1. 1992 : janvier-novembre.
2. Les chiffres du gouvernement américain sont en général plus élevés.

**Tableau 1.16**

**Échanges commerciaux entre le Japon et les États-Unis, selon les produits, 1990 (en millions de $ US et en pourcentage du total)**

| Exportations japonaises | | | Exportations américaines | | |
|---|---|---|---|---|---|
| Produit | Montant | % | Produit | Montant | % |
| Machinerie | 40 694 | 45,1 | Machinerie | 12 914 | 24,7 |
| (Machines | | | (Machines | | |
| de bureau) | (10 263) | (11,4) | de bureau) | (3 533) | (6,7) |
| (Transistors | | | Bois | 2 939 | 6,7 |
| et diodes) | (2 832) | (3,1) | Avions | 2 891 | 5,6 |
| (Moteurs à | | | Poisson | | |
| combustion) | (2 349) | (2,6) | et dérivés | 2 073 | 4,0 |
| Automobiles | 23 096 | 25,6 | Maïs | 1 977 | 3,8 |
| Pièces d'autos | 5 341 | 5,9 | Viande | 1 940 | 3,7 |
| Instruments | | | Tabac et produits | | |
| de précision | 4 432 | 4,9 | du tabac | 1 265 | 2,4 |
| Acier et fer | 2 233 | 2,5 | Aluminium | | |
| Produits | | | et alliages | 1 102 | 2,1 |
| métalliques | 1 490 | 1,6 | Produits de chimie | | |
| Produits de chimie | | | organique | 1 095 | 2,1 |
| organique | 827 | 0,9 | Instruments | | |
| Pneus | 772 | 0,9 | de précision | 922 | 1,8 |
| Bandes | | | Fèves | | |
| magnétiques | 743 | 0,8 | de soya | 922 | 1,8 |
| Plastiques | 677 | 0,8 | Isotopes | | |
| | | | radio-actifs | 845 | 1,6 |
| Total | 90 322 | 100,0 | | 52 369 | 100,0 |

Source : Yano-Tsuneta Kinenkai, *Nippon, A Chartered Survey of Japan*, 1991, p. 88.

**Tableau 1.17**

**Nombre d'établissements et main-d'œuvre dans le commerce
selon le secteur, 1982-1988 (en milliers)**

| Secteur/année | 1982 | 1985 | 1988 |
|---|---|---|---|
| Nombre total d'établissements | 2 989 | | |
| Main-d'œuvre totale | 12 425 | | |
| Nombre, excluant restaurants et bars | 2 150 | 2 042 | 2 056 |
| Main-d'œuvre, excluant restaurants et bars | 10 460 | 10 327 | 11 183 |
| Nombre, commerces de gros | 429 | 413 | 436 |
| Main-d'œuvre | 4 091 | 3 998 | 4 332 |
| Nombre, commerces de détail | 1 721 | 1 629 | 1 620 |
| Main-d'œuvre | 6 369 | 6 329 | 6 851 |
| Restaurants et bars | 838 | | |
| Main-d'oeuvre | 2 313 | 2 351 | 2 856 |

Source : Kokuritsu kokkai toshokan, *Kokusei tôkei handobukku*, 1991, p. 192.

**Tableau 1.18**

**Répartition des petits commerces selon le secteur
et le nombre de travailleurs, 1988 (en milliers et en %)**

| Secteur/ Nombre | Total 100 % | 1-2 | | 3-4 | | 5-9 | | 10+ | |
|---|---|---|---|---|---|---|---|---|---|
| Total, petits commerces[1] | 1 620 | 874 | (54 %) | 422 | (26 %) | 214 | (13%) | 110 | (7 %) |
| Habillement | 237 | 131 | (55 %) | 68 | (28 %) | 29 | (13%) | 8 | (4 %) |
| Nourriture | 654 | 367 | (56 %) | 169 | (26 %) | 74 | (11%) | 43 | (7 %) |
| Voitures | 89 | 40 | (45 %) | 21 | (24 %) | 14 | (16%) | 14 | (16 %) |
| Ameublement | 166 | 92 | (55 %) | 45 | (27 %) | 20 | (12%) | 9 | (6 %) |
| Autres | 474 | 245 | (52 %) | 118 | (25 %) | 76 | (16%) | 28 | (7 %) |
| Restaurants[2] | 510 | 265 | (52 %) | 136 | (27 %) | 75 | (15%) | 34 | (7 %) |

1. Excluant les restaurants. 2. N'inclut pas les bars, cabarets, etc.
Source : Kokuritsu kokkai toshokan, *Kokusei tôkei handobukku*, 1991, p. 193.

**Tableau 1.19**

**Proportion de la production agricole
dans la production totale, 1950-1990**

| Année | % | Année | % |
|---|---|---|---|
| 1950 | 21,3 | 1960 | 10,8 |
| 1970 | 5,5 | 1975 | 3,9 |
| 1980 | 3,6 | 1985 | 3,2 |
| 1988 | 2,7 | 1990 | 2,6 |

Source : Kokuritsu kokkai toshokan, *Kokusei tôkei handobukku*, 1991, p. 34 ; *idem*, 1992, p. 32.

**Tableau 1.20**
**Maisonnées agricoles, population agricole**
**et population active en agriculture, 1950-1991 (1 000 et %)**

| Année | Nombres de maisonnées agricoles | Population agricole Nombre | %[1] | Population active Nombre | %[2] |
|---|---|---|---|---|---|
| 1950 | 6 176 | 37 760 | 48,3 | 15 886 | 45,2 |
| 1960 | 6 057 | 34 411 | 36,5 | 11 960 | 30,0 |
| 1970 | 5 432 | 26 595 | 25,3 | 8 110 | 17,8 |
| 1975 | 4 953 | 23 195 | 21,3 | 6 500 | 12,5 |
| 1980 | 4 661 | 21 366 | 18,3 | 5 120 | 9,3 |
| 1985 | 4 376 | 19 839 | 16,4 | 4 490 | 7,7 |
| 1989 | 4 194 | 18 975 | 15,5 | 4 070 | 6,6 |
| 1991 | 3 882 | | | 3 800 | 5,9 |

1. En pourcentage de la population totale.
2. En pourcentage de la population active totale.
Sources : Statistics Bureau, Prime Minister's Office, *Japan's Statistical Yearbook*, 1974, p. 29 ; Kokuritsu kokkai toshokan, *Kokusei tôkei handobukku*, 1991, p. 248-250 ; *idem*, 1992, p. 78 et 148.

**Tableau 1.21**
**Nombre de maisonnées agricoles selon la superficie, 1950-1989,**
**excluant Hokkaido (en 1 000)**

| Superficie /année | 1950 | 1960 | 1970 | 1980 | 1989 |
|---|---|---|---|---|---|
| Moins de 0,5 ha | 2 531 | 2 275 | 2 030 | 1 922 | 1 675 |
| 0,5 - 1 ha | 1 973 | 1 907 | 1 619 | 1 304 | 1 162 |
| 1 - 1,5 ha | 1 003 | 1 002 | 874 | 652 | 582 |
| 1,5 - 2 ha | 335 | 404 | 407 | 328 | 300 |
| 2 - 3 ha | 208 | 211 | 244 | 240 | 239 |
| Plus de 3 ha | 125 | 36 | 63 | 95 | 135 |

Sources : Bernier, B., «The Japanese Peasantry and Economic Growth Since the Land Reform of 1946-47», dans *Bulletin of Concerned Asian Scholars*, 12.1, 1980, p. 41 ; Kokuritsu kokkai toshokan, *Kokusei tôkei handobukku*, 1991, p. 111.

**Tableau 1.22**

**Maisonnées agricoles selon la provenance du revenu, 1950-1989**
**(1 000 et % du nombre total de maisonnées agricoles)**

| Année | AGRICOLES À TEMPS PLEIN | | SURTOUT AGRICOLES | | SURTOUT NON AGRICOLES | |
|---|---|---|---|---|---|---|
| | Nombre | % | Nombre | % | Nombre | % |
| 1950 | 2 770 | 45,2 | 1 950 | 31,8 | 1 410 | 23,0 |
| 1960 | 2 100 | 34,3 | 2 030 | 35,0 | 1 940 | 30,0 |
| 1965 | 1 200 | 21,5 | 2 080 | 35,5 | 2 360 | 43,0 |
| 1970 | 832 | 16,0 | 1 800 | 32,0 | 2 710 | 57,0 |
| 1975 | 616 | 12,4 | 1 259 | 25,4 | 3 080 | 62,1 |
| 1980 | 623 | 13,3 | 1 002 | 21,5 | 3 036 | 65,1 |
| 1985 | 626 | 14,3 | 775 | 17,7 | 2 975 | 67,9 |
| 1989 | 603 | 14,3 | 574 | 13,6 | 3 016 | 71,9 |

Sources : Kokuritsu kokkai toshokan, *Kokusei tôkei handobukku*, 1991, p. 110 ; Bernier, B., «The Japanese Peasantry...», 1980, p. 42.

**Tableau 1.23**

**Répartition de la production agricole**
**par type de produit, 1965-1990 (en milliards de yen**
**et en pourcentage de la production agricole totale)**

| Produits/ année | 1965 | | 1980 | | 1990 | |
|---|---|---|---|---|---|---|
| | Valeur | % | Valeur | % | Valeur | % |
| Riz | 1 766 | 37,8 | 3 078 | 30,1 | 3 196 | 28,1 |
| Autres céréales | 48 | 1,0 | 161 | 1,6 | 170 | 1,8 |
| Légumineuses | 58 | 1,2 | 100 | 1,0 | 94 | 0,9 |
| Légumes | 740 | 15,9 | 1 903 | 18,7 | 2 801 | 24,5 |
| Fruits | 397 | 8,5 | 691 | 6,8 | 1 042 | 9,1 |
| Autres produits vég. | 204 | 4,4 | 494 | 4,8 | 938 | 8,2 |
| Bœuf | 97 | 2,1 | 370 | 3,6 | 575 | 5,0 |
| Produits laitiers | 283 | 6,1 | 809 | 7,9 | 905 | 7,9 |
| Porc | 254 | 5,4 | 833 | 8,2 | 631 | 5,5 |
| Poulet | 108 | 2,3 | 400 | 3,9 | 395 | 3,5 |
| Œufs | 306 | 6,6 | 575 | 5,6 | 473 | 4,1 |
| Autres | 193 | 4,1 | 223 | 2,2 | 154 | 1,4 |

Sources : *Nihon nôgyô nenkan*, 1980, p. 466-467 ; Kokuritsu kokkai toshokan, *Kokusei tôkei handobukku*, Tokyo, 1993, p. 84.

**Tableau 1.24**
**Indice du prix du riz, 1960-1990 (1980 = 100)**

| Année | Indice |
|-------|--------|
| 1960 | 22,6 |
| 1966 | 38,7 |
| 1970 | 44,6 |
| 1976 | 69,5 |
| 1980 | 100,0 |
| 1985 | 159,1 |
| 1990 | 164,3 |

Sources : Bernier, B., «The Japanese Peasantry...»,
1980, p. 42 ; Yano-Tsuneta Kinenkai, *Nippon, A
Chartered Survey of Japan*, 1992, appendice.

**Tableau 1.25**
**Taux d'autosuffisance pour les produits agricoles, 1960-1987**

| Produits/ année | 1960 | 1970 | 1980 | 1987 |
|------------------|------|------|------|------|
| Riz | 102 | 106 | 87 | 100 |
| Blé | 39 | 9 | 10 | 14 |
| Orge et seigle | 107 | 34 | 15 | 15 |
| Soya | 28 | 4 | 4 | 6 |
| Fruits | 100 | 84 | 81 | 74 |
| Viande | 91 | 89 | 81 | 76 |
| Volaille | 101 | 97 | 98 | 99 |
| Produits laitiers | 89 | 89 | 82 | 78 |

Source : JETRO, *Japan Economic Data Book*, 1991, p. 31.

# Chapitre 2

## L'économie et la politique économique du Japon, 1945-1971

### 1. Introduction

*La haute croissance*

De 1955 à 1973, les taux de croissance du PNB (voir graphique 1.1) au Japon ont oscillé entre 4,3 % en 1971 et 14,5 % en 1961, pour une moyenne de plus de 10 % pour toute la période (comparée à environ 5 % pour les pays occidentaux). Certaines périodes ont connu une plus faible croissance : 1958, 1962, 1965, 1971, mais la tendance est à la forte hausse à la fois du côté de la production et des revenus (avec un rythme plus rapide avant 1960 pour la première et après 1960 pour les seconds). C'est cette hausse qu'on a appelée le miracle japonais.

Plusieurs facteurs, jouant conjointement, ont permis cette croissance soutenue. Il y a tout d'abord un facteur conjoncturel : la hausse de la demande pour les produits manufacturés sur le marché mondial à partir de la fin des années 1940. Cette hausse a joué favorablement sur la croissance japonaise, mais seulement parce que les industries japonaises ont pu se saisir des occasions offertes par le marché. La guerre de Corée (1950-1953) a constitué une telle occasion, en ce qu'elle a permis aux industries japonaises de vendre aux troupes américaines en Corée et au Japon et, ainsi, a permis la relance de l'économie japonaise, durement frappée en 1949 par le plan Dodge, un plan de déflation et de diminution des dépenses de l'État qui avait provoqué une sévère récession et une forte baisse de l'emploi dans l'industrie et dans la fonction publique.

Pour que le Japon puisse se saisir des occasions offertes par l'économie mondiale à partir de 1950, il fallait une stratégie nationale, définie par la politique économique que nous analyserons plus loin dans ce chapitre sous le titre «La politique économique». Il fallait aussi une stratégie des entreprises, tant pour le financement que pour la technologie. Nous examinerons cette stratégie au chapitre 6. Par ailleurs, le Japon a pu profiter de la protection américaine. Enfin, le pays avait certains moyens matériels et une force de travail bien formée, qui ont facilité la reprise de la production. Examinons tout de suite ces deux derniers points.

### La protection américaine

Dès 1948, les Américains, qui occupaient militairement le Japon — ils l'occuperont jusqu'en 1952 — et qui dirigeaient presque seuls la politique alliée vis-à-vis de ce pays, ont décidé de favoriser le développement de l'économie japonaise. L'objectif des Américains était de trouver en Asie un allié puissant pour contrer le communisme. Pour favoriser la croissance du Japon, les Américains ont permis une politique stricte de protection du marché japonais aussi bien quant à l'entrée du capital étranger que quant à celle des importations (voir plus loin). Ils ont aussi permis au Japon de conserver une faible valeur du yen (360 ¥ = 1 $), ce qui a favorisé les exportations japonaises, en particulier vers les États-Unis. Cette politique favorable au Japon a duré jusqu'en 1971, comme on le verra plus loin.

De plus, le gouvernement américain a facilité l'entrée des produits japonais aux États-Unis, du moins jusque vers 1968. En outre, la politique américaine très libérale d'accès aux brevets a permis aux industries japonaises d'obtenir assez facilement la technologie américaine et de la copier ou de l'adapter à leurs besoins. Par ailleurs, dès les débuts de l'occupation et surtout après le début de la guerre de Corée en 1950, les troupes américaines stationnées en Asie ont fait appel à l'industrie japonaise pour une partie de l'équipement et pour les réparations au matériel militaire. Enfin, les Américains ont assuré la protection militaire du Japon, ce qui a permis au gouvernement japonais de dépenser très peu pour la défense de son territoire et de se concentrer sur la production industrielle.

### Les moyens matériels et la main-d'œuvre

Le Japon des années 1950 possédait déjà une base industrielle. En effet, le développement industriel du Japon avait commencé avec le changement de régime politique de 1868 et la révolution industrielle était terminée autour de 1918 (Bernier, 1988 a, chap. 8). Le Japon avait développé une bonne capacité de production dans le textile, secteur moteur de la révolution industrielle en Occident, mais aussi dans l'industrie lourde (métallurgie, machinerie, pétrochimie). De 1894 à 1945, l'industrie lourde avait progressé de pair avec la puissance militaire du Japon. Elle avait connu un progrès important durant les années 1933-1943, avec le développement d'une politique plus belliqueuse qui avait entraîné une forte augmentation du budget militaire. La dernière année de la Deuxième Guerre mondiale a été marquée par des dommages considérables à l'équipement industriel, du fait des bombardements américains. Cependant, à la fin de la guerre, plusieurs usines ou équipements industriels avaient survécu aux bombardements. On pouvait donc commencer la reconstruction avec ce qu'il restait des industries de la période de guerre.

Le Japon avait réussi, dans l'avant-guerre, à amasser du capital. Les avoirs japonais à l'étranger avaient été gelés pendant la guerre et une bonne partie du capital resté au pays avait été détruite à la suite des désastres de la guerre ou fortement dévaluée par l'inflation des années 1946-1949. Mais le Japon ne partait pas à zéro. Il restait du capital, même s'il était en quantité insuffisante.

Le Japon avait aussi une main-d'œuvre formée. Depuis 1872, le Japon avait établi l'éducation obligatoire pour tous, ce qui veut dire que, dès 1900, sa population avait été alphabétisée sinon dans son ensemble, du moins dans sa majorité. De plus, le développement de l'enseignement supérieur avait entraîné l'apparition d'un nombre important de cadres, d'administrateurs et de techniciens bien formés. Par ailleurs, l'existence de l'industrie depuis plusieurs décennies signifiait qu'il y avait déjà une main-d'œuvre initiée au travail industriel et, parmi celle-ci, un bon nombre de travailleurs qualifiés.

## 2. La politique économique

La politique économique de l'après-guerre est essentiellement une politique de développement de la production industrielle interne, vue comme le moteur de la croissance économique. Une bonne partie de cette production est destinée à l'exportation, les revenus ainsi produits devant servir à payer pour les importations de matières premières et de technologie, nécessaires au développement de secteurs industriels choisis pour leur effet d'entraînement. En effet, le Japon ayant peu de richesses naturelles, il est nécessaire de les importer. Quant aux technologies, les progrès faits dans l'industrie occidentale des armements pendant la guerre, surtout dans les domaines de la métallurgie et de la machinerie, ont permis aux pays occidentaux d'augmenter leur avance technologique vis-à-vis du Japon ; le Japon doit donc importer ces technologies s'il veut songer à faire concurrence à ces pays. Pour ce qui est des secteurs prioritaires, entre 1946 et 1949, les charbonnages (pour l'énergie), puis la sidérurgie sont choisis, dans le cadre de la politique de reconstruction. Mais à partir de 1949 environ, l'État élabore une nouvelle politique économique, y compris une politique industrielle, qui sera cruciale pour l'avenir.

Entre 1950 et 1956, une nouvelle stratégie économique à plusieurs facettes, y compris une politique industrielle, est élaborée par des commissions du ministère du Commerce et de l'Industrie (MCI) et, après sa fondation en 1952 (et l'élimination du MCI), par des commissions du ministère de l'Industrie et du Commerce international (MITI), commissions formées de fonctionnaires du ministère, d'universitaires et de cadres des grandes entreprises (on voit ici un exemple de la coopération entre État et entreprises, plus forte que dans l'avant-guerre, dont on reparlera plus loin). Cette stratégie est fondée, d'une part, sur la volonté immédiate de faire sortir le pays de la récession causée par la politique de déflation imposée par les autorités américaines en 1949 et, d'autre part, sur la détermination à plus long terme de faire du Japon un pays économiquement puissant. En fait, l'objectif fondamental est toujours le même que celui de l'avant-guerre : faire du Japon une puissance sur le plan mondial. Mais comme la défaite a éliminé la possibilité de la puissance militaire, on se tourne maintenant vers la puissance économique.

Ce qui est intéressant, c'est que plusieurs des mécanismes de la politique économique, y compris la politique industrielle, dérivent de mesures prises dans les années 1933-1945, donc dans les années de planification et de contrôle militaires de l'économie. Certains de ces mécanismes sont utilisés juste après la fin de la guerre comme moyens d'urgence pour faire face à une situation difficile ou, en 1949, comme moyens de juguler l'inflation. Ces moyens comprennent les restrictions à l'entrée de technologies et de capital venant de l'étranger, transformées plus tard en mécanismes pour assurer le contrôle national sur le capital et sur la propriété et, à travers les permis d'importation de technologie (voir plus loin), pour sélectionner les secteurs industriels à favoriser ; l'octroi de financement public et d'exemptions fiscales aux entreprises, qui deviendra plus tard un autre moyen de favoriser le développement de certains secteurs ; la création de cartels et d'associations d'entreprises, qui deviendra un mécanisme pour contrôler le déclin permanent ou transitoire de certaines industries (Johnson, 1982, p. 199).

Les diverses facettes de la politique économique sont établies entre 1950 et 1956, surtout à la suite d'une proposition du Service des entreprises du MCI en 1949, intitulée «Politique de rationalisation industrielle» (Johnson, 1982, p. 215). Ces facettes sont les suivantes :

Premièrement, pour assurer que le capital national, insuffisant, soit disponible pour les grandes entreprises, l'État donnera à la douzaine de grandes banques nationales la permission de prêter au-delà de leurs avoirs, tout en recevant la garantie que la Banque du Japon leur fournira les fonds nécessaires pour faire face à leurs obligations, le cas échéant (voir plus loin «La politique monétaire et le marché financier»).

Deuxièmement, pour protéger le capital national, l'État, en 1949, passe deux lois, l'une contrôlant le commerce extérieur et l'autre le change, et, en 1950, une loi qui établit un système de permis d'entrée pour le capital étranger. En 1952, le Service des entreprises fait passer une loi de promotion de la rationalisation des entreprises qui octroie des subsides gouvernementaux et des dégrèvements d'impôts pour des projets expérimentaux des entreprises. Cette loi permet aussi l'amortissement accéléré des équipements industriels et force les autorités nationales et locales à développer les infrastructures destinées à l'industrie. À partir de 1951, le gouvernement, sous la conduite du MCI et du MITI, passe une série de plans de rationalisation industrielle (plan pour l'acier en 1951, Loi de promotion de la rationalisation industrielle en 1953, plan pour les fibres synthétiques en 1953, plan pour la pétrochimie en 1955, plan pour l'industrie de machinerie en 1956, et plan pour l'électronique en 1957), qui sont la base de la politique industrielle.

*La politique industrielle des années 1950*

La politique industrielle est donc venue de la nécessité de planifier la production industrielle en vue d'assurer la puissance économique du pays. Les commissions gouvernementales qui la définissent partent du point de vue que la puissance économique ne peut venir que de l'utilisation des techniques de pointe. Or, à l'époque, les secteurs les plus avancés technologiquement sont ceux de l'industrie lourde. On décide donc de concentrer les ressources dans ces secteurs : sidérurgie, construction navale, pétrochimie, machinerie lourde.

Concentrer les ressources, cela veut dire canaliser les fonds de l'État vers ces secteurs. Cela veut dire aussi l'importation prioritaire de techniques pour ces mêmes secteurs. En effet, l'objectif étant de développer les techniques les plus avancées, il faut donc permettre leur importation des États-Unis et, dans une moindre mesure, de l'Europe. Mais comme cela coûte cher, il faut donc choisir les brevets les plus utiles (voir plus loin «Les politiques de protection du marché»). Les industries choisies auront donc priorité dans les importations.

Le choix de ces secteurs est aussi fondé sur un pari : que le marché pour leurs produits s'élargira dans un monde économique en expansion. Ces secteurs (construction navale, machinerie, y compris l'automobile, la métallurgie, la pétrochimie, avec, à partir de la dernière moitié des années 1950, l'électronique — mais sur ce point, il a fallu la détermination de certains industriels entreprenants, comme le fondateur de Sony, pour vaincre le scepticisme des fonctionnaires et des gros industriels — sont les plus avancés technologiquement et on s'attend à ce que le marché mondial s'élargisse pour leurs produits.

Le pari est de taille, car, premièrement, le Japon, qui a un taux de chômage officiel faible (2 %), doit faire face à un fort taux de sous-emploi (environ 20 % de sa main-d'œuvre), en particulier dans l'agriculture[1], avec des revenus extrêmement faibles ; deuxièmement, le capital-argent est insuffisant ; et, troisièmement, l'industrie lourde exige des technologies importées et beaucoup de matières premières, et le Japon est extrêmement pauvre en matières premières. Or, les secteurs choisis exigent beaucoup de capital (*capital-intensive*), de matières premières et de technologie, mais sont susceptibles de créer moins d'emploi à court terme que des secteurs forts en main-d'œuvre (*labor-intensive*) comme le textile. La stratégie industrielle définie à cette époque va donc à l'encontre de la dotation des facteurs de production existants. Or, la théorie économique dominante à l'époque est celle des avantages comparatifs, qui veut qu'un pays se spécialise dans les secteurs dans lesquels les facteurs de production sont abondants. La stratégie industrielle va donc à l'encontre de la théorie de la dotation des facteurs, car elle ignore sciemment la répartition des ressources nationales tout en visant comme objectif la transformation à long terme des avantages du Japon.

Le gouvernement et les industriels choisissent la voie difficile, parce que, pour eux, c'est la voie de la puissance économique du pays. La politique portera fruit : on peut dire que le risque énorme pris entre 1950 et 1956 est l'une des clés du succès économique japonais. Pour que cette politique fonctionne, il faut, tout d'abord, qu'elle soit acceptée par la majorité de la population. Pour y arriver, les dirigeants du gouvernement orchestrent des campagnes de publicité qui donnent de bons résultats. Par ailleurs, ils réussissent à faire de la politique industrielle une stratégie nationale, au-dessus des partis politiques et de la politique partisane.

Enfin, l'établissement de la politique industrielle coïncide avec la destruction des syndicats militants qui ont réussi à obtenir des droits très étendus entre 1946 et 1948. C'est le gouvernement et les associations patronales, avec l'appui de l'occupant américain, qui prennent les mesures nécessaires pour casser les syndicats (voir le chapitre 5). Le gouvernement et les entreprises peuvent donc compter dès le début des années 1950 sur la baisse du militantisme ouvrier et sur la coopération des syndicats.

### Les politiques de protection du marché, 1946-1971

Dans les années 1950 et 1960, le Japon manquant de capital-argent, le gouvernement doit prendre des mesures pour économiser le plus possible le capital existant, et ce pour qu'il soit utilisé à des fins conformes aux plans du MITI. En même temps, le gouvernement veut protéger la majorité des secteurs de production de la concurrence étrangère et il s'efforce de limiter le plus possible l'entrée de capital étranger. À ces fins, le MITI établit toutes sortes de mesures pour contrôler strictement les importations de capital et de marchandises. Pour limiter l'entrée du capital étranger, que le gouvernement japonais voit comme dangereux pour le contrôle national de l'économie, le gouvernement fait voter, en 1950, une loi qui décrète que tout investissement étranger doit être approuvé par une commission du capital étranger que la loi crée par la même occasion. Après 1952, cette fonction est dévolue au Service des entreprises du MITI.

En ce qui concerne la protection du marché des produits, dès 1949, le gouvernement passe une loi de contrôle du commerce extérieur qui, en concentrant dans les mains du gouvernement toutes les devises étrangères obtenues des exportations, permet au MITI de définir un montant maximum de dépenses annuelles pour les importations. Toutes les importations doivent être approuvées par le MITI, qui institue à cet effet un système de permis. En utilisant ces moyens, le gouvernement limite les importations de produits manufacturés, sauf celles de machinerie, et il favorise l'importation de matières premières, celles-ci étant essentielles, comme la machinerie, à la croissance des industries dont on veut promouvoir la croissance. Par ailleurs, le MITI contrôle les importations de brevets[2], utilisant le système de permis pour limiter les dépenses et orienter les ressources (dans ce cas les techniques nouvelles) vers les secteurs prioritaires.

En plus de ce système de contrôle des importations, le MITI utilise toute la panoplie des mesures protectionnistes : quotas (surtout dans les années 1950 ; les quotas diminuent rapidement dans les années 1960, quelques années après l'entrée du Japon dans le FMI en 1952 et dans le GATT en 1955, et sont remplacés par les tarifs douaniers), tarifs douaniers, critères et tests de qualité, achat préférentiel de produits japonais, interdiction d'importer, etc. Le gouvernement japonais utilise toutefois ces mesures de façon sélective, surtout pour protéger des secteurs en déclin ou des secteurs nouveaux dans lesquels les entreprises japonaises ont des difficultés face à la concurrence étrangère. L'objectif final de ces mesures, dans le cas des secteurs en déclin, est de planifier la décroissance, afin de limiter les congédiements massifs, donc les effets brusques sur l'emploi, qui pourraient mener à des contestations syndicales. Le gouvernement ne peut pas éviter toutes les contestations ouvrières dans ces secteurs, mais on peut dire que, en règle générale, sa politique porte fruit. Dans le cas des secteurs qui débutent, l'objectif est de leur permettre d'augmenter leur productivité et la qualité de leurs produits en vendant sur le marché interne protégé, pour ensuite faire face à la concurrence étrangère. Il s'agit donc non pas de leur assurer un marché protégé à perpétuité, mais bien de leur donner les conditions optimales pour augmenter leur force compétitive face à leurs concurrents internationaux. Il faut souligner toutefois que, malgré cet objectif, le gouvernement maintiendra certaines protections même lorsque les entreprises japonaises seront devenues compétitives, par exemple dans l'automobile jusqu'à la fin des années 1960 (voir plus loin). Dans la majorité des cas, il faudra des pressions internationales soutenues, venant surtout des États-Unis, pour que ces protections disparaissent ; et encore, le MITI et les cercles patronaux prédiront une catastrophe pour les secteurs de la production qui seront libéralisés, catastrophe qui ne se produira pas.

Prenons justement l'exemple de l'industrie automobile (voir Cusumano, 1985, p. 6 et suiv.) pour voir comment diverses mesures protectionnistes sont utilisées en combinaison pour assurer le développement des industries japonaises. L'absence de protection du marché avant 1936 et entre 1945 et 1952 a permis aux voitures étrangères de prendre une part importante du marché. Avant 1936, les filiales japonaises de GM et de Ford, à travers les importations d'autos et l'assemblage sur place de voitures fabriquées aux États-Unis, contrôlaient plus de 85 % du marché japonais. En 1936, le gouvernement japonais a imposé des conditions tout à fait draconiennes aux producteurs étrangers : droits de douane élevés sur les pièces et les voitures importées ; contrôle des dépenses en devises, avec diminution importante du montant permis aux constructeurs étrangers, donc diminution importante des importations ; système de permis d'importation et de production, avantageant les constructeurs japonais, en particulier Toyota et Nissan. En 1939, GM et Ford, étouffés par ces mesures, durent quitter le Japon. En 1945, les autorités de l'occupation éliminèrent les restrictions de 1936, et les entreprises étrangères, en particulier américaines, reprirent une grande part du marché (44,6 % en 1951). Les années 1945-1950 furent extrêmement difficiles pour les entreprises automobiles japonaises et seuls les prêts consentis par les banques ont permis à Toyota et à Nissan d'éviter la faillite.

La première relance de l'industrie survient au moment de la guerre de Corée (1950-1953). L'armée américaine fait alors appel aux constructeurs japonais pour l'approvisionner en véhicules militaires. Mais ce n'est pas suffisant. Pour contrer la force des entreprises américaines, à partir de 1952, les entreprises japonaises passent des ententes avec des producteurs européens pour assembler au Japon des modèles fabriqués en Europe. L'objectif du MITI, en permettant ces ententes (d'une durée de trois ou quatre ans), est de voir les entreprises japonaises apprendre à partir des pièces importées, d'augmenter peu à peu le nombre de pièces produites au Japon et, finalement, de se passer des partenaires étrangers pour fabriquer totalement au Japon des voitures calquées sur les modèles étrangers.

Pour s'assurer que cette politique portera des fruits, en même temps, soit en 1952, le MITI impose une taxe sur la valeur ajoutée de 40 % sur les voitures importées, en plus d'un tarif de plus de 30 %. De plus, le MITI prohibe tout investissement étranger dans l'automobile, décrète que tous les véhicules importés (et pas seulement un échantillon, comme en Europe et aux États-Unis) seront inspectés individuellement par les douaniers (ce qui augmente le temps entre l'arrivée au Japon et la mise en vente), empêche les constructeurs étrangers de demander des permis d'importations, ne donnant la permission qu'à des importateurs japonais (qui ont chacun le monopole d'importation pour une entreprise étrangère), et établit des standards de qualité très stricts, ce qui entraîne des modifications aux voitures importées et un doublement des prix. L'ensemble de ces mesures directes et indirectes de protection fait baisser la proportion des automobiles étrangères dans le total des autos vendues au Japon de 44,6 % en 1951 à 23,1 % en 1954, à 8,9 % en 1955 et à 1,1 % en 1960 (Cusumano, 1985, p. 7 et 387). L'industrie automobile japonaise est sauvée. Le MITI maintiendra les tarifs jusqu'en 1978 et le reste des mesures jusqu'en 1983, au moment où les entreprises japonaises auront atteint un niveau de productivité et de qualité des produits tel qu'aucune entreprise étrangère ne pourra leur faire concurrence (la hausse de la valeur du yen et les améliorations à la productivité des entreprises américaines dans les années 1990 rétabliront finalement la force compétitive de GM et Ford face à Toyota et Nissan).

Parmi les autres mesures qui donnent un avantage aux entreprises japonaises même en l'absence de protection formelle (mais en général utilisées en conjonction avec des mesures de protection), il faut mentionner l'amortissement accéléré sélectif, l'accès à des sites industriels équipés aux frais des administrations publiques, les dégrèvements d'impôts et la formation de cartels de production n'incluant que des entreprises japonaises. Mentionnons aussi les campagnes de promotion d'achat de produits japonais (surtout entre 1963 et 1972), les liens durables entre entreprises quant au financement et à l'approvisionnement en pièces ou en matériel (voir chapitre 5) qui signifient (encore dans les années 1990) l'achat toujours effectué chez le même fournisseur, et la complexité d'un système de distribution que les entreprises étrangères doivent (jusqu'à récemment) nécessairement utiliser (voir le chapitre 1).

Dans les années 1960, le Japon commence à libéraliser son marché. Entre 1960 et 1963, la libéralisation est assez rapide, surtout à la suite d'une révision majeure de la politique commerciale en 1961[3]. Cette politique comporte les points suivants : restrictions faibles sur les importations de matières premières, et augmentation des restrictions en fonction du taux de transformation faite ailleurs ; restrictions faibles sur les produits d'équipement et fortes sur les produits de consommation (en accord avec la politique industrielle analysée plus haut) ; restrictions faibles pour les biens difficiles à produire au Japon, ou pour lesquels la demande est stable, et fortes pour les biens qu'on peut produire dans le pays ou pour lesquels la demande risque d'augmenter ; restrictions fortes sur les produits qui font concurrence à ceux des industries japonaises dans des secteurs prometteurs[4] ; diminution des restrictions sur les biens pour lesquels l'industrie japonaise est compétitive ; maintien de la protection des industries en déclin en abaissant les tarifs sur les matières premières nécessaires à ces industries, mais en les augmentant pour les produits étrangers compétitifs ; protection faible pour les produits nécessaires et forte pour les produits de luxe (Komiya, 1990, p. 13-14). Comme on peut le voir, la libéralisation est conçue pour ne pas nuire à la politique industrielle établie dans les années 1950.

L'élimination des restrictions aux importations ralentit après 1963 (165 produits sous restriction en 1965, encore 161 en janvier 1970 ; Komiya, 1990, p. 24). En 1969, le Japon a encore plus de produits sous restriction que ses compétiteurs en Amérique du Nord et en Europe. Ce n'est qu'à partir de 1970 et surtout après le choc de Nixon en 1971 que la libéralisation s'accélérera (123 produits en janvier 1971, 79 en avril 1972), mais pour ralentir encore par la suite (79 encore en 1981). Mais nous entrons ici dans la période de crise qui suit la haute croissance, une période analysée au chapitre 3.

### Les mesures pour favoriser les exportations

La majeure partie des mesures et des fonds servant à favoriser les exportations sont du ressort de deux banques publiques : la Banque de Développement du Japon, créée en 1951, et la Banque Import-Export, créée en 1950 sous le nom de Banque Export et rebaptisée sous son nom actuel en 1952. Dans la période de haute croissance, la Banque de Développement, qui dépend du ministère des Finances, mais dont tous les prêts doivent être approuvés par le MITI, fournit aux grandes entreprises, particulièrement celles des secteurs prioritaires, du capital à long terme à faible taux d'intérêt afin de favoriser le développement industriel et l'innovation. Vers le milieu des années 1950, la Banque oriente de plus en plus son financement vers les industries d'exportation. Son rôle dans la promotion des exportations vient donc du financement à bon marché qu'elle accorde à des entreprises choisies, ce qui contribue à la baisse de leurs coûts de production. Les fonds de la Banque de Développement viennent, d'une part, de la vente d'obligations et, d'autre part, de l'épargne postale (voir plus loin sur le système financier).

La Banque Import-Export joue un rôle plus limité, mais néanmoins essentiel : premièrement, elle prête des fonds à taux préférentiel, pour six mois à un an, à des entreprises pour acheter de la machinerie ou des matières premières approuvées par le MITI ; deuxièmement, elle prête des fonds à des clients étrangers (entreprises ou gouvernements) pour l'achat d'usines clés en main ou de matériel important faits au Japon, et ce à des conditions qui satisfont l'OCDE. La Banque consent quelquefois des prêts qui ont peu à voir avec l'exportation, comme lorsqu'elle finance dans les années 1960 la construction de pétroliers géants, vendus pour un jour à des entreprises étrangères et rachetés le lendemain par des entreprises japonaises, le tout servant à financer les entreprises de construction navale et à favoriser leur expansion.

Le gouvernement utilise d'autres moyens de financer les exportations. Il s'agit tout d'abord du refinancement à faible taux d'intérêt (1 % à 2 %) par la Banque du Japon (qui, entre 1955 et 1972, utilise 10 % de son crédit total à cette fin) des factures des entreprises étrangères envers les entreprises japonaises entre le moment de la signature des contrats d'exportation et le moment de leur expédition. Il y a ensuite le système de déductions d'impôt pour les entreprises sur les revenus d'exportations, sur les profits venant de produits jugés importants et sur des réserves créées par les entreprises pour financer la promotion d'exportations. Ces déductions jouent un rôle majeur dans le financement des exportations jusqu'en 1972, date à partir de laquelle cette pratique disparaît. Par ailleurs, le gouvernement institue en 1950 un système d'assurance étatique couvrant les risques liés aux exportations. Enfin, dans certains cas, le gouvernement donne des subsides directs pour l'exportation.

Les effets des politiques de promotion des exportations sont difficiles à mesurer (Itoh et Kiyono, 1988, p. 173). Toutefois, on peut conclure que cette politique, en favorisant les secteurs prioritaires, contribue à leur développement et à la réorientation de la structure productive du pays. Au début des années 1950, les exportations portaient souvent sur des produits de mauvaise qualité, mais peu à peu, les produits des nouveaux secteurs (avec le maintien du textile, orienté de plus en plus vers les textiles synthétiques, produits de l'industrie pétrochimique, et le maintien du vêtement, mais avec des produits de meilleure qualité) prennent la relève. En particulier, dès 1956, le Japon devient le plus gros constructeur mondial de navires, de plus en plus nécessaires pour transporter le volume grandissant des biens échangés sur le marché mondial (y compris les pétroliers, dont les Japonais modifient le design par l'augmentation surprenante du tonnage). On peut voir ici un effet à la fois des politiques de promotion des exportations et des politiques de protection du marché interne, qui permettent aux industries japonaises de pointe de se développer sur le marché interne, avant de se lancer vigoureusement à l'assaut des marchés mondiaux.

## La politique monétaire et le marché financier

### a) Les institutions financières

Le système financier au Japon, comme partout ailleurs, comporte plusieurs institutions interreliées. Ce qui est particulier au Japon, c'est davantage le lien entre les institutions que ces dernières en elles-mêmes. Par exemple, il y a au Japon une banque centrale, la Banque du Japon, mais son rôle vis-à-vis des banques et des autres types d'entreprises financières est particulier, comme on le verra plus loin. Le tableau 2.1 présente les diverses institutions financières du Japon.

La Banque du Japon contrôle le système bancaire et la masse monétaire. À cette fin, premièrement, elle a le monopole de l'émission de la monnaie et elle sert de banquier de l'État (émissions de titres publics, etc.). Deuxièmement, elle établit la politique monétaire (voir plus loin). Pour ce faire, elle fixe les normes du crédit, grâce : a) au système des réserves obligatoires que les banques, depuis 1959, doivent déposer à la Banque du Japon ; b) à l'achat-vente avec les institutions financières de valeurs mobilières et de billets ; c) à la fixation du taux d'escompte ; d) au plafonnement des prêts de la Banque du Japon aux institutions financières ; et e) au système d'autorisation des opérations financières des institutions privées. Comme le note Anguis (1983, p. 87) :

Ce système a permis à la Banque du Japon de contrôler directement le volume des prêts faits par les banques aux entreprises. Elle recourt à cette fin à des «directives» dont le caractère juridique est inexistant, mais le caractère contraignant bien réel, et qui, prenant la forme de persuasion morale et de conseils téléphoniques, consistent à fixer trimestriellement à chaque institution financière le taux de croissance possible de ses encours de crédit par rapport au volume de la période précédente.

**Tableau 2.1**
**Les institutions financières**

1. La Banque du Japon
2. Les institutions privées
    2.1    Les banques ordinaires
        *a)* Les banques nationales (12)
        *b)* Les banques régionales (63)
        *c)* Les banques étrangères (65)
        *d)* La Banque de Tokyo (pour le change)
    2.2    Les institutions financières spécialisées
        *a)* Crédit à long terme
            – Les banques de crédit à long terme (3)
            – Les compagnies de fiducie (7)
            – Les compagnies d'assurance (45)
        *b)* Crédit aux PME
            – Les banques mutuelles (71)
            – Les associations de crédit (456)
            – Les coopératives de crédit (468)
            – La Banque centrale coopérative pour le commerce et l'industrie (1)
        *c)* Financement de l'agriculture, des pêcheries et de l'industrie de la forêt
            – La Banque centrale coopérative de l'agriculture et de la forêt (1)
            – Les coopératives agricoles ( 5 403)
    2.3    Autres institutions financières
        *a)* Maisons de titres ou compagnies de courtage (45)
        *b)* Intermédiaires du marché monétaire (6)
        *c)* Divers (10)
3. Institutions financières publiques
    3.1    Banques (2)
        *a)* La Banque de Développement du Japon
        *b)* La Banque Import–Export
    3.2    Sociétés financières (10)
    3.3    Autres organismes financiers
        *a)* Dépôts postaux (23 490)
        *b)* Le Fonds national d'épargne (1)

Sources : Anguis, E., *Le ressort financier de la croissance des entreprises japonaises*, p. 31 ; Cargill et Royama, *The Transition of Finance in Japan and the United States*, p. 30, figure 2.1.

La Banque du Japon a donc un rôle crucial dans la détermination des taux et des niveaux du crédit. Un des aspects les plus importants de ce rôle est sans aucun doute le faible niveau des réserves que la Banque a imposé aux banques privées, un niveau beaucoup plus bas que celui des pays occidentaux. En général, les banques nationales ont eu un niveau d'émission du crédit qui dépasse leurs ressources. Ce niveau, permis par la Banque du Japon, a donc été garanti par la Banque centrale et a permis d'utiliser à plein le crédit, en particulier dans le financement des grandes entreprises.

Ce sont les banques nationales qui ont pour fonction principale le financement des grandes entreprises. Trois de ces banques (Sakura, du groupe Mitsui, Mitsubishi et Sumitomo) font partie des groupes issus des anciens *zaibatsu* de l'avant-guerre, trois sont au centre de nouveaux groupes financiers plus souples (Dai-chi kangyô, Fuji et Sanwa) (sur ce point, voir le chapitre 5). Ces six banques font partie de la dizaine de banques privées qui se situent au sommet du système bancaire japonais pour ce qui est des avoirs et du capital. Les banques nationales prêtant aux sociétés les plus importantes, elles sont donc au centre des flux de capitaux.

Les avoirs des banques nationales viennent des dépôts des sociétés et des particuliers. Dans la période de haute croissance, les banques nationales ont de la difficulté à augmenter leurs dépôts à cause de réglementations de la Banque du Japon fixant les taux d'intérêt sur les dépôts à un niveau très faible. Elles ne peuvent donc pas tenter d'attirer les dépôts par une augmentation des taux d'intérêt. Or, les banques nationales ont à faire face aux demandes en hausse des grandes entreprises pour du capital. Pour obtenir ce capital additionnel, les grandes banques doivent s'adresser aux banques régionales, qui ont des surplus, et à la Banque du Japon. Les banques régionales et la Banque du Japon prêtent aux banques nationales, surtout à court terme.

Les banques nationales ne peuvent pas prêter à long terme : ces prêts sont le monopole des banques de crédit à long terme (Banque Industrielle du Japon, Banque japonaise de Crédit à long terme, Banque de Crédit du Japon) et des compagnies de fiducie (*trusts*). Les banques nationales prêtent donc à court terme, mais elles peuvent renouveler certains de ces prêts, qui se transforment ainsi en prêts à plus long terme. Néanmoins, la majorité du crédit des banques nationales aux entreprises va au fonds de roulement de ces entreprises, seulement 20 % allant au financement des investissements proprement dits (Anguis, 1983, p. 32-33).

Les banques nationales ne peuvent émettre des obligations, mais les banques de crédit à long terme, qui ne peuvent recevoir de dépôts que des sociétés privées et publiques (mais non des particuliers), se financent majoritairement par l'émission d'obligations.

Certaines de ces obligations sont achetées par les banques nationales qui transforment ainsi une partie de leur capital en prêts à long terme. Les banques de crédit à long terme ont joué durant la haute croissance un rôle essentiel en finançant une bonne partie des investissements productifs des entreprises.

Ce qui est particulier au financement des entreprises au Japon jusqu'à la fin des années 1970, c'est la dépendance envers le crédit bancaire plutôt qu'envers la vente d'actions. En effet, les entreprises, jusqu'à concurrence de 80 % de leur capital, ont fait appel au crédit des banques nationales et des banques de crédit à long terme. La vente d'actions, donc l'autofinancement, a joué un rôle mineur, tout comme l'émission d'obligations sur le marché libre, très réglementée.

Si ce type de financement par l'endettement a pris de si grandes proportions, c'est en bonne partie à cause de la persistance des groupes financiers (*zaibatsu*), quoique sur de nouvelles bases, après 1945. Les liens à l'intérieur des groupes viennent de la volonté des entreprises et des banques d'établir et de maintenir des relations à long terme entre prêteur et emprunteur, relations qui permettent une meilleure connaissance mutuelle des deux partenaires (voir le chapitre 5). D'autres facteurs favorisent aussi ce système de crédit : le faible développement du système financier, et en particulier de la Bourse, à la fin de la Deuxième Guerre mondiale, l'insuffisance des effets financiers qui ont survécu à la guerre et l'accès direct des banques nationales au crédit de la Banque du Japon.

Le gouvernement japonais a strictement séparé les opérations de crédit, réservées aux banques, et la vente des actions et des obligations, sous contrôle de maisons de courtage, dont les quatre plus grandes sont Nomura, Daiwa, Nikko et Yamaichi. Ces maisons s'occupent aussi de l'achat et de la vente à court terme, avec promesse de rachat, des actions et obligations sur le marché dit *gensaki* : les opérations sur ce marché, qui se développe librement dans les années 1960, sont en fait des opérations d'emprunt à court terme utilisant les actions et les obligations comme garanties.

### b) La politique monétaire

La politique monétaire du Japon est du ressort de la Banque du Japon, mais elle est en réalité établie par le ministère des Finances (en collaboration avec le ministère des Postes, qui administre un vaste système de dépôts postaux ; voir plus loin) qui l'impose à la Banque du Japon. Dans la période de haute croissance, cette politique est déterminée par deux objectifs partiellement contradictoires : premièrement, assurer la croissance, en particulier en facilitant le crédit à la production, surtout pour les grandes entreprises, et en maintenant les intérêts à un faible niveau ; deuxièmement, éviter la surchauffe et tenter de limiter l'inflation, en particulier en gardant le déficit de l'État à un faible niveau.

Jusqu'en 1965, ces deux objectifs peuvent être atteints sans trop de problèmes, mais, à partir de cette date, l'État commence à s'endetter. Le premier objectif de l'endettement de l'État est de sortir de la petite récession du milieu des années 1960. Mais la pratique continue après la reprise de la seconde moitié de la décennie, le ministère des Finances utilisant le niveau d'emprunt comme moyen de contrôler plus directement le système financier. La politique monétaire du pays à cette époque est liée à la politique fiscale, à la structure du système financier et aux lois et règlements régissant ce système.

*c) La politique fiscale*

Les revenus de l'État japonais, à partir de 1947 et jusque dans les années 1990, viennent en majorité de l'impôt sur les revenus des particuliers (26 % du total en 1972) et des sociétés (24 % du total), avec des taux progressifs (Pechman et Kaizuka, 1976, p. 319). Ce système d'obtention des recettes de l'État à partir de l'impôt sur le revenu fut imposé par les Américains, qui jugeaient que le système de taxation de l'avant-guerre, fondé sur les taxes indirectes et sur l'exemption d'impôt sur les gains en capitaux, contrevenait à la démocratie et à l'équité (Yamamura, 1967, p. 18-19).

Durant la haute croissance, le gouvernement japonais maintient les impôts des sociétés et des particuliers à un niveau relativement faible : le fardeau fiscal total ne dépasse pas 20 % des revenus totaux (18 % en 1964). Si l'on inclut les charges sociales, ce pourcentage monte à environ 25 % (24,6 % en 1968), soit de 40 % inférieur à celui des États-Unis et de 40 % à 100 % inférieur à celui des pays d'Europe de l'Ouest. Pendant la haute croissance, le gouvernement, au lieu de hausser ses dépenses en fonction des hausses de revenus venant de l'impôt, préfère diminuer le taux de taxation. La politique fiscale, en taxant peu les revenus et le capital, favorise l'épargne et l'accumulation du capital, ce qui facilite le fonctionnement du système financier.

### d) Le fonctionnement du système financier

– La priorité du crédit aux grandes entreprises

Malgré la pénurie de capital dans les premières années après la guerre, les grandes entreprises n'en ont jamais manqué. Le crédit bancaire, insuffisant, est canalisé vers les secteurs de pointe : peu de capital pour les PME et les autres secteurs jusque dans les années 1970, et très peu de crédit à la consommation jusque dans les années 1980. Cependant, le crédit est facile pour les secteurs choisis pour la croissance, c'est-à-dire les grandes entreprises. Les entreprises utilisent ce capital surtout pour augmenter la productivité, en investissant dans de nouveaux équipements (voir le chapitre 6).

– La dépendance du crédit bancaire

Comme on l'a vu plus haut, le financement des grandes entreprises japonaises se fait surtout par endettement plutôt que par la vente d'actions. L'accès au crédit bancaire est d'autant plus important que, pour des raisons de contrôle par les dirigeants des entreprises, les compagnies japonaises, comme on l'a vu, n'ont recours que de façon accessoire au marché boursier pour obtenir leur capital. En effet, les entreprises japonaises, jusque dans les années 1980, ont en moyenne 80 % de leur capital provenant du crédit bancaire et 20 % de la vente d'actions, ceci pour éviter les pressions à court terme des possesseurs d'actions (en Occident, la répartition était d'environ 50 % pour ce qui est du financement par le crédit bancaire et 50 % par la vente d'actions). Par ailleurs, dans ce 20 %, une bonne proportion provient des participations croisées entre entreprises d'un même groupe économique (voir le chapitre 5). Le résultat de ce système, c'est que les dividendes aux actionnaires sont relativement faibles. Il faut toutefois introduire une nuance : durant la période de haute croissance, les avoirs des entreprises et les cotes boursières sont constamment sous-évalués, ce qui veut dire que le pourcentage de l'endettement par rapport aux avoirs est inférieur à 80 % et se situerait plutôt autour de 60 % (Wallich et Wallich, 1976, p. 272). Ceci dit, le taux d'endettement, même en corrigeant, est encore plus haut qu'en Occident.

Le ministère des Postes, à travers le système de crédit postal, qui, à la fin des années 1960, compte pour environ 20 % des dépôts personnels, constitue une des sources importantes de capital à long terme pour l'entreprise. Ce système a pour but d'encourager l'épargne personnelle et de la centraliser pour pouvoir l'utiliser dans l'atteinte des objectifs fixés par l'État. L'utilisation de cette épargne individuelle donne un levier important à l'État dans le marché financier, mais un levier qui échappe partiellement au ministère des Finances, car ces fonds servent à financer un budget supplémentaire, extérieur au budget normal.

– Le crédit bancaire : politique risquée

Le crédit bancaire est facilité par une politique bancaire audacieuse. En effet, jusqu'en 1958, le taux de couverture des banques est établi à 0,25 % pour les petites banques et entre 0,5 % et 1 % pour les banques nationales (comparé à 10 % pour les banques occidentales). En 1958, ce taux passe à environ 5 %, ce qui veut dire qu'une plus grande proportion des dépôts peut être utilisée pour le crédit et ce crédit se dirige essentiellement vers les grandes entreprises (donc l'épargne est utilisée surtout pour l'investissement productif). Fait à noter, les grandes banques dépassent même ce taux de couverture, descendant quelquefois à moins de 0,5 %. La Banque du Japon accepte de couvrir les banques commerciales en leur prêtant l'argent pour faire face à leurs obligations à court terme. Pour ce faire, la Banque du Japon fait souvent appel à l'emprunt à court terme (surtout aux États-Unis et en Angleterre).

– Un taux élevé de formation de capital

Ce taux peut être mesuré par la répartition de la demande interne entre investissements et revenus. La demande interne (PIB – exportations + importations) se divise en gros en deux parties : le revenu et le capital. Le revenu correspond en gros à la consommation (produit qui est perdu pour l'investissement). Le capital (ou l'investissement) se divise en deux : investissements pour la production, et investissements d'infrastructure. Au Japon, la demande interne se divise comme suit dans les années 1950 et 1960 : la moitié va à l'investissement et la moitié à la consommation privée. À la même époque, le pourcentage de l'investissement en Amérique du Nord et en Europe oscille entre un maximum de 45 % en Allemagne et un minimum de 38 % en Suède. Donc, la richesse au Japon va en plus grande proportion à l'investissement que dans les pays occidentaux. Par ailleurs, l'investissement de l'État est plus faible au Japon, ce qui signifie qu'une plus grande part du capital va aux activités productives. Cela signifie que, jusque dans les années 1980, il y a une proportion beaucoup plus grande de la richesse qui va à l'investissement au Japon et, par conséquent, à la mise en place de nouveaux équipements, surtout dans les grandes entreprises.

Le taux élevé de formation de capital dans les grandes entreprises résulte en partie des faibles dépenses de l'État pour la sécurité sociale (en 1971-1972, 5 % du PIB comparé à 10 % aux États-Unis et plus de 20 % en Angleterre et en France) et pour la défense (moins de 1 % du PIB comparé à 10 % pour les États-Unis). La faiblesse des dépenses pour la défense et pour la sécurité sociale signifie un budget plus restreint de l'État jusqu'au milieu des années 1960 (pas de déficit) et des dépenses orientées vers la hausse de la production et des exportations (infrastructures, tels ports, aéroports, chemin de fer, etc. ; subventions directes ou indirectes aux entreprises).

*e) Le climat des entreprises*

À cause de toutes sortes de mesures du gouvernement (amortissement accéléré, dégrèvement d'impôt, etc.), les profits nets des entreprises sont partiellement cachés. En fait, depuis les années 1950, les entreprises japonaises, qui disent ne pas s'occuper du profit (mais plutôt de la part du marché et de la croissance totale), peuvent bénéficier de profits supérieurs à ceux de l'Occident. Selon Wallich et Wallich, les profits bruts des entreprises japonaises entre 1970 et 1972 sont environ deux fois plus élevés que ceux des entreprises américaines. Si l'on déduit les impôts, les intérêts sur le crédit et les dividendes, les profits nets qui peuvent être réinvestis par les entreprises se situent à un taux équivalant au triple de celui des entreprises américaines. Les entreprises japonaises peuvent donc profiter d'un fort afflux de capital et d'un niveau d'investissement élevé, ce qui joue en leur faveur dans l'augmentation de leur capacité compétitive globale. Parmi les éléments qui favorisent l'obtention d'un haut taux de profit par les entreprises, mentionnons le faible niveau des salaires à cette époque : il s'agit là d'un point analysé plus en détail au chapitre 4.

– Le changement rapide des équipements

L'investissement, concentré dans les grandes entreprises, permet à l'époque un changement rapide des équipements. Jusque dans les années 1970, les équipements changent en moyenne à tous les quatre ans. Les équipements désuets sont vendus aux PME. La transformation rapide des équipements permet aux entreprises d'augmenter leur productivité.

– Une faible inflation jusqu'en 1965

Jusqu'en 1965, le gouvernement japonais pratique l'équilibre budgétaire, ce qui limite les pressions à l'inflation. Il faut dire que les hauts taux d'épargne vont aussi dans le même sens. Par ailleurs, la hausse des prix se fait sentir surtout dans les prix au détail. Les prix de gros n'augmentent pas beaucoup, ce qui signifie, premièrement, de faibles hausses des prix des exportations (donc, compétitivité internationale) et, deuxièmement, l'absorption par les consommateurs des hausses de coût non répercutées sur les exportations. Cela signifie aussi qu'à cette époque les entreprises japonaises pratiquent le *dumping* sur les marchés étrangers.

– La course à la productivité et le cercle «vertueux» de la croissance

Dans les années 1955-1971, la croissance moyenne du PNB de 10 % par année entraîne un développement équivalent du marché interne. Toute entreprise qui veut au minimum maintenir sa position dans les secteurs en expansion se doit d'investir dans de nouvelles machines ou dans la construction de nouvelles usines plus modernes. À son tour, cet investissement alimente la croissance, par la hausse de la production, mais aussi par la hausse des salaires permise par les augmentations de production. Les entreprises, surendettées, peuvent rembourser leurs prêts aux banques et réclamer de nouveaux crédits pour tenter de profiter de nouveau de la croissance du marché interne et du marché mondial. Profitant d'un marché protégé, d'avantages fiscaux, d'un financement donné ou garanti par l'État, les entreprises des secteurs choisis comme prioritaires peuvent ainsi se développer rapidement pour devenir des compétiteurs internationaux. Dans un marché protégé, un cercle «vertueux» de la croissance s'établit, le fort taux d'investissement servant à faire augmenter la productivité, donc le caractère compétitif des entreprises, qui peuvent ainsi peu à peu se lancer dans l'exportation, augmentant ainsi leurs ventes et leurs profits, ceux-ci servant à rembourser les prêts bancaires et à réinvestir. Et ainsi de suite.

*f) Un taux d'épargne élevé*

En 1969, le taux d'épargne des Japonais s'élève à 20 % du revenu, comparé à environ 10 % pour la majorité des pays occidentaux (de 1968 à 1972 : 20 % au Japon, 7 % aux États-Unis, 12 % en France, 16 % en Allemagne et 5 % en Angleterre). Cela veut dire que les Japonais économisent un cinquième de leurs revenus. Cette épargne peut alors servir à financer les investissements. L'épargne, paradoxalement, reçoit des taux d'intérêt très bas.

Ce fort taux d'épargne s'explique par le jeu combiné de plusieurs facteurs. Notons, premièrement, la forte hausse des salaires, dont le taux a suivi à peu près le taux de croissance du PNB, ce qui, du moins dans les premières années de la haute croissance, crée un décalage entre les augmentations de revenus et l'augmentation des dépenses des ménages permise par l'augmentation du revenu : la consommation a suivi la hausse du revenu, mais avec un ou deux ans de retard. Deuxièmement, le système de rémunération dans les grandes entreprises a facilité l'épargne. En effet, au salaire régulier payé mensuellement s'ajoutent des primes semi-annuelles, qui, depuis les années 1950, comptent pour trois, quatre, cinq ou six mois de salaires (voir le chapitre 5). Ce système en est un d'épargne forcée, une partie du salaire, négociée à chaque année en fonction de la rentabilité de l'entreprise, étant versée après coup, en grosses sommes. Ces sommes sont en général déposées à la banque et accumulées en vue d'achats spéciaux ou gardées comme réserves pour faire face aux coups durs. Troisièmement, différents aspects du système économique, politique et social japonais font que les ménages doivent épargner. L'épargne est nécessaire au paiement des biens de consommation durables ou lors de l'achat d'une maison, les prêts hypothécaires et les prêts personnels étant insuffisants. De plus, l'épargne est vue comme essentielle en cas de coup dur (la sécurité sociale est insuffisante, du moins jusque dans les années 1980) : maladie, perte d'emploi, décès, etc. Enfin, on épargne pour assurer l'éducation de ses enfants, si nécessaire au succès futur : frais de scolarité dans les institutions privées, frais pour les écoles complémentaires (voir le chapitre 7), frais de logement si les enfants étudient dans une autre ville, et pour faire face aux coûts exorbitants du mariage de ses enfants.

Quelles que soient les raisons de l'épargne, celle-ci joue un rôle majeur dans l'apport en capital. Dans les années 1960, l'épargne des ménages se divise en trois parties à peu près égales entre, premièrement, les dépôts postaux, deuxièmement, les dépôts bancaires et, troisièmement, l'achat d'actions, d'obligations ou d'assurance-vie. Or, la majeure partie des épargnes ainsi déposées va à l'investissement. On l'a vu, l'épargne postale peut être utilisée par l'État pour financer les entreprises des secteurs prioritaires, et les dépôts bancaires et les fonds des compagnies d'assurance et de courtage servent surtout au financement des grandes entreprises. Les institutions financières, et spécialement le secteur postal et les banques, qui donnent peu d'intérêt sur les dépôts, ont tout intérêt à attirer l'épargne, puisqu'elle représente pour elles du capital à prêter, et qu'elles peuvent le faire à des taux plus élevés que ce qu'elles paient aux épargnants. L'épargne en elle-même ainsi que les profits des institutions financières, venant du jeu sur la différence des taux d'intérêt, permettent de réunir du capital en quantité toujours plus grande, un capital qui, à travers les politiques de l'État, peut être canalisé vers les secteurs prioritaires.

## 3. L'aménagement du territoire

La politique de développement industriel qui est à la base de la croissance économique s'est accompagnée d'une politique d'utilisation du territoire aux fins de la croissance. De fait, le territoire est pensé à l'époque essentiellement comme support des activités économiques, donc comme une force productive, dont il faut planifier l'utilisation. Cette utilisation est l'objet de nombreux plans de développement, dont on verra le contenu plus loin. Mais pour comprendre la façon dont le territoire est utilisé à partir de 1950, il faut comprendre comment il était organisé à la fin de la Deuxième Guerre mondiale, donc comment le développement historique du pays en est venu à définir des zones comme centrales et d'autres comme périphériques, car c'est sur des structures déjà existantes que la politique d'aménagement du territoire a été définie.

### Les bases de l'aménagement du territoire avant 1945

#### a) Les bases préindustrielles

Le développement industriel, qui devint politique nationale avec le changement de régime de 1868, se greffa sur une structure d'aménagement de l'espace qui datait de plus de mille ans. En effet, les premières politiques d'aménagement furent liées à la construction de la première capitale stable, Nara, au VIIIe siècle. Sans entrer dans tous les détails de l'aménagement avant 1868, soulignons l'importance de la région de Kyoto-Osaka, dans le centre du Japon, qui fut la région de la capitale impériale de 710 à 1870 (voir carte n° 1). Cette région a servi de point central au développement politique avant 1600, et de point central avec Edo (Tokyo) de 1600 à 1868 : en effet, en 1600, Edo devint la capitale de l'administration militaire du *shogun*, alors que Kyoto est demeuré le siège de la cour impériale. Le choix d'Edo comme capitale par la famille shogounale des Tokugawa a eu pour effet de transformer Edo, auparavant un gros village de pêcheurs, en une des plus grandes villes au monde à cette époque (plus d'un million d'habitants en 1720) et en un centre commercial, concurrençant Osaka et Kyoto comme pivot de l'économie de marché.

Le développement territorial avant 1868 a donc été marqué par le fort développement urbain dans deux régions (Osaka-Kyoto, Edo) et par le maintien de l'agriculture comme activité principale dans l'ensemble du pays. Si l'urbanisation a bien progressé, la population rurale n'a pas diminué. À la fin de la période Edo, le Japon avait une population d'environ 30 millions d'habitants, dont plus de deux millions dans les trois grandes villes mentionnées plus haut, mais le pays demeurait essentiellement agraire, plus de 75 % de la population s'occupant de l'agriculture.

### b) L'industrialisation et l'occupation du sol jusqu'en 1945

La restauration de Meiji de 1868 a mené à l'industrialisation et au développement du marché et des finances (voir Bernier, 1988 a, chapitre 8). Suivant les lignes de force du développement commercial antérieur, modifiées par l'établissement de la nouvelle capitale nationale à Tokyo, les nouvelles industries se se sont concentrées à Tokyo (capitale de l'Est, ainsi rebaptisée en 1868), Osaka, Kyoto, Nagoya et leurs régions, avec en plus un développement rural de l'industrie de la soie (Nagano et Gumma). Deux ports internationaux furent créés, Yokohama, près de Tokyo, et Kôbe, près d'Osaka.

Déjà, dès la première décennie du XXe siècle, les industries de pointe (métallurgie, machinerie), dont une partie de la production était exportée (ou était utilisée pour l'armement), se concentrèrent sur le littoral : dans la bande littorale Tokyo-Kawasaki-Yokohama (où on commença à utiliser des comblements artificiels pour gagner sur la mer), dans celle qui va d'Osaka à Kôbe, et, pour la sidérurgie, dans le nord de la plus méridionale des quatre grandes îles de l'archipel, Kyûshû. Déjà à cette époque, les grands centres du développement de l'économie moderne japonaise étaient en place : il s'agit en fait de la bande littorale du Pacifique, de Tokyo au nord à Fukuoka au sud (en prolongeant jusqu'à Nagasaki sur la mer de Chine), en suivant la zone dite du Tôkaidô entre Tokyo et Nagoya et la zone de la mer intérieure entre Kôbe et Fukuoka (en passant par Okayama et Hiroshima).

Le développement industriel a amené un fort développement de la population urbaine. Dans les années 1930, Tokyo compte 7 millions d'habitants, Osaka 3,2, Nagoya 1,3, Kyoto 1,1, et Kôbe et Yokohama près d'un million. Malgré l'expansion urbaine, la population de la campagne ne diminue pas. Mais il faut noter le retard de la campagne quant au développement des activités économiques et quant au niveau de revenu. Au moment de la guerre, donc, le Japon était déjà divisé en deux grandes régions : celle du littoral du Pacifique, du nord de Kyûshû au Kantô, où se concentrait l'activité économique liée à l'industrialisation et au développement du marché, et les régions périphériques, centrées sur l'agriculture, la manufacture et l'artisanat local.

## La reconstruction

Du point de vue de l'aménagement du territoire, la période allant de 1945 à 1954 en est surtout une de remise en place des anciens équipements : chemin de fer, routes, usines, etc. La population et les activités de Tokyo, en baisse en 1945 à cause des bombardements et de l'absence de nourriture, augmentent peu à peu, surtout après 1950, en bonne partie à cause de la reconstruction d'usines et de la relance de l'emploi industriel qui suit le début de la guerre de Corée.

Dès la reconstruction, l'État japonais commence à planifier l'occupation du territoire en fonction du développement industriel (pour tout le développement qui suit, voir Berque, 1976, chap. 4) . En 1950, le gouvernement vote la Loi de l'aménagement (*Kokudo sôgô kaihatsu hô*), qui définit le cadre de l'aménagement du territoire japonais jusqu'en 1974. Cette loi prend comme modèle le projet *Tennessee Valley Authority*, un projet américain de mise en valeur d'une vallée fluviale pour le développement agricole et hydroélectrique. La loi prévoit une planification intégrée de l'activité dans certaines régions choisies, avec la participation de quatre paliers d'administration : national, préfectoral, régional et de «zones spéciales». En réalité, l'intégration ne se fera que partiellement, les administrations locales étant rapidement évincées au profit du palier national qui contrôle directement l'administration des zones spéciales.

Les premiers projets dans le cadre de cette loi, au début des années 1950, montrent tout de suite l'orientation du gouvernement. Tout d'abord, les objectifs nationaux, définis par le gouvernement central, sont considérés comme prioritaires. Ensuite, le gouvernement central met l'accent sur les projets de zones spéciales, qui sont sous son contrôle direct : il s'agit de projets de mise en valeur de ressources essentielles au redémarrage de l'économie dont on a vu que les activités étaient concentrées dans les régions de la côte du Pacifique, c'est-à-dire les régions les plus industrialisées. Ces ressources sont l'eau, le bois (pour la reconstruction) et le charbon (pour le carburant). L'État prévoit des utilisations secondaires pour l'agriculture.

La majorité de ces projets comportent la construction de barrages devant servir à l'irrigation et à la production d'électricité. Or, très rapidement, les utilisations purement industrielles l'emportent sur les utilisations agricoles. Les barrages, par exemple, sont construits non pas en fonction des usages agricoles, mais en fonction de l'approvisionnement des industries en électricité. En particulier, l'énergie produite est de plus en plus acheminée vers les grands centres : en réalité on mobilise les ressources locales pour faire fonctionner la mégalopole. Notons donc que ces projets, situés pour la plupart dans des zones éloignées des grands centres, sont néanmoins tournés vers le développement de ces centres.

### La haute croissance

#### a) La première phase de la haute croissance, 1955-1964

– Les combinats

En 1955, le gouvernement japonais a déjà décidé de développer l'industrie lourde et il oriente ses actions dans ce sens. En 1955, le MITI émet une note qui encourage le développement de *combinats* pétrochimiques. Ces combinats sont conçus au départ comme centres de raffinage et de transformation du pétrole.

Étant donné la nécessité d'importer le pétrole brut, les sites de ces combinats sont choisis près des côtes. En 1958 et en 1959, les quatre premiers combinats sont construits par Mitsui à Iwakuni (préfecture de Yamaguchi), par Sumitomo à Niihama (préfecture d'Ehime, Shikoku), par Mitsubishi à Yokkaichi (préfecture d'Aiichi) et par Nisseki à Kawasaki, près de Tokyo (voir carte n° 2). Très rapidement, dans les années 1960, les entreprises pétrolières construisent des complexes plus importants : Idemitsu à Tokuyama (Yamaguchi), puis, plus tard, des complexes géants à Yokkaichi (Mitsubishi en 1968) et, en 1969, à Chiba, juste à l'est de Tokyo (Maruzen et Sumitomo). Notons que les capacités productives de ces derniers complexes géants deviendront excédentaires à la suite de la crise du pétrole de 1974.

Mais le pétrole n'est pas le seul secteur visé par ces développements de zones industrielles. Dans les plans de 1950, c'est tout le territoire qui doit devenir une force productive au service du développement industriel. Le gouvernement aménage donc des zones pour la métallurgie et pour l'industrie de machinerie. L'insistance sur l'industrie lourde renforce la tendance à l'établissement sur le littoral. En effet, la plupart des ces industries dépendent de matières premières importées ; or, la localisation sur le littoral limite les coûts de transport et favorise les exportations. Mais cette localisation nécessite l'élargissement des zones portuaires existantes ou la construction de nouvelles zones.

De plus, les économies d'échelle (abaissement des coûts du transport, transport rapide, localisation près des industries d'amont et d'aval, en particulier près des sous-traitants, localisation près des marchés de consommation) encouragent l'établissement de nouveaux complexes près des zones industrielles déjà constituées et près des grandes villes, c'est-à-dire dans la zone du Pacifique, surtout dans les agglomérations du Kantô (Tokyo, Kawasaki, Yokohama, Chiba) et du Kansai (Osaka, Kôbe) — c'est à cette époque que se développent les zones industrielles géantes de Keihin (Tokyo-Kawasaki-Yokohama) et de Hanshin (Osaka-Kôbe), avec dans chaque cas remplissement de parties de la baie de Tokyo et de la baie d'Osaka — avec en plus Nagoya et les berges de la mer Intérieure vers Kyûshû. La politique des combinats pétroliers et des zones industrielles mène donc à l'intensification de l'utilisation industrielle du territoire dans les zones déjà utilisées.

– Les nouvelles zones industrielles

À partir de 1962, avec l'absence d'espace près des grandes villes, et avec la volonté d'agrandir l'échelle des complexes industriels, l'État établit une nouvelle politique appelée «Politique de développement intégré du territoire», qui définit de nouvelles zones de développement industriel, choisies non pas à cause de leurs caractéristiques essentielles, mais parce qu'elles sont pour la majorité près du littoral et qu'elles peuvent fournir de l'espace (voir carte n° 3). L'État définit deux types de nouveaux sites industriels ; premièrement, des «zones spéciales d'aménagement industriel» : Kashima (au nord de Tokyo), baie de Suruga (Fuji), Higashi-Mikawa (Toyohashi, près de Nagoya), Harima (près de Kôbe), Bigô (à Fukuyama, entre Okayama et Hiroshima), Sûnan (Iwakuni, au sud de Hiroshima) ; deuxièmement, de «nouvelles villes industrielles» : Dôô (y compris le port de Tomakomai à Hokkaido), Hachinohe (Aomori), Akita, baie de Sendai, Jôban-Kôriyama (Fukushima), Niigata, Toyama-Takaoka, Matsumoto-Suwa, Okayama Sud (Mizushima), Tokushima (Shikoku), Tôyo (Ehime, comprenant le combinat pétrolier de Niihama), Nakanoumi (Shimane), Ôita, Hyûga-Nobeoka (Miyazaki) et Shiranui-Ariake-Ômuta (Kumamoto, y compris Minamata). En même temps, l'État délimite des zones de décongestion, c'est-à-dire des zones dans lesquelles l'activité industrielle doit diminuer : Keihin, Chûkyô (Nagoya-Yokkaichi-Toyohashi), Hanshin, Kita-Kyûshû.

Les résultats de cette politique sont mitigés : les villes excentriques ne se développent pas rapidement ; les zones congestionnées continuent d'attirer les industries et les sièges sociaux des entreprises ; enfin, les zones de la côte du Pacifique non encore occupées (par exemple autour d'Okayama) ou ayant encore de l'espace pour le développement (Suruga, Toyohashi, Harima, le nord de Shikoku, Hiroshima, Yamaguchi, avec en plus Chiba) sont intégrées complètement à la mégalopole industrielle. Il en résulte donc une densité encore plus grande des opérations industrielles sur la côte du Pacifique.

Ces activités mènent à l'intensification des travaux de remplissement des côtes, en particulier dans les baies de Tokyo et d'Osaka. Elles entraînent aussi des améliorations des voies de communication : construction de routes et surtout construction de la première ligne du Shinkansen (train à haute vitesse, dont la construction est décidée en 1958) qui est inaugurée en 1964.

– Les problèmes posés par le type de développement territorial

Ce genre de développement axé sur l'industrie en arrive à poser, vers les années 1962-1965, des problèmes importants. Premièrement, la centralisation des activités économiques et en particulier de la production industrielle dans quelques zones limitées entraîne une forte concentration de population. Or, les municipalités n'ont pas les moyens de faire face à un tel afflux de population. Il en résulte de sérieux problèmes de logement et d'équipements sociaux : plusieurs quartiers de Tokyo n'ont pas d'égout collecteur, la majorité des maisons ou logements dans la capitale ne peuvent donc avoir des toilettes à eau courante, devant se contenter de latrines. Parmi les autres problèmes sérieux des grandes villes, notons la congestion des transports en commun et l'engorgement permanent des rues, la pénurie de parcs et autres espaces verts, la vétusté des écoles publiques, etc. À tout cet ensemble de problèmes liés à la surpopulation des villes est alors donné le nom de *kamitsu* (congestion). Par ailleurs, les municipalités, qui se font une lutte féroce pour attirer les industries, s'endettent fortement et, parce qu'elles consentent des conditions exceptionnellement alléchantes aux industries et parce que le gouvernement central dépense peu pour les équipements sociaux urbains, elles voient leurs finances se détériorer pour une longue période.

La congestion urbaine a pour contrepartie la sortie massive de population des campagnes, à la recherche d'un emploi et de meilleurs revenus (voir le chapitre 1). La dépopulation de plusieurs régions rurales, en particulier des régions les plus éloignées des grands centres urbains et des régions de montagne, mène à la «désolation» (*kaso*, envers de *kamitsu*), c'est-à-dire la sortie de tous les jeunes, la disparition des services (médecins, écoles secondaires, etc.) et la dislocation de la vie communautaire. Dans plusieurs régions moins frappées par la dépopulation, l'exode des jeunes mène quand même au vieillissement de la population agricole, à une baisse de la productivité et au travail saisonnier dans la construction ou dans l'industrie, nécessitant un séjour prolongé des hommes en ville, loin de leur famille (*dekasegi*).

Mais les problèmes de pollution constituent les effets négatifs les plus sérieux causés par le développement industriel à tout prix : c'est dans ces années qu'apparaissent les cas d'empoisonnement au mercure organique de Minamata et de Niigata (maladie de Minamata et de Niigata-Minamata), l'asthme de Yokkaichi et celui de Kawasaki (à cause des émissions polluantes des raffineries de pétrole), enfin la maladie Itai-itai à Toyama (causée par le cadmium venant de déchets miniers) (voir carte n° 4). L'État japonais et les industriels nient pendant longtemps la responsabilité des industries dans ces cas de pollution, dénonçant les victimes comme hystériques et comme nuisant au développement national à cause de leur égoïsme : ils organisent même des mouvements des ouvriers des usines polluantes pour contrer les mouvements de citoyens contre la pollution. Dans plusieurs de ces cas, l'État et les entreprises affirment qu'il s'agit de maladies congénitales qui n'auraient rien à voir avec les émissions ou les déchets industriels. Il faudra, d'une part, des mouvements bien organisés qui, de 1967 à 1969, entament des poursuites judiciaires contre les entreprises et contre le gouvernement, et, d'autre part, des décisions importantes de la Cour suprême japonaise entre 1971 et 1973 reconnaissant explicitement les entreprises polluantes comme responsables des maladies, pour que l'État et les entreprises admettent leur responsabilité. Entre-temps, toutefois, plusieurs des entreprises polluantes auront déclaré faillite pour éviter d'assumer le coût des indemnisations aux victimes.

En 1965, les problèmes de pollution sont connus des victimes mais pas encore reconnus par l'État et les entreprises. Ils n'entrent donc pas tellement dans les calculs sur les coûts de la concentration industrielle. Par contre, les autres problèmes mentionnés plus haut doivent être pris en compte par les planificateurs. Mais ce qui influence le plus les dirigeants de l'État et du monde des affaires, c'est probablement l'élection d'un maire socialiste à Yokohama en 1963 (un gouverneur socialiste de la ville de Kyoto avait été élu en 1950).

### b) La seconde phase de la haute croissance, 1965-1973

La première réponse aux problèmes de l'industrialisation, en particulier à celui de la surpopulation du centre et de la dépopulation de la périphérie, est de tenter de réorganiser la planification, mais sans modification majeure des objectifs fondamentaux. En 1969, le gouvernement découpe le pays en grandes régions regroupant plusieurs préfectures. De plus, il définit cinq nouvelles zones industrielles géantes, situées dans des zones excentriques, là où l'espace est disponible (voir carte nº 5) : Tomakomai-Tôbu à Hokkaido, Mutsu-Ogawara à Aomori, Akita-Wan (toutes trois déjà définies comme nouvelles zones industrielles en 1962, mais avec peu de succès), Suô-Nada à Shimonoseki-Moji, et Shibushi près de Kagoshima. Le plan prévoit aussi le développement de nouvelles voies de communication : *shinkansen* vers le nord et vers le sud, nouvelles autoroutes, et surtout nouvelles lignes de transfert informatique. Le premier ministre Tanaka, avec son plan de réaménagement du territoire (*kaizô-ron*), propose en 1972 une solution en tout point semblable : pour éliminer les mauvais effets de la croissance, il se promet de poursuivre la croissance. C'est la même politique qui se poursuit avec la construction de l'aéroport de Narita, décidée en 1962, dans le cadre de la politique de dépenses de l'État pour relancer l'économie, et complétée au début des années 1970 (Ricketts, 1980), et celle du complexe géant de Kashima (où on a ouvert une brèche dans le sol pour y construire un port).

Mais les problèmes de qualité de vie (congestion, pollution, manque de services, etc.) s'accentuent, sans qu'aucune politique précise de l'État ne leur soit appliquée. Plusieurs mouvements populaires s'organisent, certains pour combattre la pollution, d'autres contre le nouvel aéroport international de Tokyo à Narita, d'autres pour exiger de meilleures conditions de logement, etc. Ces mouvements mènent à l'élection d'autres maires socialistes ou communistes, avec des programmes de halte aux industries et d'amélioration de la qualité de vie[5], à Tokyo en 1967 et à Osaka en 1971. De plus, comme on l'a vu, les victimes connaissent la victoire entre 1971 et 1973, dans les procès au sujet des grands problèmes des maladies attribuables à la pollution. Mais ce sont les problèmes posés par les mesures américaines de 1971 et surtout ceux posés par la crise pétrolière de 1973, combinés à la pollution en hausse (smog photochimique à Tokyo en 1970, etc.), qui forcent le gouvernement japonais à finalement changer sa politique. Nous entrons alors dans la période de crise, qui débouche en 1975 sur la période de croissance modérée, et qui fait l'objet du prochain chapitre.

## Conclusion

La période de haute croissance a donc permis au Japon de se hisser parmi les puissances industrielles : succès majeur si l'on considère l'état lamentable du pays en 1945. Ce succès est attribuable en bonne partie à l'orientation de toutes les forces de la nation vers l'objectif primordial de croissance, mais il ne faut pas minimiser non plus l'effort consenti par les travailleurs, qui ont fourni le travail nécessaire pour l'assurer. La croissance, fondée sur des politiques risquées, a entraîné une hausse des revenus qui est venue elle-même alimenter la croissance.

La stratégie du gouvernement japonais dans les années 1950 est de favoriser l'industrie lourde pour l'exportation, en espérant que ce développement entraînera la hausse de l'emploi et la hausse des revenus. On espère que cette stratégie mènera automatiquement au développement du marché interne. C'est ce qui se passe effectivement, surtout après 1960 (à la suite de la politique du doublement du revenu en 10 ans, établie en 1960, mais le doublement fut atteint en trois ans). Le développement du marché interne permet la croissance de la production de biens de consommation durables : lessiveuses, téléviseurs, frigos, puis automobiles. Ce qui, en retour, entraîne l'expansion de l'électroménager, de l'électronique appliquée aux biens de consommation et de l'automobile.

Peut-on en conclure que le pari de 1950, celui de la politique industrielle, a porté fruit ? Des auteurs comme Johnson (1982) pensent que oui. D'autres sont plus sceptiques (Itoh et Kiyono, 1988, p. 173). Sans faire de la politique industrielle le seul facteur ou le facteur majeur de la croissance japonaise, il est impossible d'en nier l'importance. La politique industrielle, qui a sans aucun doute comporté certaines erreurs (on pense entre autres à l'expansion de la capacité de production pétrolière juste avant la première crise du pétrole), n'en a pas moins mené au choix de secteurs cruciaux à développer, secteurs qui sont devenus les moteurs de l'économie. Malgré les erreurs, la politique industrielle, qui a reçu l'appui d'une bonne partie du patronat et du public, a permis d'orienter les ressources en priorité dans des secteurs de pointe pour l'époque et ainsi de mettre le Japon sur la voie le menant vers les premières places.

Mais le développement économique mène aussi à des problèmes majeurs qui commencent à se faire sentir de façon aiguë à la fin des années 1960 et auxquels le gouvernement tentera de trouver des solutions à partir de 1971. De plus, l'insertion grandissante sur le marché mondial et la force compétitive en hausse des industries japonaises face à leurs concurrents entraînent des réactions souvent négatives des autres pays industrialisés, ce qui forcera le gouvernement japonais à redéfinir sa politique commerciale internationale. Enfin, la hausse soudaine des prix du pétrole en 1973 s'ajoute à ces facteurs et aura pour conséquence une réorientation de la politique industrielle. Tout cela fait l'objet du prochain chapitre.

**Notes**

1. La main-d'œuvre agricole en 1950 est aux alentours de 16 millions de personnes, alors qu'elle était à un peu plus de 13 millions en 1938 et à moins de 12 millions en 1960, ce qui veut dire à un niveau de 20 à 25 % supérieur à ce qui est nécessaire ; voir le tableau 1.20.

2. À l'époque, le MITI contrôle donc toutes les importations de techniques nouvelles ; parfois, cette politique a des conséquences néfastes, comme lorsque Sony n'a pas obtenu immédiatement la permission d'importer le brevet des transistors.

3. Les produits frappés par des restrictions d'importation passent de 2 184 à 347 entre 1960 et 1963 ; voir Komiya, 1990, p. 12 ; notons toutefois que le même livre donne des chiffres différents dans un tableau de la p. 24.

4. Selon ce principe le gouvernement japonais hausse en 1961 les tarifs sur plusieurs types de machines, sur les ordinateurs et sur l'équipement électrique lourd.

5. Donnons comme exemple la politique du «minimum civil» défendue par le candidat de la gauche, Minobe, lors des élections municipales à Tokyo en 1969.

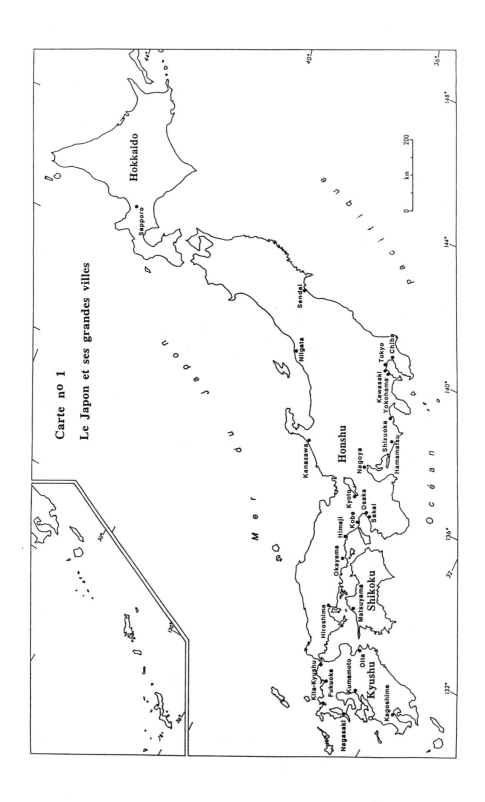

Carte nº 1

Le Japon et ses grandes villes

Hokkaido

Sapporo

Sendaï

Niigata

Kanazawa

Honshu

Nagoya

Shizuoka
Hamamatsu

Kawasaki
Yokohama
Tokyo
Chiba

Okayama
Himeji
Kyoto
Kobe
Osaka
Sakai

Hiroshima

Matsuyama

Shikoku

Kita-Kyushu
Fukuoka
Kumamoto
Oïta
Kyushu
Kagoshima

Nagasaki

Mer du Japon

Océan Pacifique

km

0        200

36°

148°

40°

144°

140°

136°

32°

132°

30°

130°

26°

28°

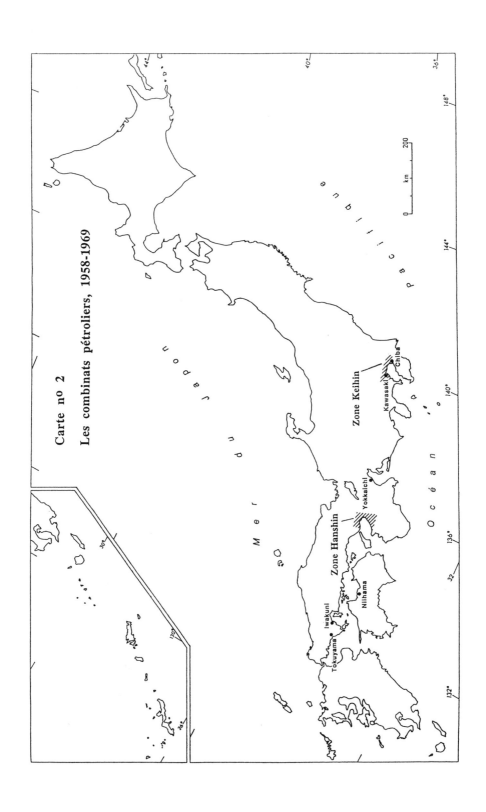

Carte no 2

Les combinats pétroliers, 1958-1969

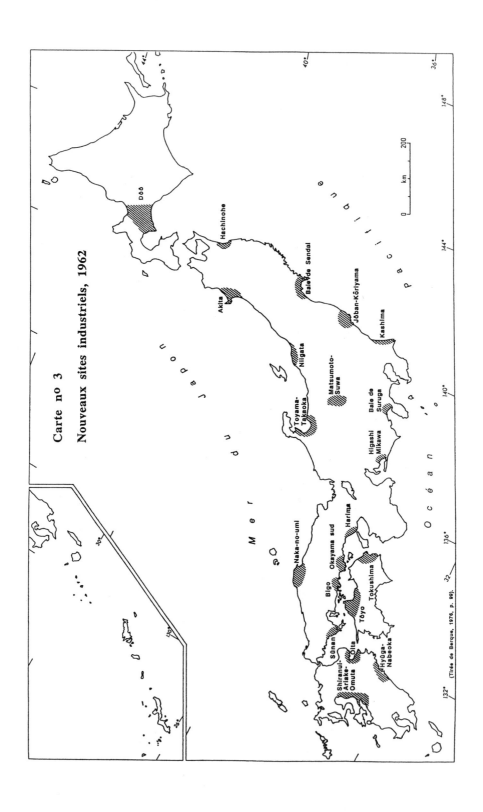

Carte no 3

Nouveaux sites industriels, 1962

(Tiré de Berque, 1976, p. 90).

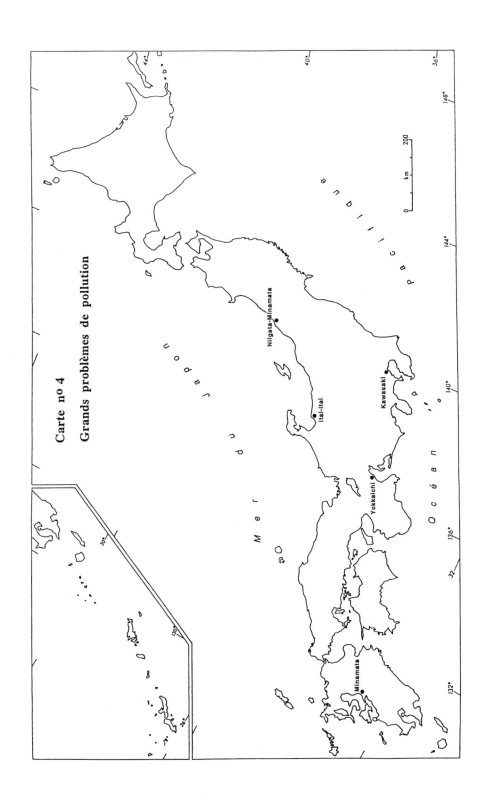

Carte no 4

Grands problèmes de pollution

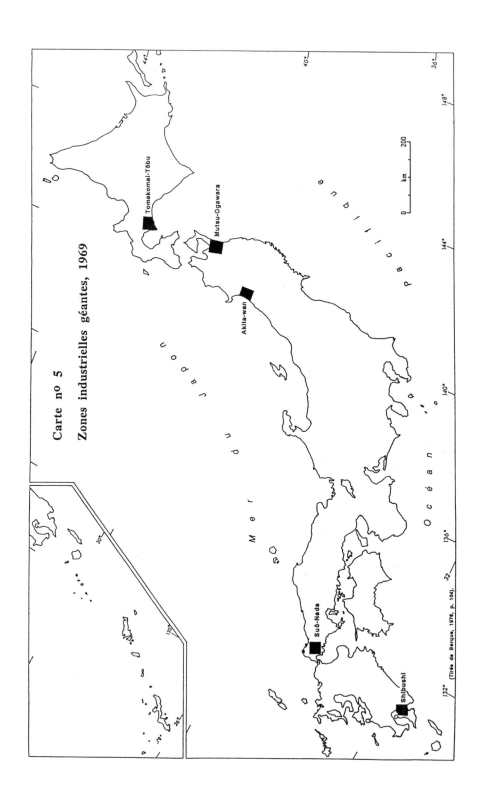

Carte no 5

Zones industrielles géantes, 1969

Tomakomai-Tôbu

Mutsu-Ogawara

Akita-wan

Suô-Nada

Shibushi

Mer du Japon

Océan Pacifique

km 0 200

(Tirée de Barqua, 1976, p. 104).

# Chapitre 3

## La récession et le recentrement
## de l'économie japonaise, 1971-1993

Dès 1975, la croissance reprend au Japon, mais à un rythme qui correspond à environ la moitié de celui des années de haute croissance (voir le graphique 1). Ces taux sont en général légèrement supérieurs à ceux des concurrents. De plus, le Japon connaît généralement plus de succès que ses concurrents dans l'exportation. Ce qui caractérise cette période, c'est, tout d'abord, le conflit commercial avec les États-Unis qui mène à la libéralisation relative du marché japonais, à la fois du côté des produits et de celui des capitaux. Viennent ensuite la réorientation de la production industrielle vers les secteurs de nouvelles technologies et, enfin, les progrès rapides de l'automatisation industrielle (dont les fondements et les conséquences sont analysés en détail au chapitre 6). Pour comprendre ce qui s'est passé depuis 1975, il est nécessaire en premier lieu de retourner en arrière pour voir comment l'économie japonaise, autour de 1970, en est arrivée à un point tournant. En second lieu, il faut examiner comment l'État et les entreprises modifient graduellement les institutions et les stratégies pour faire face aux problèmes posés par la haute croissance et par le conflit commercial avec les États-Unis. Enfin, il faudra analyser la récession qui apparaît dans les années 1990.

## 1. La crise des années 1971-1974

### *Le renversement de situation à la fin des années 1960*

*a) Les conséquences économiques de la haute croissance*

La haute croissance soutenue entraîne diverses conséquences pour l'économie et la société japonaises. Sur le plan économique, on l'a vu, il y a augmentation de la productivité, amélioration de la qualité des produits[1] et augmentation des salaires et des revenus, ce qui entraîne une hausse importante du niveau de vie, une augmentation de la consommation et le développement de nouveaux secteurs liés à la consommation, comme l'électroménager et l'électronique de consommation. De plus, à partir de 1965, le Japon commence à accumuler des surplus de sa balance commerciale internationale, spécialement vis-à-vis des États-Unis. L'année 1965 en est une de récession au Japon, mais c'est la première année de surplus commercial, surplus faible. Le surplus passe à plus de un milliard de $ US en 1968, à plus de trois milliards en 1971 et à quatre milliards en 1972 (effaçant ainsi tout le déficit accumulé des années 1945-1964). Il s'agit là d'un véritable renversement de situation qui provoque de l'agacement chez les partenaires commerciaux du Japon, surtout les États-Unis qui dominent la scène économique et politique mondiale, et les pressions pour l'ouverture du marché japonais commencent à s'intensifier.

Dès les années 1950, les États-Unis ont demandé que le Japon ouvre son marché aux produits étrangers et restreigne ses exportations de textile et de produits de l'industrie légère. À partir de 1965, les États-Unis accentuent leurs demandes non seulement pour que le marché japonais soit ouvert aux produits agricoles et manufacturés américains, mais aussi pour que le gouvernement japonais libéralise le marché des capitaux et impose aux entreprises japonaises des «restrictions volontaires» aux exportations d'acier et de textile vers les États-Unis. Le conflit commercial qui s'étend rapidement à d'autres secteurs (chaussures, matériel électrique, pièces électroniques, téléviseurs couleur) montre que le Japon a désormais atteint des niveaux de productivité élevés dans plusieurs secteurs, y compris des secteurs de pointe[2].

*b) Les causes du renversement de situation*

D'où vient ce renversement de situation, marqué par le surplus commercial japonais vis-à-vis des États-Unis et de l'Europe ? La cause fondamentale de ce renversement se situe dans la forte hausse de la productivité des industries japonaises qui permet de maintenir les prix des exportations à un faible niveau. Mais un autre facteur favorise aussi le Japon : le taux de change du yen par rapport au dollar US est resté le même depuis 1949, soit 360 ¥ = 1 $, et ce malgré les hausses plus fortes de productivité au Japon qu'aux États-Unis. Avec un taux de change fixe, la faible hausse des prix japonais signifie une plus forte compétitivité pour les produits japonais.

Dès 1968, une récession mondiale s'amorce. Le Japon, paradoxalement, n'en est pas frappé : les taux de croissance du PNB à la fin des années 1960 dépassent les 10 %. L'Occident, et surtout les États-Unis, connaissent alors un ralentissement de la croissance et une poussée de l'inflation. Mais d'où vient l'inflation en Occident ? En fait, elle provient partiellement de la croissance soutenue depuis le début des années 1950, qui a entraîné une forte hausse de la consommation. Mais surtout, l'inflation vient de l'augmentation du déficit de l'État, causé, aux États-Unis, par la hausse des dépenses pour la guerre du Viêt-nam. Pour financer la guerre sans entraîner de protestations, l'État a maintenu et même accru les dépenses civiles tout en augmentant fortement la production militaire financée par le déficit. Ceci a de plus en plus orienté l'économie américaine vers la production militaire, tout en poussant les prix à la hausse. À partir de 1966, le pouvoir d'achat des Américains stagne.

Il en résulte une baisse de la force compétitive des entreprises américaines : les hausses de productivité sont faibles, alors que les salaires, bien que n'augmentant plus rapidement, sont élevés. Les ventes des entreprises américaines diminuent sur le marché international, en même temps que les compagnies étrangères commencent à vendre leurs produits aux États-Unis. Ceux qui en profitent le plus sont les industriels japonais, dont les prix à l'exportation sont les plus avantageux. Par ailleurs, les Japonais peuvent aussi profiter d'un marché protégé qui empêche les importations américaines.

Comme on peut le voir au tableau 3.1, le Japon exporte alors de plus en plus des produits industriels, surtout dans les secteurs de pointe pour l'époque (machines, navires, métaux, autos, produits chimiques) et il importe des aliments et des matières premières.

À partir de 1968, le gouvernement américain prend des mesures de diverses sortes pour tenter d'enrayer l'érosion de la position des produits américains sur les marchés internationaux. En particulier, les Américains font pression sur le Japon.

### Tableau 3.1
### Importations et exportations japonaises
### par secteur de production, en pourcentage du total, 1962 et 1971

| Secteurs | 1962 | 1971 |
|---|---|---|
| IMPORTATIONS JAPONAISES | | |
| Matières premières (+ carburants) | 57,3 | 53,1 |
| Produits alimentaires | 16,2 | 17,4 |
| Biens d'équipement | 14,0 | 11,7 |
| Produits intermédiaires | 9,4 | 10,4 |
| Biens de consommation durables | 0,8 | 2,1 |
| Biens de consommation non durables | 0,3 | 1,2 |
| *Total* | *100,0* | *100,0* |
| Total (en milliards de $) | 5,6 | 19,7 ( x 350 %) |
| EXPORTATIONS | | |
| Produits intermédiaires | 33,9 | 31,8 |
| Biens d'équipement | 23,1 | 31,1 |
| Biens de consommation durables | 13,8 | 23,9 |
| (dont autos) | (0,6) | (7,5) |
| Produits alimentaires | 6,8 | 2,8 |
| Matières premières | 3,7 | 2,0 |
| *Total* | *100,0* | *100,0* |
| Total (en milliards de $) | 4,9 | 24,0 ( x 489 %) |

Source : Calculés d'après Sautter, C., *Japon. Le prix de la puissance*, p. 240 et 244.

### Les pressions américaines

#### a) Les premières frictions commerciales

Ces pressions prennent trois formes : demandes pour une réévaluation du yen par rapport au dollar, demandes pour des restrictions aux exportations japonaises, en particulier dans le textile, et pressions pour l'ouverture du marché japonais (dans l'électronique, l'automobile et les aliments). Malgré tout, les exportations japonaises vers les États-Unis ne cessent d'augmenter (augmentation de 24 % en 1968, 23 % en 1969, et 21 % en 1970), tout comme le déficit commercial américain. Les industries japonaises investissent en masse pour augmenter la productivité et exporter davantage (26 % et 28 % d'augmentation des investissements en 1969 et 1970). Mais le gouvernement japonais refuse de libéraliser le marché de plusieurs produits.

*b) Le choc de Nixon*

Le choc de Nixon est double : ouverture des relations diplomatiques avec la République populaire de Chine, et sanctions économiques contre le Japon. En août 1971, le gouvernement américain prend des mesures unilatérales pour arrêter la hausse du déficit commercial vis-à-vis du Japon : surtaxe de 10 % sur les importations japonaises (surtout dans le textile) et flottement du dollar par rapport au yen sur les marchés financiers internationaux (voir Bernier, 1973). Du coup, le yen voit sa valeur augmenter de 17 % par rapport au dollar (de 360 à 300 yen au dollar). De plus, le gouvernement japonais, pour faire enlever la surtaxe sur les exportations de textile, accepte d'imposer une hausse limitée et «volontaire» des exportations vers les États-Unis (5 % par année). De plus, le gouvernement japonais accepte de diminuer la protection de son marché (environ 80 articles sont soustraits aux tarifs). En décembre 1971, il ne reste que 41 articles protégés par des tarifs (plusieurs autres produits sont néanmoins protégés par des quotas ou par d'autres moyens de protection), surtout des produits agricoles. Le Japon se remet rapidement du choc Nixon, malgré un faible taux de croissance de 4,3 % en 1971 (mais le Japon a connu des taux à peu près aussi faibles de 5,6 % et de 5 % en 1958 et 1962). En 1972, la croissance est de 8 %, le choc a donc été absorbé.

## Le choc pétrolier

Le coup le plus dur à l'économie japonaise est sans contredit le choc pétrolier de 1973. Cette année-là, l'Organisation des pays exportateurs de pétrole (OPEP) décide d'augmenter le prix du baril de pétrole de 100 % (il y aura d'autres augmentations par la suite, ce qui portera le prix du baril, en janvier 1974, à quatre fois le prix d'un an plus tôt). Le choc pétrolier de 1973 et de 1974 est brutal. L'économie japonaise dépend fortement des importations de pétrole pour plusieurs secteurs clés de son économie, en particulier pour la pétrochimie. Or, de 1972 à 1974, le coût total des importations de pétrole passe de 4 à 20 milliards de dollars. Le Japon est alors le plus gros importateur de pétrole brut (15,9 % des importations des pays de l'OCDE).

L'économie japonaise en est durement touchée. En 1974, le PNB descend de 0,8 % (– 0,8 %) et la croissance est de 2,9 % seulement en 1975. En 1974, la production industrielle diminue de 2 % et de 11 % en 1975. Les prix de gros augmentent de 28 % (22 % pour les prix de détail). La balance commerciale, presque constamment en surplus depuis 1965 (déficitaire en 1967 d'environ 100 millions de dollars, excédentaire de 4 milliards en 1972), devient déficitaire de 1973 à 1975 (plus de 5 milliards en 1974). La crise est grave, et plusieurs prédisent la fin du «miracle japonais». En fait, la crise du pétrole marque la fin de la haute croissance. Mais elle ne signifie pas la fin de la croissance.

## 2. La réorientation des années 1970

### La politique industrielle

Les problèmes divers de la fin des années 1960 et le choc pétrolier de 1973-1974 amènent des fonctionnaires du MITI et des industriels à s'interroger sur l'organisation industrielle du pays. En effet, les secteurs qui ont formé le cœur de la politique industrielle des années 1950, c'est-à-dire la construction navale, la pétrochimie et la sidérurgie, posent des problèmes sérieux, dans un contexte de hausse de prix du pétrole et de protestation populaire contre la pollution, car ces secteurs sont à la fois forts consommateurs d'énergie et polluants.

Dès la fin des années 1960, on pense exporter en Asie les opérations industrielles les plus polluantes. Mais il faut la crise du pétrole pour que la restructuration industrielle devienne une politique réelle. Devant la montée des prix du pétrole, le Japon, encore plus que les autres pays industrialisés, se met à l'économie d'énergie, pour tenter de diminuer les coûts des importations de pétrole. Les efforts des pays industrialisés entraînent la baisse du commerce du pétrole. Dans le cas du Japon, cette baisse a des effets négatifs importants sur la structure industrielle, car elle signifie la fin de la production des superpétroliers dont les entreprises japonaises sont les plus gros constructeurs. Rapidement, toutefois, le gouvernement japonais et certains industriels se rendent compte du fait que l'économie d'énergie et la préoccupation pour la pollution peuvent aider à créer de nouveaux secteurs industriels, centrés sur des technologies nouvelles, qui auraient pour objectif d'assainir l'environnement ou de limiter les effets négatifs des industries sur le milieu naturel tout en assurant au pays une place de choix dans la course au développement technologique.

Les problèmes posés par la hausse des prix du pétrole, et en particulier le déclin de certains secteurs industriels, s'ajoutent aux frictions commerciales internationales pour forcer le gouvernement et les milieux d'affaires japonais à restructurer l'industrie. C'est la Commission de la structure industrielle, une commission du MITI, créée en 1964 et formée de fonctionnaires, d'universitaires et de dirigeants d'entreprises, qui propose un plan de restructuration à long terme (pour ce qui suit, voir Uekusa, 1989, p. 96-106). La première version du plan, publiée dans un rapport intitulé *La politique du MITI pour les années 1970*, insiste sur l'amélioration des conditions de vie et de travail, sur les investissements pour la recherche et le développement, et sur la promotion «d'une structure industrielle fondée sur la connaissance», c'est-à-dire fondée sur les nouvelles technologies. Cette préoccupation pour les technologies nouvelles s'amplifie avec les révisions du plan en 1975 et surtout en 1980. Pour mettre ce plan à exécution, le MITI fait voter un certain nombre de lois, dont une pour la promotion des secteurs de la machinerie et des technologies de l'information, visant en particulier l'aéronautique, la fabrication de circuits intégrés et la production des ordinateurs. La mise en place de ces plans marque une transformation du mode d'action du MITI dans le domaine industriel, une transformation analysée plus loin dans ce chapitre.

La Commission de la structure industrielle se donne les mêmes objectifs que la Commission de rationalisation industrielle (qu'elle remplace d'ailleurs) dans les années 1950 : il faut identifier des secteurs industriels qui combinent, d'une part, l'espoir d'une augmentation future de la demande mondiale de leurs produits et, d'autre part, la technologie la plus avancée. La commission suggère, premièrement, de gérer la production dans plusieurs secteurs en déclin (Loi des mesures de stabilisation d'industries en difficultés de 1978) : construction navale, aluminium, certaines parties de l'industrie sidérurgique, les fibres synthétiques, auxquels s'ajouteront plus tard les engrais chimiques, le textile et le carton. Pour en arriver à gérer ces secteurs, c'est-à-dire pour abaisser graduellement la production sans susciter une forte hausse du chômage, la Commission suggère de diminuer les transferts gouvernementaux (subsides, exemptions de taxes, etc.) vers ces secteurs.

Deuxièmement, elle propose de choisir comme secteurs prioritaires à développer ceux dits des hautes technologies : composantes électroniques (microprocesseurs, circuits intégrés), électronique de consommation, ordinateurs, logiciels, applications pratiques de l'électronique (robotique, télématique, bureautique), fibre optique et autres technologies des télécommunications, matériel médical, biotechnologies (bioréacteurs, fusion des cellules, recombinaison génétique), nouveaux matériaux (nouveaux alliages, céramiques, matériaux composites), auxquels s'ajouteront, plus tard, produits pharmaceutiques, matériel de transport (y compris, à terme, l'aéronautique) et énergies nouvelles. De plus, la Commission propose d'intensifier l'aspect intellectuel de l'ensemble de la production industrielle. En fait, une véritable politique de promotion de ces industries n'apparaît que vers la fin des années 1970. Dans les années 1980, la politique des nouvelles technologies s'étend du côté du tertiaire et spécialement, du côté de tout ce qui touche à la circulation de l'information.

Les secteurs choisis comportent plusieurs avantages : ce sont les secteurs les plus avancés technologiquement, on prévoit une expansion de leur marché, ils utilisent peu de matières premières et peu de carburant (diminuant d'autant la dépendance du pays envers les importations), ils comportent une forte valeur ajoutée et, enfin, ils peuvent servir à utiliser la main-d'œuvre bien formée.

La politique en est donc une de désengagement progressif des secteurs polluants et dépendants de carburant cher (cette politique apparaîtra encore plus rentable au moment des nouvelles hausses du prix du pétrole en 1979-1980). Le MITI prévoit à terme diminuer même la production automobile, jugeant que le marché américain serait de plus en plus protégé et que le marché mondial serait saturé (ces prévisions s'avèrent un peu pessimistes, du moins jusqu'en 1992, mais les prévisions des dirigeants japonais semblent se réaliser dans les années 1990, à la suite de la réévaluation du yen par rapport au dollar et à l'amélioration des procédés de production dans l'industrie automobile américaine ; voir plus loin).

Vue des années 1990, cette nouvelle politique industrielle semble avoir porté fruit, même si certains des projets du MITI dans le cadre de cette politique n'ont pas été des succès (voir plus loin). En effet, le Japon est devenu un des leaders dans toutes les technologies liées à l'informatique (ordinateurs de toute sorte, logiciels, composantes, surtout les puces de mémoire, terminaux) et à ses usages industriels (robots et autres technologies ; voir le chapitre 6), aux télécommunications, aux nouveaux matériaux et aux biotechnologies. Les industries japonaises ne sont pas premières dans tous ces secteurs, mais elles le sont souvent ou elles sont assez près de la tête pour faire une concurrence vigoureuse à des entreprises comme IBM ou Cray. Un des éléments majeurs de cette politique de promotion des nouvelles technologies est l'encouragement à l'automatisation des industries à l'aide de la microélectronique, c'est-à-dire l'utilisation de robots, de machines-outils à commande numérique, de centres d'usinage et d'ateliers flexibles pour augmenter la productivité des industries. Le Japon est d'ailleurs rapidement devenu le leader mondial dans ce domaine, du moins pour ce qui est des utilisations des systèmes industriels automatisés. Le contexte et les conséquences de l'automatisation industrielle sont analysées plus en détail au chapitre 6.

### La réforme administrative et la réduction du déficit

*a) Le déficit et l'inflation*

Le déficit du gouvernement, qui apparaît en 1965, augmente rapidement dans les années 1970 et 1980, passant de 4 % de l'ensemble des revenus de l'État en 1970 à 25 % en 1975 et à près de 35 % en 1979 (Nakamura, 1981, p. 242, tableau 7.3 ; Testart, 1988, p. 174). L'augmentation du déficit signifie qu'une part de plus en plus grande des recettes annuelles va au paiement des intérêts sur la dette (12 % en 1980 et 20,9 % en 1987, mais avec une baisse par la suite : 16,7 % à la fin de 1990 et 17 % en 1991). Les plus fortes hausses du déficit surviennent en 1973, à la suite de la première crise pétrolière, en 1975 et 1976, puis de 1978 à 1980 et de 1981 à 1983. De 1980 à 1986, les émissions d'obligations de l'État sont constamment au-dessus de 20 % du budget total (Tatewaki, 1991, p. 28). Par la suite, ce pourcentage baisse (16,3 % en 1987, 11,6 % en 1988, 10,1 % en 1989 et 9,3 % en 1990 ; Ministry of Finance, 1992, p. 52, tableau II-2). En 1988, l'encours de la dette de l'État s'élève à 49,9 % du PNB, un pourcentage plus élevé que ce que l'on retrouve aux États-Unis (45,9 %), au Royaume-Uni (38,9 %), en Allemagne (22,1 %) et en France (12,8 %) (*Look Japan*, juillet 1990, p. 12, figure 1), mais l'effort pour limiter le déficit fait que, de 1988 à 1991, cet encours au Japon baisse à 44,8 % alors que les États-Unis subissent une hausse à 50,8 % (Ministry of Finance, 1992, p. 48).

L'augmentation du déficit entre 1965 et 1987 s'explique en grande partie par l'augmentation des dépenses sociales de l'État (vieillissement de la population, hausse des prestations, etc.). De 1965 à 1975, les dépenses pour la sécurité sociale passent de 518 milliards de yen à 3 928 milliards, étant multipliées par plus de 7. En 1987, elles s'élèvent à 10 089 milliards de yen (Inoguchi, 1988, p. 44-45, tableau 1) et à 12 212 milliards de yen en 1991 (Ministry of Finance, 1992, p. 54, figure III-1). En pourcentage des dépenses courantes totales, les dépenses sociales passent de 14,2 % en 1965 à 18,5 % en 1975. Ces dépenses atteignent un sommet de 19,8 % des dépenses courantes en 1979 (Inoguchi, 1988, p. 44-45, tableau 1 ; Nakamura, 1981, p. 242-243, tableau 7.3). Par la suite, la part des dépenses sociales dans le budget total descend à 17,4 % en 1991 (Ministry of Finance, 1992, p. 54, figure III-1). La part de l'assurance-chômage dans les dépenses sociales ne cesse de décroître, mais celles des assurances sociales (assurance-maladie) et du bien-être social augmentent. La part des pensions de vieillesse demeure faible, mais elle devrait augmenter rapidement avec le vieillissement de la population.

Le déficit constitue une des causes de l'inflation qui marque le milieu des années 1970 et le début des années 1980, même si la cause principale, comme partout ailleurs, se trouve dans la hausse soudaine des prix du pétrole en 1973-1974 et en 1979-1980. Il faut toutefois souligner, premièrement, que la hausse du taux d'inflation a débuté dans les années 1960, suivant en cela l'inflation mondiale, avec une contribution très mineure du déficit interne après 1967, et que, deuxièmement, les mesures américaines de 1971 ont provoqué une hausse des prix que la crise pétrolière ne fait qu'accentuer. De 1960 à 1965, le taux annuel moyen d'inflation est de 6,2 % alors que de 1965 à 1970, il descend à 5,5 %. Soudainement, en 1972-1973, à la suite des mesures de Nixon, le taux d'inflation passe à 11,8 %. Puis il atteint 20 % à la fin de 1973 et varie entre 24 % et 25 % pour la majeure partie de 1974, pour ensuite descendre à 12 % au milieu de 1975. De 1975 à 1979, le taux d'inflation descend lentement de 10 % à 6,5 %, mais, en 1980, il remonte à près de 9 % et à 10 % à la fin de 1981. Notons que les prix de gros augmentent de 24 % en 1980, mais que les prix à la consommation connaissent une hausse beaucoup moins forte, qui s'explique par le fait que les industries, en 1980, ont des surplus d'inventaires et que, par conséquent, elles ne peuvent transférer totalement les hausses de coûts aux consommateurs, comme elles l'ont fait en 1974, période où la demande excédait l'offre (Komiya, 1990, p. 319-320 et 327-328). À partir de 1982, l'inflation diminue et, après 1985, le taux d'inflation se situe entre 1 % et 3 %.

*b) Les mesures gouvernementales pour réduire le déficit et l'inflation*

Pour contrer la tendance à l'augmentation du déficit, le gouvernement, dès les années 1970, tente de réduire ses dépenses. Mais il n'y réussit vraiment qu'après 1980, et assez lentement. À partir de 1980, le gouvernement impose une politique d'austérité, maintenant les dépenses de l'État autour de 32 600 milliards de yen de 1983 à 1987, et cette politique fait diminuer le déficit courant. En 1987, le gouvernement modifie sa politique, en proposant un budget de relance, avec un déficit de plus de 20 % du budget total. Mais il revient à une politique plus conservatrice dès 1988.

## La politique monétaire et la politique fiscale

### a) La politique monétaire

Au début des années 1970, et surtout en 1972, la Banque du Japon met en œuvre une politique monétaire expansionniste, avec des taux d'intérêt faibles, afin de faciliter l'investissement. Cette politique s'insère dans la politique de croissance continue du Premier ministre Tanaka. C'est l'inflation causée par la première crise pétrolière ainsi que la réévaluation du yen sur les marchés internationaux qui suit le flottement de cette monnaie face au dollar (voir plus loin pour ce point) qui forcent le gouvernement à changer sa politique et à imposer des mesures de contrôle. En effet, la Banque du Japon adopte le point de vue qu'une politique monétaire expansionniste, en l'absence de base productive pour la soutenir, ne peut donner de bons résultats. Par ailleurs, les dirigeants de la Banque décident que la meilleure politique à suivre est de contrôler plus strictement le crédit et la masse monétaire, afin de juguler l'inflation et d'assurer ainsi la stabilité de la monnaie nécessaire à la croissance. À partir de 1973, la Banque du Japon, qui a évité de le faire jusque-là, décide de jouer sur les taux d'intérêt pour influer sur la masse monétaire. Avant 1971, les variations du taux d'escompte, qui se situe toujours en bas du taux d'intérêt des banques, ont davantage pour but de signaler aux banques la direction de la politique de la Banque du Japon que de réguler la masse monétaire. Mais à partir de 1973, la Banque du Japon utilise le taux d'escompte comme moyen de limiter la masse monétaire. Le taux d'intérêt, de 4,25 % en moyenne en juin 1972, passe graduellement à 9 % en décembre 1973 et à un maximum de 9,6 % en 1974. Par la suite, il s'abaisse graduellement, pour atteindre 5 % en 1978 (Ackley et Ishi, 1976, p. 209 ; Nakamura, 1981, p. 253). En même temps, pour restreindre le crédit, la Banque du Japon augmente le taux de réserve des banques commerciales et elle impose des limites plus strictes aux montants que les banques peuvent lui emprunter (système du *window guidance* ; voir Cargill et Royama, 1988, p. 79-80). Cette politique, comme on l'a vu plus haut, a les effets escomptés pour ce qui est de l'inflation. Ce n'est que graduellement, en 1975 et 1976, que la Banque du Japon réduit les contrôles qu'elle a imposés au crédit et aux banques. En 1977, la Banque du Japon abandonne temporairement le système de contrôle direct sur le crédit aux banques (*window guidance*), mais continue de surveiller leur politique de crédit. Le taux d'intérêt baisse et la Banque du Japon réduit le niveau de réserve des banques.

Quand la seconde crise pétrolière débute en 1979, la situation économique du Japon s'est rétablie du choc de 1973-1974, la demande est en hausse depuis 1977, mais plusieurs secteurs industriels ont des capacités inutilisées. La Banque du Japon décide tout de même d'imposer une politique monétaire restrictive : hausse du taux d'escompte (de 3,5 % en mars 1979 à 5,25 % en juillet 1979, puis à 7,25 % en février 1980 et à 9 % en mars 1980), hausse du niveau de réserve des banques et imposition à nouveau d'un plafond au crédit bancaire. L'inflation attribuable à la seconde crise du pétrole est jugulée plus rapidement que la première, la Banque du Japon agissant plus vite et plus efficacement. Dès l'automne 1980, la Banque du Japon réduit les taux d'intérêt et les niveaux de réserve des banques et relâche ses contrôles sur le crédit bancaire. En 1982, le système de plafonnement officiel du crédit de chaque banque est abandonné.

Dans les années 1980, à la suite des pressions américaines, le système monétaire japonais devient de plus en plus lié à celui du reste du monde, et ce surtout après l'adoption de la Loi sur les banques de 1981. En réalité, tout le système financier japonais est affecté par la libéralisation qui mène à l'abolition de plusieurs mesures de contrôle. Ces transformations sont analysées plus loin (voir «La libéralisation du marché financier»). Pour ce qui est des transformations de la politique monétaire à la suite de ces changements, notons l'abandon des interventions directes, par règlements, sur le marché monétaire, c'est-à-dire l'abandon du plafonnement du crédit des banques et de la fixation des taux d'intérêt des institutions financières. Ces modes d'intervention sont remplacés par le jeu sur le taux d'escompte, sur le crédit de la Banque du Japon aux banques, sur les obligations de l'État et sur les obligations des entreprises. Par exemple, pour ajuster à court terme les réserves des banques, la Banque du Japon modifie le crédit qu'elle leur accorde ou joue sur les effets et obligations des entreprises ; pour diminuer les pressions saisonnières sur les réserves des banques, la Banque du Japon achète ou vend des bons du Trésor ou des bons de financement de l'État ; pour limiter l'augmentation de la masse monétaire dans une période de croissance, la Banque du Japon achète des obligations à long terme de l'État (Shigehara, 1991, p. 528). Le ministère des Finances voudrait voir la Banque du Japon abandonner le jeu sur le crédit des banques commerciales comme moyen de réguler la masse monétaire et se limiter à transiger sur les obligations à court terme de l'État, mais le marché de ces dernières obligations est encore trop peu développé. Les modifications de la politique monétaire, jouant de concert avec la libéralisation, ont toutefois permis aux entreprises de diversifier leurs sources de crédit, une tendance qui sera analysée plus loin.

### b) La politique fiscale

L'augmentation de la dette de l'État a rendu nécessaire une modification du régime fiscal, mais il a fallu plusieurs années avant que le gouvernement agisse sur ce point. Le régime fiscal est du ressort du Service du budget du ministère des Finances, qui reçoit les plans de dépenses de chaque ministère ou agence, qui décide du niveau réel des dépenses et du niveau et de la répartition des taxes nécessaires pour faire face aux obligations du gouvernement. La politique fiscale du Japon depuis 1950 est fondée sur le principe d'un ajustement fréquent, en fait annuel, du système fiscal (taux d'imposition, tranches d'imposition, exemptions, déductions, etc.) (Ackley et Ishi, 1976, p. 212). Entre 1950 et 1973, le ministère ajuste généralement la fiscalité à la baisse, pour maintenir le fardeau fiscal (national et local) à environ 20 % du revenu national. Le ministère des Finances adopte aussi le principe, imposé par le plan Dodge de 1949, de l'équilibre budgétaire. Ce principe, comme on l'a vu, est maintenu jusqu'en 1965. Mais à partir de cette date, le gouvernement commence à financer une partie de ses dépenses par la vente d'obligations.

Quant au système de taxation, il se fonde depuis les années 1950 sur l'impôt direct plutôt que sur les taxes indirectes : en 1986, plus des trois quarts des revenus de l'État (excluant la dette) proviennent des impôts directs (41,5 % de l'impôt sur le revenu, 31,3 % de l'impôt sur les sociétés et 2,8 % de l'impôt sur les successions ; Testart, 1988, p. 174). La part des impôts dans le revenu national n'est cependant en 1985 que de 24,1 % (34,6 % en incluant les cotisations sociales), ce qui représente une hausse par rapport aux 20 % (25 % environ en incluant les cotisations sociales) maintenus jusqu'en 1973, mais qui est relativement faible par rapport aux autres pays industrialisés (33,9 % en France, 62 % si on inclut les cotisations sociales). En 1990, le fardeau fiscal s'approche de celui des concurrents du Japon, atteignant 29,3 %, mais les cotisations sociales sont beaucoup plus faibles (Ministry of Finance, 1992, p. 35, tableau I-10, et p. 152, tableau V-2).

Avant 1985, le système d'impôt direct comporte des iniquités évidentes : d'une part, à cause des déductions et exemptions diverses, la part de l'impôt des sociétés dans les recettes totales est en baisse, alors que les salariés assument une part en augmentation du fardeau fiscal et que, d'autre part, les travailleurs indépendants et les agriculteurs sont imposés sur seulement une partie de leurs revenus (respectivement 60 % et 40 %) alors que les salariés le sont sur 90 % de leur revenu total (Anguis, 1988, p 307). Des modifications aux exemptions font augmenter la part des sociétés entre 1985 et 1988, mais le gouvernement maintient le système fiscal des agriculteurs et des travailleurs indépendants.

Les modifications au système fiscal surviennent lentement, surtout après 1980. Dans les années 1970, les difficultés économiques causées par la première crise du pétrole empêchent le gouvernement de modifier sa structure fiscale : les revenus des taxes n'augmentent pas au même rythme que les dépenses de l'État, ce qui entraîne, comme on l'a vu, une hausse du déficit. Dans les années 1980, le gouvernement abandonne finalement sa politique d'ajustement à la baisse des impôts, mais conserve le même régime fiscal.

Ce n'est qu'en 1988 que le gouvernement fait voter une réforme fiscale en profondeur. Le gouvernement diminue les impôts sur le revenu en abaissant le taux d'imposition (le taux maximum passant de 60 % à 50 %), en portant le nombre de tranches de revenu de douze à cinq et en augmentant les exemptions. La réforme institue aussi un impôt de 20 % sur les gains en capital, tout en diminuant le taux de taxation des profits des sociétés (ce qui fait passer la part de cet impôt dans les recettes totales de 35,8 % en 1988 à 29,5 % en 1991 ; Ministry of Finance, 1992, p. 152, tableau V-1). Mais le point central de la réforme est l'imposition d'une taxe de vente générale de 3 % (afin de couvrir les dépenses sociales en augmentation), débutant le 1er avril 1989, qui a pour résultat de faire augmenter la part des taxes indirectes dans le revenu total venant des taxes à 29,1 %, comparé à 26,5 % en 1989 ; hausse modeste, qui s'explique par l'abolition des taxes de vente spéciales sur le tabac, l'alcool, etc., mais premier pas dans l'établissement d'une taxation indirecte générale. En 1992, toujours dans le cadre de la réforme fiscale, le gouvernement institue un impôt sur la propriété foncière, pour abaisser l'écart de revenus entre propriétaires et non-propriétaires qui vient de la forte hausse du prix du sol.

Les modifications au régime fiscal après 1980 font augmenter les revenus fiscaux à un rythme d'environ 5 % à 8 % annuellement, ce qui est supérieur de quelques points au taux de croissance du PNB. L'objectif de ces modifications est de faire diminuer le déficit, pour éviter de faire porter par les générations futures le fardeau des dépenses actuelles. Et ce d'autant plus que le vieillissement de la population s'accélère et que le fardeau futur augmentera automatiquement. Les autorités japonaises veulent donc prendre des mesures immédiates pour atteindre cet objectif. Ces mesures sont assez faibles, en regard du niveau de déficit, et des mesures ultérieures seront sans aucun doute nécessaires.

### La libéralisation du marché interne

#### a) La libéralisation du commerce

La libéralisation du marché japonais, comme on l'a vu, a commencé avec l'adhésion du Japon au GATT en 1955. On a aussi vu que, dans les années 1960, cette libéralisation s'est faite lentement et que plusieurs moyens de protection du marché interne ont été maintenus. Il faut souligner néanmoins que le Japon n'a pas été le seul pays à agir ainsi et qu'il a même été sujet à des mesures discriminatoires de la part d'autres signataires du GATT : par exemple, la Grande-Bretagne, la France et leurs dépendances ont refusé jusqu'en 1963 d'étendre au Japon la clause de la nation la plus favorisée, qui pourtant faisait partie des obligations des États signataires, mais sujette à des restrictions auxquelles ces nations ont fait appel (Komiya et Itoh, 1988, p. 178). Ce sont surtout les États-Unis, dont les exportations de produits finis étaient frappées par les restrictions japonaises, qui ont fait pression sur le Japon pour que le marché japonais soit libéralisé selon les accords du GATT. En 1961, on l'a vu, le gouvernement japonais élimina certaines mesures protectionnistes, mais en institua d'autres, comme des tarifs tenant compte du degré de transformation extérieure des produits. Par la suite, le gouvernement américain, en violation de l'esprit des accords du GATT, tenta de forcer le gouvernement japonais à imposer des «restrictions volontaires» à certaines exportations japonaises, ce que firent aussi plusieurs pays européens.

Les discussions du *Kennedy Round* eurent lieu entre 1964 et 1967, sous l'instigation du gouvernement américain qui voulait préciser les règles du commerce international à la suite de la construction de la Communauté économique européenne. Le Japon y participa à contrecœur, le MITI et les autres ministères, convaincus de la faiblesse des entreprises japonaises, étant partisans du maintien des politiques de protection du marché japonais. Le gouvernement japonais y participa néanmoins et accepta les conclusions de ces négociations. Il les appliqua graduellement, en commençant par les secteurs dont le poids politique était faible, et ce sont les pressions extérieures qui forcèrent le gouvernement à continuer dans cette voie. Pour éviter les conséquences négatives sur les entreprises nationales, les dirigeants japonais, et en particulier les officiels du MITI, développèrent des mesures très précises, soustrayant à la protection certains produits d'un secteur et non d'autres, appliquant des combinaisons particulières de tarifs et de quotas à certains produits pour éviter que leurs producteurs soient mis en difficulté par la libéralisation. Les hésitations du gouvernement japonais peuvent paraître surprenantes après coup, car les industries japonaises profitèrent grandement des accords qui suivirent le *Kennedy Round* : les partenaires commerciaux du Japon furent forcés d'abaisser les tarifs sur les produits manufacturés, ce qui permit aux industries japonaises d'exporter davantage (ce qui explique en partie le surplus commercial que le Japon commence à connaître de façon constante à partir de 1967).

Sous les pressions américaines, entre 1969 et 1972, le gouvernement japonais, souvent de force, doit graduellement éliminer la plupart des barrières formelles à l'entrée des produits étrangers : droits de douane, quotas, etc. Au cours de ces trois années, le nombre total des produits sous restriction passe de 161 en janvier 1970 à 79 en avril 1972. Après cet effort de libéralisation, il reste 33 produits dont les restrictions contreviennent aux accords du GATT. Parmi les produits touchés par la libéralisation, mentionnons les antibiotiques, les films couleur, les moteurs d'autos, les systèmes téléphoniques et les turbines à vapeur en 1971, et les équipements auxiliaires d'ordinateur, y inclus les terminaux, et les petits avions en 1972. En 1972, la majorité des produits encore protégés sont des produits agricoles et certains produits de haute technologie dont le gouvernement veut promouvoir la production, mais qui ne sont pas encore compétitifs.

À la suite de la première crise du pétrole, le gouvernement américain exerce des pressions encore plus fortes pour l'ouverture du marché japonais. D'un côté, les partenaires commerciaux du Japon tentent de se protéger contre la hausse des importations de produits manufacturés japonais (téléviseurs couleur, autos, circuits intégrés, magnétoscopes, pour lesquels ils haussent les tarifs ou forcent le Japon à s'imposer des restrictions volontaires), de l'autre, ils poussent pour que le Japon enlève les restrictions à l'entrée de leurs produits tels que le bœuf, les oranges, le bois ouvré, tout en demandant que les entreprises publiques japonaises (telles que Nippon Telephone and Telegraph) achètent davantage des entreprises étrangères et que les standards de qualité ne respectant pas les usages occidentaux soient abolis. Les producteurs américains demandent aussi un accès plus facile aux grands magasins japonais.

Les discussions du GATT dites du *Tokyo Round*, qui durent de 1975 à 1979, marquent vraiment un virage dans la politique japonaise. En effet, les autorités japonaises proposent ces discussions en tenant pour acquis que la meilleure politique pour le Japon en est une de libre-échange. Cette position est tout à fait à l'opposé de celle que défendaient les dirigeants et officiels japonais au moment du *Kennedy Round*. Il faut dire que la situation du Japon dans le domaine du commerce international a complètement changé, le Japon devenant le pays au plus fort surplus commercial juste avant la première crise du pétrole. Dans le cadre de ces négociations, et avant même la signature d'une entente, le gouvernement japonais, en 1978, élimine les tarifs sur plusieurs produits, mais maintient la protection des produits agricoles. La libéralisation continue par la suite, mais à un rythme plus lent. Il n'en reste pas moins que, dès 1980, le Japon a le marché le moins protégé formellement de tous les pays industrialisés.

Il reste encore des barrières informelles : standards de qualité particuliers, longs tests de qualité qui retardent la mise en marché, achat préférentiel par les entreprises japonaises chez leurs sous-traitants traditionnels, même si leurs prix sont plus élevés, achat préférentiel des produits japonais par le gouvernement, système compliqué de distribution dans lequel les produits étrangers doivent s'insérer alors que les grandes entreprises japonaises peuvent le contourner (Masswood, 1989, p. 114-118). De plus, la plupart des consommateurs japonais sont convaincus de la supériorité des produits japonais et préfèrent acheter ces produits même lorsqu'ils sont plus chers.

Il n'en demeure pas moins que deux des «barrières» à l'entrée des produits étrangers sur le marché japonais sont, premièrement, la force compétitive des entreprises japonaises (qui vient à la fois de la forte productivité et des longues heures de travail) et, deuxièmement, la qualité des produits japonais. Pour ce qui est de la productivité, les entreprises japonaises ont acquis un avantage certain dans des secteurs comme l'électronique de consommation (télévision, systèmes audio, magnétoscopes), l'automobile (y compris les motos), le matériel électrique, des secteurs qui, selon Komiya et Itoh (1988, p. 200), comprennent les caractéristiques suivantes : production de pièces et montage de produits complexes, production de masse, qualité uniforme, produits différenciés, possibilité de hausser la productivité par de petites améliorations, ajustement aux goûts du consommateur et, enfin, possibilité d'ajuster la production de plusieurs usines complémentaires. L'effort consenti dans l'augmentation de la productivité et de la qualité dans ces secteurs explique en bonne partie l'avantage que le Japon a maintenant dans le commerce international.

Ceci dit, il faut faire deux remarques : premièrement, la politique du Japon a longtemps été protectionniste, les protestations japonaises au sujet de la fermeture des marchés étrangers ne sont donc pas toujours justifiées, si l'on tient compte des politiques antérieures ; deuxièmement, si le Japon insiste tellement sur le libre-échange maintenant, c'est que, comme l'Angleterre du XIXe siècle et les États-Unis de 1900 à 1965, le Japon a maintenant un avantage marqué pour ce qui est des prix des produits dans certains secteurs et qu'il a tout avantage à faire ouvrir tous les marchés. Soulignons toutefois le mode d'utilisation du protectionnisme au Japon avant 1970, c'est-à-dire la protection temporaire du marché pour permettre aux industries japonaises non pas de se reposer sur leurs lauriers mais de perfectionner leurs procédés de production pour atteindre des niveaux de productivité qui les rendraient compétitives sur le marché international.

## b) La modification des contraintes institutionnelles

Dans les années 1980, plusieurs modifications institutionnelles permettent une ouverture plus grande du marché japonais. En premier lieu, le gouvernement japonais applique plus strictement la loi anti-monopole, en particulier en ce qui a trait aux cartels d'importation. En effet, dans les années 1960 et 1970, le gouvernement japonais a permis le regroupement de plusieurs entreprises achetant des matières premières sur le marché mondial, dans le but de négocier un meilleur prix pour toutes les entreprises à cause du volume des achats et des pressions qu'un tel cartel pouvait exercer sur les fournisseurs. Donnons comme exemple le cartel des importateurs de cuivre qui, autour de 1975, regroupait les entreprises minières des groupes Mitsubishi, Mitsui et Sumitomo, entre autres : ces entreprises négociaient avec des entreprises privées, mais surtout avec des entreprises d'État dans des pays en développement : Zaïre, Zambie, etc. On peut sans peine imaginer le genre de pressions qu'un cartel de ce type pouvait exercer sur des entreprises des pays du tiers monde. C'est ce genre d'entente que le gouvernement japonais cesse d'encourager dans les années 1980.

En deuxième lieu, le gouvernement japonais assouplit le fonctionnement du système de distribution. Comme on l'a vu au chapitre 1, le système de distribution japonais est caractérisé par la présence d'un très grand nombre de petits commerces (plus de deux millions et demi) et un système long et diversifié d'intermédiaires. Ce système d'intermédiaires, qui peuvent livrer souvent (la majorité des commerces n'ayant pas d'espace d'entreposage), qui peuvent faire crédit, etc., est très efficace dans le cadre du commerce de détail. Cependant, il représente une lourde charge pour les entreprises de production, qui voient leurs prix augmenter à mesure que les intermédiaires successifs se transmettent le produit.

Maintenant encore, les consommateurs japonais préfèrent faire leurs achats dans des commerces de quartier où la ménagère fait quotidiennement ses courses. Le petit commerce, comme on l'a vu au chapitre 1, est peu productif, mais il permet l'emploi indépendant d'un très grand nombre de personnes. Il continue de survivre à cause de cette fonction dans le marché de l'emploi, ainsi qu'à cause des préférences des consommateurs. Cet usage est toutefois en train de changer avec l'augmentation de la participation des femmes au marché du travail.

Pour échapper au long parcours que représentent les intermédiaires successifs dans le marché de la distribution, plusieurs grandes entreprises japonaises ont développé leurs propres canaux de distribution, souvent avec leurs propres agences de vente, ce qui diminue d'autant les faux frais de production. Si l'on comprend bien la possibilité pour les constructeurs automobiles d'ouvrir leurs propres bureaux de vente (comme c'est le cas pour l'industrie automobile à peu près partout dans le monde), il est plus difficile de concevoir cette possibilité pour des produits de consommation moins chers. C'est pourtant ce qui s'est passé pour plusieurs produits : par exemple, Matsushita a ouvert des bureaux de vente de vélos faits sur mesure, qui sont en réseau avec l'usine, ce qui permet de fabriquer le vélo selon les désirs du client en moins de 24 heures (mais on livre après une semaine, pour créer une anticipation).

Pendant longtemps, la plupart des entreprises étrangères qui voulaient exporter au Japon devaient nécessairement passer par le système de distribution japonais. En effet, peu de ces entreprises avaient les connaissances nécessaires pour vendre directement sur le marché japonais. Par ailleurs, les liens entre entreprises au Japon faisaient que le représentant japonais de l'entreprise étrangère respectait ses relations d'affaires, donc suivait le long parcours de la distribution. Voyant leurs coûts augmenter fortement à cause des nombreux intermédiaires, les entreprises étrangères s'en sont plaintes, faisant valoir que le système de distribution constituait une barrière informelle à l'entrée des produits étrangers sur le marché japonais (Ratcliffe, 1975, p. 101-102[3]).

À cause de ces plaintes, les autorités japonaises ont encouragé les grandes entreprises commerciales japonaises à alléger le processus de distribution pour les produits étrangers. Cet allégement, qui survient après 1985, permet une augmentation de l'importation de certains produits, mais pas l'augmentation massive tant attendue par les gouvernements étrangers et par certaines entreprises. Un des problèmes vient de ce que les entreprises étrangères n'ont pas toutes le même souci pour la qualité des produits et du service après vente que plusieurs entreprises japonaises ont développé pour satisfaire leurs clients.

### La libéralisation du marché financier

#### a) La libéralisation

Les règlements et les contraintes qui entravaient le système financier japonais au début des années 1970 étaient de trois ordres : des contrôles sur les flux de fonds sur le plan international, la fixation des taux d'intérêt et la définition des limites des activités financières. Le premier type de contrôle a trait à l'internationalisation des finances (ou plutôt aux barrières à un libre flux de capital qui doivent être éliminées dans un contexte d'internationalisation croissante) et les deux autres aux contraintes internes qui peuvent disparaître grâce à des mesures de libéralisation. Bien que la libéralisation du marché et son internationalisation soient interreliées, il ne s'agit pas tout à fait de la même réalité. La libéralisation a trait à la disparition des règlements et des contraintes qui touchent aux diverses activités du secteur financier (certains règlements pouvant entraver les activités du capital étranger), alors que l'internationalisation a trait à l'insertion d'un système financier national dans le marché financier mondial. Traitons tout d'abord de la libéralisation (*deregulation* en anglais) du marché financier japonais.

La première mesure de libéralisation touche au marché des obligations de l'État. Avant 1982, l'État vend ses obligations, à un prix qu'il fixe, à un syndicat de prise ferme (*syndicated underwriters*). Les taux d'intérêt de ces obligations sont fixés plus bas que le taux potentiel du marché. Parmi ces obligations, 35 % sont vendues aux grandes banques nationales, qui, selon la loi, ne peuvent par la suite les revendre à leurs clients réguliers. Quelquefois, comme on l'a vu, la Banque du Japon rachète des obligations quand la politique monétaire va dans ce sens. Avant 1977, c'est là le seul moyen pour les banques commerciales de s'en départir. Mais avec l'augmentation de la dette, le fardeau que ces obligations non vendables constituent pour les banques devient très lourd, et le ministère des Finances, en 1977, permet la revente des obligations, un an après leur émission, sur un marché secondaire. En général, toutefois, la vente sur ce marché se fait à perte (Shinkai, 1988, p. 251).

En 1982, le ministère des Finances permet aux banques de vendre des obligations sur ce marché secondaire dans un délai de trois mois seulement après l'émission. Cette mesure de libéralisation fait augmenter le volume des transactions, ce qui permet l'établissement d'un prix de marché pour les obligations revendues. De plus, les banques demandent que les nouvelles émissions d'obligations respectent le taux d'intérêt établi sur ce marché libre, ce que l'État accepte.

Les banques, craignant qu'une hausse des taux d'intérêt sur les obligations nuise à leurs dépôts, obtiennent en 1979 que les taux d'intérêt sur des certificats de dépôt négociables de trois à six mois soient libéralisés. De plus, l'État institue un système de fixation des taux d'intérêt en fonction du marché pour les transactions interbancaires de l'argent au jour le jour et pour les transactions touchant les traites et les obligations des entreprises. Ce sont là les premières mesures de libéralisation des taux d'intérêt. Auparavant, toutes les formes de transactions bancaires ont des taux fixés par la loi, sauf les transactions de l'argent au jour le jour entre banques et les transactions touchant les traites et les obligations des entreprises, dont les taux étaient fixés par règlement, mais en prenant le taux du marché du jour précédent. Étaient fixés par la loi les taux d'intérêt sur les différentes formes de dépôt, sur les obligations de l'État (sauf sur le marché secondaire à partir de 1977), sur le crédit aux entreprises, etc. La mesure de 1979 fait deux nouvelles brèches dans le système des règlements, après la permission de la vente des obligations de l'État sur le marché secondaire en 1977.

En 1980, le gouvernement élimine le plafond sur les dépôts bancaires en devises étrangères. En 1985, le ministère des Finances établit un nouveau type de dépôts, appelés «certificats du marché monétaire», dont les taux sont fixés à environ 0,5 % au-dessous du taux des certificats de dépôt négociables. Les montants et les taux de ces certificats sont modifiés en juin 1990. En 1987, l'État permet l'émission d'effets de commerce, c'est-à-dire de billets à ordre sans garantie, par les grandes entreprises non financières, à des taux fixés en fonction de la cote de solvabilité de l'entreprise, telle qu'établie par des sociétés spécialisées (il y en a trois au Japon : Nippon Investors Service, Japan Bond Research Institute et Japan Credit Rating Agency), et l'établissement d'un marché pour ces effets. En 1989, le gouvernement donne aux banques commerciales la permission de transiger sur les contrats à terme des obligations de l'État. De 1979 à 1990, le ministère des Finances ne cesse de diminuer les montants des dépôts qui échappent au contrôle, ce qui veut dire qu'un nombre de plus en plus grand de comptes de tous genres échappe maintenant au contrôle des taux d'intérêt.

Toutes ces mesures modifient considérablement le marché financier dans son ensemble et en particulier le rôle des banques et de la bourse. Ce changement de rôle est examiné plus loin. Notons ici l'augmentation rapide des montants déposés dans des comptes avec intérêt fixé par le marché. Pour les banques nationales, le pourcentage de leurs dépôts dans ces comptes passe d'environ 5 % en 1979, année de leur instauration, à près de 70 % en 1990 (Dogakinai, 1991, p. 331, figure 3).

Malgré toutes ces mesures, plusieurs experts demandent une libéralisation accrue du système financier (Tachi, 1988 ; Rôyama, 1991). Ils demandent tout d'abord l'élimination de toute fixation des taux d'intérêt sur les dépôts (les taux sont encore fixés pour ce qui est des comptes d'épargne peu élevés). En outre, à la suite de demandes venant des États-Unis, ils voudraient voir disparaître les avantages des comptes postaux (pas de nécessité de réserves déposées à la Banque du Japon, pas d'assurance sur les dépôts, puisqu'ils sont garantis par l'État) de telle sorte que les taux d'intérêt sur ces épargnes soient fixés à partir des taux du marché (Dogakinai, 1991, p. 327). Mais ils souhaitent surtout l'élimination de la séparation stricte entre les banques de crédit à long terme et celles de crédit à court terme, et l'abolition de la séparation stricte entre banques et entreprises de courtage.

Ces deux types de séparation datent de la période de reconstruction, en particulier de la Loi sur les valeurs mobilières de 1948. C'était une époque d'instabilité économique et financière qui rendait nécessaires des mesures strictes de contrôle du marché financier pour éviter les faillites et pour protéger les épargnants. Mais ces contrôles, d'après ces experts et d'après les rapports de trois comités consultatifs du ministère des Finances (Tachi, 1988, qui faisait partie d'un de ces comités ; voir aussi Rôyama, 1991, p. 13 ; et Dogakinai, 1991, p. 327-328), n'ont plus leurs raisons d'être, car la situation financière du pays est très stable. Premièrement, la haute croissance a fait augmenter considérablement la richesse nationale. Deuxièmement, les émissions d'obligations de l'État ont fait que le marché des valeurs mobilières a augmenté en volume et en importance pour le financement des entreprises (voir plus loin). Troisièmement, la place grandissante du Japon sur les marchés financiers mondiaux et, en particulier, les flux de capitaux entrant au Japon depuis l'extérieur (voir plus loin), forcent le Japon à s'adapter aux structures mondiales et, par conséquent, à éliminer les restrictions qui entravent encore le marché et les institutions financières. La force des institutions financières japonaises, et en particulier des banques (voir tableau 3.2), sur le marché mondial depuis 1985 va aussi dans ce sens. Soulignons toutefois que les banques nationales ont pu se libérer quelque peu des restrictions en établissant des filiales ou des ententes avec des entreprises spécialisées dans des types de transaction que les banques ne pouvaient en loi accomplir. Examinons donc les changements institutionnels qui ont résulté des modifications du système financier, y compris le fonctionnement des différentes sortes de banques.

**Tableau 3.2**

**Les douze plus grosses banques au monde
(et leur pays d'origine) selon l'actif au 31 décembre 1989**

| | |
|---|---|
| 1. | Mitsui Taiyo Kobe (Japon) |
| 2. | Dai-ichi Kangyo (Japon) |
| 3. | Sumitomo (Japon) |
| 4. | Fuji (Japon) |
| 5. | Mitsubishi (Japon) |
| 6. | Sanwa (Japon) |
| 7. | Industrial Bank of Japan (Japon) |
| 8. | Norinchukin (Japon) |
| 9. | Crédit agricole (France) |
| 10. | Banque nationale de Paris (France) |
| 11. | Citicorp (É.-U.) |
| 12. | Tokai (Japon) |

Source : Pauli et Wright, 1991, p. 68.

*b) Les changements institutionnels*

– Le système bancaire

Les banques ajustent leurs opérations en fonction des modifications du système financier. D'une part, elles obtiennent de l'État qu'il modifie le système juridique pour leur permettre de se lancer dans des opérations qui leur étaient auparavant interdites : vente libre des obligations du gouvernement (1983), vente des obligations des administrations régionales ou des entreprises d'État (1984), transactions sur les contrats à terme d'obligations, y compris sur le marché boursier (1985), participation au marché des options (1989). Pour contourner les restrictions juridiques qui entravent encore leur participation à certaines opérations, les banques commerciales créent des filiales pour s'occuper de ce que l'on appelle les affaires auxiliaires (affacturage, cartes de crédit, transactions des titres hypothécaires, crédit à la consommation, conseil dans l'investissement) et les affaires périphériques (mise sur pied et gestion d'un système de transactions par télécommunication).

Depuis le début des années 1990, comme on l'a vu, le gouvernement s'efforce de définir des balises pour libéraliser davantage le système financier. La tendance ne sera pas au développement de superbanques, s'occupant elles-mêmes de toutes sortes d'opérations, mais bien à la mise sur pied de réseaux d'entreprises spécialisées interreliées. Les banques commerciales, prévoyant une libéralisation accrue, développent une stratégie pour s'insérer efficacement dans le marché financier transformé. Premièrement, elles se préparent à entrer plus massivement dans le marché des titres et des obligations. Deuxièmement, elles envisagent de développer leurs opérations immobilières ainsi que leurs opérations de promotion des fusions d'entreprises, en particulier à travers leurs filiales. Troisièmement, elles planifient la mise sur pied d'un réseau financier global, visant ainsi à s'insérer plus efficacement sur les marchés étrangers (Kawada, 1991, p. 354-358).

Les autres institutions financières font de même. Par exemple, les banques de crédit à long terme se lancent dans le marché de la monnaie sur le plan international et dans celui des options (Watanabe et Nakatani, 1991). Les sociétés de fiducie augmentent considérablement leurs opérations dans la gestion de patrimoine immobilier et de fonds de pension (Kinya, 1991). Le marché financier connaît donc des transformations importantes et en connaîtra encore dans l'avenir.

Un des points qui font encore problème est la séparation juridique stricte entre banques et sociétés de courtage. Les banques voudraient voir cette séparation disparaître, mais les sociétés de courtage s'y opposent. On peut penser que l'État maintiendra la séparation, mais en la modifiant.

– Les liens des *keiretsu*

Comme on l'a vu au chapitre 2, une bonne partie du financement des entreprises dans la période de haute croissance est venue des liens entre entreprises dans les groupes industriels : en effet, le crédit aux entreprises du groupe venait en bonne partie de la banque du groupe et une autre partie du financement venait de l'achat d'actions des entreprises du groupe entre elles. Cette situation commence à se modifier avec la libéralisation du marché financier (Suzuki et Ishiyama, 1991, p. 47). Tout d'abord, l'entrée massive de capital venant de l'étranger à travers le surplus de la balance commerciale fait augmenter le taux d'autofinancement de plusieurs entreprises. Ensuite, le développement du marché boursier à la suite de l'afflux de capital de l'étranger et à la forte hausse des prix du sol (voir plus loin) permet le financement plus facile des entreprises par l'émission publique d'actions. De fait, avant la dégringolade de l'indice Nikkei de la Bourse de Tokyo en 1990, les entreprises veulent profiter de la hausse rapide des prix des actions sur le marché boursier pour obtenir du capital en abondance, souvent sans commune mesure avec leur rendement. Enfin, les entreprises et les banques tentent de distribuer leurs risques en faisant affaire, les premières, avec un plus grand nombre de banques et en diminuant leur dépendance face à une seule d'entre elles, et les secondes en diversifiant leurs clients.

La tendance est donc à la titralisation, c'est-à-dire que les entreprises obtiennent une plus grande proportion de leur crédit de la vente d'actions et les banques émettent des titres sur leurs prêts. Dans le cas des entreprises autres que les banques, la tendance à la vente de titres a fait que la part de l'autofinancement par rapport à l'endettement est passée de moins de 20 % en 1970 à plus de 80 % depuis 1983 (Kawamura, 1991, p. 348, tableau 1). Cette tendance signifie l'affaiblissement des liens financiers entre entreprises d'un même groupe. De cela on peut déduire que la structure des groupes d'entreprises se modifie. Usuki (1991, p. 36) avance que les relations entre institutions financières et entreprises emprunteuses sont devenues davantage fondées sur le calcul des coûts et bénéfices. Toutefois, il faut noter le fait que les participations croisées au financement des entreprises d'un même groupe continuent de se situer à un haut niveau et que les contrats à long terme entre les entreprises d'un *keiretsu* (mais dans ce cas, il s'agit surtout d'entreprises de tailles différentes) ont tendance à se maintenir. Les groupes d'entreprises ont donc tendance à s'affaiblir, mais sans disparaître pour autant (voir Gerlach, 1992, pour une analyse du fonctionnement des groupes d'entreprises à la fin des années 1980).

### L'internationalisation du marché financier

#### a) L'afflux de capitaux vers le Japon

Depuis 1965, le Japon a un surplus commercial vis-à-vis des États-Unis (malgré un déficit général en 1967, 1973, 1974, 1975, 1979 et 1980, surtout à cause du pétrole ; en 1980, le déficit a atteint plus de 10 milliards de dollars, mais le surplus vis-à-vis des États-Unis était de près de 7 milliards ; voir les tableaux 1.14 et 1.15). Le surplus commercial du Japon en 1986 dépasse les 80 milliards, alors que le déficit américain s'élève à plus de 20 milliards. Entre les deux pays, le surplus japonais est supérieur à 50 milliards. Entre 1986 et 1990, selon le gouvernement japonais, les surplus commerciaux du Japon vis-à-vis des États-Unis oscillent entre 32 milliards et 52 milliards (le gouvernement américain donne plutôt les chiffres de 64 milliards et 96 milliards), pour un déficit accumulé au début de 1990 évalué à environ 400 milliards (au début de 1986, il était tout près de 150 milliards). En 1992, le surplus japonais est le plus élevé dans l'histoire du pays, soit plus de 100 milliards, dont 50 milliards environ vis-à-vis des États-Unis.

Ce qui est surprenant, c'est que le surplus japonais continue d'augmenter malgré la hausse de la valeur du yen. Depuis 1985, la valeur du yen comparé au dollar américain passe de 250 yen pour un dollar à 114 yen en avril 1993 ; il passe le cap des 100 yen en août 1993 et se situe à moins de 95 yen en novembre 1994. Ce qui veut dire que le prix des exportations japonaises en dollars a plus que doublé, du seul fait de la hause de valeur du yen. Malgré tout, les surplus ne cessent de s'accumuler. De fait, la situation n'est pas si simple. Au milieu des années 1980, le gouvernement japonais prend des mesures pour tenter de limiter le surplus japonais, et ces mesures ont certains effets : le surplus baisse, passant de 82 milliards de dollars en 1986 à

52 milliards en 1990. Mais la récession, dont on analysera les effets plus loin, fait diminuer les ventes sur le marché japonais, et les entreprises japonaises tentent de compenser cette diminution en exportant. Or, au même moment, la demande pour les produits importés diminue, ce qui, comme on l'a vu, entraîne un surplus de 77 milliards de dollars en 1991 et un record de plus de 100 milliards en 1992.

Il n'en reste pas moins que, même pendant la période de mesures pour limiter le surplus, le Japon continue d'exporter beaucoup plus qu'il n'importe. Ce qui permet au Japon de continuer d'exporter, c'est la recherche de la productivité, qui fait diminuer les coûts. Par exemple, de 1973 à 1983, la hausse de la productivité industrielle au Japon est de 100 %, alors que les salaires réels augmentent de 20 % (Daly, 1985, p. 163). Les investissements productifs ne cessent d'augmenter dans les années 1980 (Takahashi, 1989, p. 18), à un rythme beaucoup plus rapide que les salaires réels. Il y a donc une marge qui se crée entre les hausses de productivité et les augmentations des salaires, et cette marge permet aux entreprises de baisser les prix des exportations. Dans les années 1980, la réévaluation du yen peut être absorbée en bonne partie par une baisse de prix, ce qui veut dire que les profits n'en sont pas trop affectés.

En même temps, les exportations de capitaux japonais, analysées plus loin, amènent au Japon des profits considérables : en 1987, les bénéfices des entreprises japonaises à l'étranger s'élèvent à plus de 20 milliards de dollars. Ajoutés aux 79 milliards de surplus commerciaux, le total de capital en devises étrangères entrant au Japon cette année-là est de près de 100 milliards, prêts à être utilisés pour la consommation et surtout pour l'investissement à l'étranger.

*b) Les investissements japonais à l'étranger*

Les surplus accumulés par les entreprises japonaises dans les échanges avec l'étranger permettent de financer les exportations de capitaux japonais. En 1989, les entreprises japonaises investissent directement à l'étranger plus de 49 milliards de $ US, alors que le montant d'investissements étrangers directs au Japon diminue de 286 millions de dollars. La même année, les investisseurs japonais font pour 105 milliards d'investissements de portefeuille[4]. Depuis le début des années 1980, le Japon est le plus gros exportateur de capital (même si ses actifs hors de ses frontières sont plus faibles que ceux des États-Unis). Cette exportation de capitaux est favorisée par la hausse de la valeur du yen.

En ce qui concerne les investissements productifs, les États-Unis, qui ont toujours constitué la destination préférée des investisseurs japonais, ne cessent de voir leur part augmenter : de 26,9 % de tous les investissements directs des entreprises japonaises à l'étranger entre 1971 et 1980, à 46,9 % entre 1986 et 1988. Pour les mêmes années, la part de l'Europe augmente (de 11,6 % à 18,7 %, mais elle était de 19,3 % entre 1961 et 1970) et celle des autres régions du monde baisse, passant de 61,5 % (dont 21,3 % en Asie) à 34,4 % (dont seulement 12,4 % en Asie ; depuis 1990, toutefois, la part de l'Asie est de nouveau en augmentation). En 1989, c'est 33 milliards de dollars en investissements directs que les Japonais font aux États-Unis seulement (Ichiki, 1991, p. 315, tableau 10).

Ce qui est remarquable dans la sortie récente de capital du Japon, c'est qu'elle va à l'encontre de la politique des industriels et du gouvernement japonais jusque vers 1975. En effet, jusqu'au milieu des années 1970, l'opinion générale était que le capital devait rester dans le pays. Les investissements étrangers étaient vus comme acceptables dans le cas de matières premières difficiles à obtenir, mais non pour aller produire ailleurs ce qui pouvait l'être au Japon. En 1973, les investissements directs de capital japonais à l'étranger se sont élevés à seulement 6,7 milliards de dollars. De fait, l'insertion de plus en plus forte de l'économie japonaise dans l'économie mondiale mène au développement de ce que Évelyne Dourille a appelé une stratégie de globalisation de la production (Dourille, 1990).

Certains économistes se demandent si la sortie de capital japonais vers l'étranger va mener à la désindustrialisation (voir par exemple Katsumata, 1988). Ces auteurs craignent que le déménagement de plusieurs opérations de production vers les pays d'Asie du Sud-Est et Taiwan (voir Chang, 1988) entraîne une baisse de l'emploi dans le secteur manufacturier, baisse que le secteur des services ne pourra pas absorber. Ils craignent en réalité que le Japon des années 1990 subisse le même sort que l'Angleterre dans les années 1920-1950.

Il me semble que les craintes de ces auteurs sont un peu exagérées. Il est sans doute possible que la tendance à la sortie des opérations productives atteigne un niveau tel que l'emploi soit menacé au Japon même. Mais je pense que cette possibilité a un faible degré de probabilité. Tout d'abord, la baisse de la proportion de la main-d'œuvre présente dans le secteur manufacturier se fait graduellement et elle demeure supérieure à celle de tous les concurrents occidentaux, à l'exception de l'Allemagne (voir tableau 1.6). Ensuite, les entreprises japonaises s'efforcent de maintenir au Japon les opérations les plus lucratives de la production manufacturière, celles qui ont la plus grande valeur ajoutée, qui demandent la main-d'œuvre la mieux formée et qui dépendent des technologies les plus avancées. Enfin, les officiels du gouvernement japonais, spécialement au MITI, se sont déjà posé la question et vont sûrement tenter d'enrayer la tendance si elle semble donner des résultats désastreux.

### c) L'ouverture aux entreprises étrangères

Les surplus commerciaux du Japon et les sorties massives de capitaux japonais vers l'étranger catapultent le Japon sur le marché financier mondial. L'entrée spectaculaire et soudaine du Japon dans ce marché force le gouvernement japonais à modifier la structure du marché interne pour qu'il s'adapte mieux aux usages internationaux, qui sont d'ailleurs en train de se modifier en profondeur. Ces changements, comme on l'a vu plus haut, se font graduellement, sous la conduite du ministère des Finances.

Avant 1975, le marché financier japonais était relativement fermé. Jusqu'à la fin des années 1960, le change du yen contre des devises était strictement contrôlé, sauf pour les achats à l'étranger des entreprises, que le gouvernement avait dû libéraliser peu après l'entrée du Japon au Fonds monétaire international en 1964. Cependant, toute entreprise importatrice devait avoir la permission du ministère des Finances pour obtenir les devises nécessaires à l'achat à l'étranger et, pour ce faire, devait prouver que ses visées n'étaient pas spéculatives.

Malgré les changements dans la façon de définir la valeur du yen qui ont suivi le choc de Nixon en 1971, le système de change japonais est demeuré très réglementé. Ce n'est en fait qu'en 1984 que le ministère des Finances amorce les changements qui font du marché financier japonais un marché relativement ouvert. En 1984, le gouvernement enlève toute entrave aux transactions entre yen et devises étrangères (Tatewaki, 1991, p. 47). En 1985, les transactions directes avec les banques étrangères sont permises, sans intermédiaire. En 1986, avec l'amélioration du système de télécommunication du marché des devises à Tokyo, les transactions directes sur les marchés étrangers sont rendues possibles. Ces modifications entraînent la croissance rapide du marché des changes, ce qui, à la fin des années 1980, fait de Tokyo le troisième centre de ce genre après Londres et New York (Nakaishi, 1991).

En même temps, le gouvernement japonais doit faciliter l'entrée des institutions financières étrangères sur le marché japonais. Notons que les mesures en ce sens surviennent au moment où les entreprises financières japonaises ont déjà atteint les premières places dans plusieurs secteurs (voir plus loin) et que, par conséquent, elles peuvent facilement faire face à la compétition. D'autant plus que, dans les cas où les entreprises étrangères ont des avantages, comme dans la fiducie, les lois japonaises continuent de contrôler ces activités. En réalité, les barrières à l'entrée sur le marché japonais viennent maintenant moins des règlements et restrictions directes que de la structure du marché, en particulier de la séparation stricte entre banques commerciales, banques de crédit à long terme, sociétés de courtage et sociétés de fiducie, une séparation qui n'existe pas comme telle dans plusieurs pays. Les institutions étrangères demandent que soit introduit au Japon un système dit de «banque universelle», qui permettrait à toutes les institutions financières de participer à tous les types de transactions et de marchés financiers, comme le prévoit un accord de la CEE pour l'Europe signé en 1988. Le gouvernement japonais hésite à adopter ce système. Il prévoit plutôt adopter un système modifié, plus près de celui du Canada, dans lequel les institutions financières peuvent avoir des filiales à 100 %, mais fonctionnant indépendamment, dans d'autres secteurs du marché financier (Funahashi, 1991).

### Le marché boursier

La Bourse de Tokyo fut fondée en 1878 et, avant la Deuxième Guerre mondiale, elle a surtout servi d'outil aux spéculateurs, à travers les opérations sur marge, qui étaient de loin les plus nombreuses. Après 1945, les Américains, qui voulaient démocratiser le marché boursier, développèrent le marché au comptant pour un ensemble de titres d'entreprises que les autorités de l'occupation avaient séparées des zaibatsu (voir chapitre 5). Si le marché boursier a connu un essor impressionnant entre 1946 et 1949, les mesures Dodge en ont ralenti la croissance et, dans les années 1950, le marché boursier en est venu à être contrôlé par les investisseurs institutionnels, surtout à cause du fait que plusieurs titres ne donnaient pas de dividendes : pour avoir un retour sur leur investissement, les petits investisseurs ont placé leurs actions dans les banques en échange d'un intérêt (ce qui a permis aux banques commerciales, qui n'avaient pas le droit de prêter à long terme aux entreprises, de se lancer indirectement dans ce type de financement).

Malgré ces restrictions, le marché boursier a connu une expansion importante dans les années 1950 et 1960. Du point de vue de leur valeur, le montant total des actions sur le marché boursier est passé de 122 milliards de yen en 1949 à 16 417 milliards en 1969. Quant au nombre d'actions cotées, il est passé de 16 milliards en 1949 à 960 milliards en 1969 (Akimoto, 1991, p. 203, tableau 1). L'indice Nikkei, entre 1950 et 1970, est passé de 85 à 1929 (Oka, 1991 ; Akimoto, 1991, p. 201, figure 1) .

Le marché boursier japonais connaît une évolution impression-nante dans les années 1970 et surtout dans les années 1980 (cette année-là, l'indice Nikkei atteint 8000), en bonne partie à cause de l'afflux de capital vers le Japon. L'indice Nikkei monte à 38915 à la fin de 1989, juste avant la chute brusque des cours. Le nombre d'actions cotées en Bourse est à la fin 1989 de 3 032 milliards et leur valeur totale s'élève à 590 908 milliards de yen.

La croissance constante du marché boursier et de l'indice des valeurs cotées en Bourse est l'effet d'un ensemble de facteurs. Premiè-rement, certaines modifications structurelles au marché boursier encouragent les émissions publiques d'actions par les entreprises. Les émissions de nouveaux titres peuvent se faire de trois façons diffé-rentes : offres aux actionnaires, offres publiques et conversions d'obli-gations convertibles. Avant 1969, la majeure partie des émissions se faisaient par offre aux actionnaires à la valeur nominale. Depuis 1969, les émissions publiques selon la valeur du marché sont permises, et les entreprises y font de plus en plus appel. À la fin des années 1980, c'est plus de la moitié du capital additionnel des entreprises qui vient de cette source. Deuxièmement, de nombreuses entreprises, surtout les plus nouvelles qui n'ont pas facilement accès à la vente croisée d'actions, tentent de trouver du capital en plus grande quantité à travers l'émission d'actions. Par ailleurs, certaines de ces entreprises utilisent le marché boursier pour diviser leurs risques, comptant sur la hausse de l'indice Nikkei pour balancer les baisses de profit dans leurs activités principales. Dans ce cas, les entreprises recherchent des profits à court terme, en vendant et en achetant à un rythme rapide, ce qui pousse les prix à la hausse. Troisièmement, la croissance du marché boursier vient de l'entrée de nouveaux investisseurs : tout d'abord les fonds de pension qui commencent à investir leurs propres fonds dans les actions (surtout après 1980), puis les spéculateurs im-mobiliers qui placent à la Bourse les profits venant de la vente de terrains, les prix de l'immobilier connaissant des hausses phénomé-nales dans les années 1980. Quatrièmement, les capitaux venant du surplus commercial vis-à-vis de l'étranger sont placés en partie dans le marché boursier, augmentant ainsi le volume du capital investi dans les actions.

Le marché boursier devient ainsi un mécanisme important de levée de capitaux pour les entreprises. Ce mécanisme connaît des ratés au moment de la chute des cours boursiers à New York en 1987, mais les changements qui surviennent à ce moment touchent plus les méthodes de fonctionnement que le marché lui-même. La dégringolade qui s'amorce au début de 1990 et qui se poursuit jusqu'en 1995 a toutefois entraîné des modifications importantes au marché, modifications que nous analyserons plus loin.

### 3. La transformation du rôle du MITI

*Avant 1970, un rôle de coordination nationale*

Le MITI (ministère de l'Industrie et du Commerce international) a joué un rôle majeur dans la croissance japonaise de l'après-guerre. En premier lieu, le MITI a coordonné la définition des politiques de développement industriel, tout autant quant au choix des secteurs prioritaires à développer que quant aux moyens mis en œuvre pour le favoriser (permis d'importation, politique bancaire, allégements fiscaux, subventions aux exportations).

Dans les vingt premières années après la guerre, ces politiques ont été imposées par des mesures juridiques très strictes (lois, règlements, etc.). Après 1965, l'intervention du MITI a été plus souple, se fondant sur des «incitations administratives», c'est-à-dire des conseils que le ministère donnait aux différents intervenants économiques, mais des conseils qu'ils ignoraient à leurs risques et périls. Il faut noter toutefois que le MITI ne disposait pas de pouvoirs absolus : les organisations patronales et les entreprises pouvaient, si elles se concertaient, contrer une politique du MITI.

Le second rôle du MITI, qui a fortement tempéré le premier, a été d'assurer la collaboration entre le gouvernement et les associations patronales ou les entreprises. Parmi les mécanismes de collaboration avec les associations patronales, le plus important est sans aucun doute l'établissement de commissions conjointes pour définir des politiques diverses (politique industrielle, politique sur la pollution, etc.). Ces commissions ont servi, efficacement dans la plupart des cas, à harmoniser les vues des fonctionnaires et du patronat et à définir des politiques communes.

À travers ces commissions, le MITI a orchestré les intérêts divergents de différents secteurs économiques et de diverses entreprises, pour orienter leurs activités dans le sens de l'intérêt économique national (tel que défini par le gouvernement). Orchestrer les intérêts divergents a signifié orienter les ressources vers les secteurs jugés prioritaires, mais aussi détourner les ressources des secteurs en déclin. On a déjà vu les mécanismes de la première politique. La seconde politique a été appliquée surtout à travers la création de cartels, c'est-à-dire en permettant aux entreprises de ces secteurs de collaborer pour en planifier le déclin, en particulier en divisant le marché. En même temps, le MITI protégeait le marché interne pour que le déclin ne se fasse pas trop rapidement. En général, cette politique a bien fonctionné, sauf dans le cas de la construction navale : la fermeture de chantiers à Sasebo, Saeki, etc., dans les années 1970, a occasionné différentes formes de résistance, y inclus des manifestations locales et dans la capitale avec l'appui des populations.

### La transformation du rôle du MITI après 1970

La libéralisation du marché des biens et de celui des effets financiers au Japon dans les années 1970, ainsi que la présence de plus en plus forte du capital japonais à l'extérieur du pays, entraînent des modifications au rôle du MITI. Le MITI perd des moyens de contrôle importants : abolition des permis d'importation, perte de certains moyens de protection douanière, diminution des subventions aux exportations, etc. De plus, il perd le contrôle d'une partie des opérations des entreprises japonaises, celles qui se font à l'étranger, ce qui lui enlève un levier politique important. Enfin, le MITI doit permettre l'entrée, lente et contrôlée, d'entreprises étrangères au Japon, et ces entreprises ont moins tendance à accepter le leadership moral du MITI. Le ministère doit donc changer son mode d'intervention.

À la suite de la transformation de la politique industrielle autour de 1970, le MITI commence à intervenir en tentant de favoriser le développement technologique. Pour ce faire, le ministère suscite la création de technopoles, regroupant des laboratoires gouvernementaux, des laboratoires d'entreprises et des universités. Le projet des technopoles est complété dans les années 1980 par le programme *Research Core*, insistant sur la recherche et le développement, l'éducation technique et la production dans les secteurs de pointe, et le programme *Brain of Industries*, qui se concentre sur les laboratoires et le traitement de l'information. Le MITI suscite aussi la mise sur pied de recherches regroupant les chercheurs de plusieurs entreprises pour des projets précis dans les secteurs de pointe.

## Les technopoles

La première technopole (mais non définie comme telle, car son établissement précède le programme des technopoles, établi en 1983) est Tsukuba. Tsukuba a été choisi comme lieu d'établissement d'une nouvelle université d'État centrée sur la technologie en 1963. L'université ouvre ses portes en 1970 et, en 1973, le MITI crée la Cité scientifique de Tsukuba, en déménageant sur place des laboratoires de l'État et en encourageant l'implantation de laboratoires d'entreprises. Le projet des technopoles a pour but de faire avancer la recherche dirigée vers le développement de nouveaux produits industriels de haute technologie et vers le développement des technologies pour les produire. Le projet vise aussi la promotion de la recherche fondamentale, mais dans des domaines comportant des applications industrielles. La politique des technopoles est donc une politique industrielle.

Quinze villes sont choisies à travers le Japon pour l'établissement de ces technopoles. En plus, quatre grands centres, dont Tokyo et Kyoto, sont définis comme lieux de concentration de groupes de recherche avancée. En réalité, la réalisation de cette politique n'est pas à la hauteur des espérances : seuls Kumamoto et peut-être Ôita, à part les lieux de groupes de recherche avancée, réussissent vraiment à atteindre les niveaux d'activité de recherche prévus.

## Les groupes de recherche regroupant plusieurs entreprises

Le MITI favorise aussi la collaboration entre entreprises concurrentes pour mener à bien des recherches précises, en particulier dans des secteurs où les entreprises japonaises accusent des retards vis-à-vis des États-Unis. La mise sur pied de ces groupes de recherche intégrés pose quelques problèmes, car les entreprises, se voyant comme concurrentes, hésitent à collaborer. De plus, les chercheurs de ces entreprises ne veulent pas partager leurs résultats avec leurs collègues d'autres entreprises. Pour contrer ces difficultés, le MITI définit des règles précises : les laboratoires des diverses entreprises vont travailler sur des aspects différents du problème à régler (avec quelquefois collaboration de deux ou trois laboratoires pour des questions particulièrement difficiles) ; lorsque la recherche sera terminée, toutes les entreprises auront le droit d'utiliser la technologie, en payant des frais peu élevés pour les brevets, les fonds servant à rembourser le financement gouvernemental (ce remboursement terminé, chaque entreprise aura le brevet sur les résultats qui proviennent des recherches de son laboratoire). Les entreprises pourront alors reprendre leur concurrence pour développer des produits nouveaux à partir des résultats des recherches conjointes. Le financement de ces recherches doit en théorie être assuré par les entreprises et par le MITI, mais plusieurs sont financées totalement par le ministère, en utilisant des fonds spéciaux venant des revenus des paris sur les courses.

Parmi des exemples de ces groupes de recherche interentreprises, on peut citer celui des circuits intégrés (VLSI) de 1976 à 1979, regroupant Fujitsu, Hitachi, Mitsubishi, NEC et Toshiba, avec une participation du Laboratoire électrotechnique du MITI. Ce projet, qui vise le développement de puces de mémoire de un meg, est couronné de succès. On ne peut en dire autant du projet (regroupant les mêmes entreprises avec en plus Oki) sur les ordinateurs de 4e et de 5e génération qui commence en 1976 et qui dure encore, sans résultat final. Il y a d'autres recherches de ce type sur les logiciels utilisables avec les VLSI, sur le développement de logiciels applicables à l'automatisation industrielle, sur les ordinateurs très rapides, sur l'utilisation de lasers dans la robotique, sur les nouveaux circuits très petits, etc. Certaines de ces recherches sont des succès, d'autres des échecs ou des semi-échecs. La collaboration ne se situe pas toujours au niveau espéré. Mais il n'en demeure pas moins que ces recherches font avancer considérablement les connaissances des entreprises japonaises dans plusieurs domaines.

*La protection de secteurs ou d'entreprises essentiels à la sécurité*

Au début des années 1980, le gouvernement identifie des secteurs cruciaux pour la sécurité nationale et limite les investissements étrangers dans ces secteurs (tout en critiquant les mêmes mesures dans les autres pays). Il choisit aussi 67 sociétés comme récipiendaires de subventions gouvernementales spéciales pour la R et D. Enfin, il organise la collaboration des industries et des universités, soit dans des projets précis (circuits ultra-fins), soit dans des entreprises à plus long terme (laboratoires et université à Tsukuba).

Ces mesures veulent faire en sorte que le Japon rejoigne les pays occidentaux dans tous les domaines. Il faut donc tout autant limiter l'entrée des capitaux et produits étrangers que promouvoir l'exportation. Certaines de ces mesures sont par la suite délaissées à cause des pressions américaines. Mais l'encouragement à la recherche ne diminue pas. Depuis les années 1980, le Japon est le premier pour ce qui est du pourcentage des investissements allant à la recherche. Le Japon, qui était faible dans ce domaine, fait alors un bond de géant.

### 4. La situation contemporaine : croissance modérée et récession

*La fin de la hausse des cours boursiers*

La récession des années 1990 débute officiellement en 1991, mais elle s'annonçe déjà en 1990 avec la chute des cours du marché boursier. À partir de la fin de 1989, l'indice Nikkei amorce sa chute : de près de 39000 en décembre 1989 à 21000 en septembre 1990, pour atteindre un minimum de moins de 17000 en avril 1992. Depuis, l'indice a connu une hausse, puis une nouvelle baisse, se situant à 14514 en juillet 1995, soit à un niveau équivalant à moins de la moitié du maximum atteint en 1989.

La chute des cours boursiers est causée par la volonté de la Banque du Japon de limiter les effets de la spéculation. En effet, la Banque juge que le prix des actions est sans commune mesure avec la rentabilité réelle des entreprises. La spéculation des années 1980 est liée à plusieurs facteurs. Premièrement, l'afflux massif de capitaux vers le Japon produit une masse de fonds tellement énorme que les investissements productifs, pourtant très élevés (voir plus loin), ne peuvent suffire à les absorber. Deuxièmement, les investisseurs institutionnels, surtout les compagnies d'assurance et les entreprises de fiducie qui gèrent les fonds de pension, tentent de maximiser leurs profits en plaçant leurs fonds dans le marché boursier. Troisièmement, les grandes entreprises, y compris dans la production, qui possèdent des actions d'autres entreprises en participation croisée, jouent sur les effets financiers pour augmenter leurs profits, de telle sorte que certaines d'entre elles font plus de profit en jouant à la Bourse que par leurs activités habituelles. Quatrièmement, la volonté des épargnants d'obtenir un rendement plus élevé sur leurs épargnes que ce que les dépôts bancaires leur accordent fait que plusieurs se laissent convaincre d'investir dans le marché boursier. Cinquièmement, l'afflux de capitaux vers le Japon fait grimper les prix des terrains, de telle sorte que les entreprises qui possèdent de la terre voient leurs avoirs augmenter artificiellement et peuvent les utiliser comme garantie pour du crédit, et que les possesseurs de terre qui vendent à prix fort peuvent placer une partie de leurs fonds dans le marché des actions.

C'est cette «bulle», comme on l'a appelée, que la Banque du Japon, au moyen de hausses du taux d'escompte, veut crever avant qu'elle mette tout le système financier en danger. La Banque agit au moment où la guerre du Golfe commence. L'incertitude liée à la guerre amplifie les effets des mesures gouvernementales, qui se trouvent encore renforcés par la récession majeure qui frappe les États-Unis dès la guerre finie. Dès le début de 1991, la récession sévit au Japon.

### La récession des années 1990

La récession qui débute en 1990 au Japon vient essentiellement de la récession mondiale, mais avec quelques mois de retard. Elle frappe néanmoins durement l'économie japonaise : baisse de la consommation interne, baisse importante du taux de croissance (voir le graphique 1), baisses de production qui mènent à des capacités de production inutilisées. Le taux de chômage n'augmente pas significativement, mais la diminution des heures supplémentaires et la baisse des primes accordées aux salariés signifient une baisse du revenu. De plus, plusieurs travailleurs temporaires ou à temps partiel sont congédiés, plusieurs employés réguliers sont forcés de prendre une retraite «volontaire» anticipée, et les jeunes qui terminent leurs études, en particulier les femmes, ne peuvent trouver d'emploi ou se contentent d'emplois en dessous de leur formation et de leur compétence.

Ce qui rend cette récession difficile pour les industriels, c'est que, dans les années 1980, la plupart des entreprises ont fortement investi pour augmenter la productivité. À la fin des années 1980, comme on l'a vu, les entreprises ont accès à du crédit quasi illimité, non seulement à travers le réinvestissement des profits mais encore en utilisant leurs avoirs en actions et en terrains comme garantie pour les prêts. Plusieurs entreprises investissent en masse, augmentant ainsi leurs capacités productives. L'atmosphère est à l'euphorie : certains voient déjà venir la «décennie dorée» des années 1990 (Kanô, cité dans Takenaka, 1989) et plusieurs prévoient des années de croissance soutenue par la demande interne (Nakamura, 1988 ; Takahashi, 1989). Il y a bien des voix discordantes (Miyazaki, 1988 ; Shinohara, cité dans Takenaka, 1989), mais la majorité des spécialistes et le public croient dans une croissance qui continuera pour plusieurs années.

Dès 1991, la demande externe, puis la demande interne, diminuent, ce qui entraîne une baisse des ventes, une baisse du taux de profit (certaines entreprises vedettes, comme Sony, connaissent même des pertes sur le marché japonais) et une hausse rapide des inventaires. Face à cela, les entreprises diminuent leur production, ce qui signifie la baisse des achats et conséquemment, pour les sous-traitants, une baisse de leur activité. Les salariés temporaires sont mis à pied en attendant la reprise. Plusieurs entreprises font faillite.

La rentabilité des entreprises financières en est fortement ébranlée. Plusieurs banques et autres institutions financières ont prêté sur garantie des avoirs en actions ou en terrains. Or, la chute des cours boursiers fait considérablement baisser la valeur aux livres des patrimoines en actions, et la baisse de 30 % à 40 % du prix des terrains dans les grandes villes fait de même avec l'immobilier. Plusieurs institutions financières se retrouvent avec un montant considérable de mauvais prêts, garantis par des avoirs insuffisants. La Banque du Japon, pour éviter la catastrophe, demande aux grandes banques de soulager les plus petites entreprises en difficulté, ce qu'elles hésitent à faire sur une grande échelle. Par ailleurs, la baisse des cours de la Bourse mène à des pratiques douteuses, en particulier le remboursement par les entreprises de courtage des pertes de certains de leurs clients les plus importants, y compris des groupes du crime organisé. Ces pratiques, quand elles sont connues, entraînent des scandales qui ébranlent le monde des affaires japonais.

Les déboires du marché boursier et du marché immobilier ont pour conséquence la perte de confiance des consommateurs dans la Bourse et dans l'économie en général, ce qui accentue la baisse de la consommation. La perte de confiance s'étend au système politique quand sont connus les détails de plusieurs scandales impliquant l'ancien secrétaire général et éminence grise du Parti libéral-démo-crate, Kanemaru Shin. Kanemaru, en 1992, est d'abord accusé d'avoir accepté un pot-de-vin d'un montant équivalant à 4 millions de $ US d'une entreprise de camionnage. Puis le public apprend que Kane-maru a fait appel à un membre haut placé d'un syndicat du crime organisé pour qu'il fasse pression sur un groupe d'extrême droite qui harcelait l'ancien Premier ministre Takeshita. Enfin, en mars 1993, à la suite de perquisitions de la police qui permettent de trouver dans ses maisons l'équivalent de plusieurs millions de dollars en or, en argent et en actions, Kanemaru est accusé d'évasion fiscale. Ces scandales minent encore plus la confiance du public dans l'économie et dans le système politique. C'est ce qui encourage certains membres du PLD, insatisfaits à cause des lenteurs de la réforme de la politique, à voter contre le gouvernement Miyazawa en juin 1993, ce qui force le Premier ministre à démissionner et à déclencher des élections à la Chambre basse.

Comme on le sait, ces élections ont pour résultat la perte de la majorité en Chambre par le PLD et l'accès au pouvoir d'une majorité réformiste, dirigée par Hosokawa Morihiro, qui devient Premier ministre en juillet 1993. Hosokawa propose des réformes politiques en profondeur, mais il doit les édulcorer à la suite des pressions de membres de sa coalition. Le Premier ministre démissionne en avril 1994 à la suite d'un scandale lié à un prêt qu'il aurait obtenu d'une entreprise de construction et qu'il n'aurait pas remboursé, utilisant l'argent, semble-t-il, pour ses campagnes électorales. Il est remplacé par Hata Tsutomu, mais la coalition gouvernementale devient rapidement minoritaire avec le retrait du plus important des partis politiques qui en font partie, le Parti social-démocrate. Le gouvernement Hata tombe en mai 1994 et est remplacé par un gouvernement de coalition tout à fait inattendu regroupant les grands ennemis d'hier, c'est-à-dire le PLD et le Parti social-démocrate, avec Murayama Tomiichi, président du second parti, comme Premier ministre.

Mais revenons aux difficultés économiques. Le système financier, comme on l'a vu, connaît des problèmes majeurs qui ne cessent de s'amplifier depuis 1991. Les mauvaises créances des banques et des caisses de crédit mènent graduellement à la faillite certaines institutions financières et aboutit à une crise du système financier dans son entier. Il s'agit d'un problème extrêmement grave qui pourrait compromettre toute amorce de relance. L'État pourrait probablement absorber les pertes des institutions financières en utilisant des mesures rapides et décisives (coûteuses, sans aucun doute, mais nécessaires) afin d'éliminer cet obstacle majeur à la relance. Mais le gouvernement actuel n'a pas la force d'intervenir efficacement. Il s'agit, en effet, comme on l'a mentionné, d'un gouvernement de coalition formé de deux partis politiques ayant des priorités différentes. Cette coalition n'a pas la cohésion nécessaire pour créer un consensus politique et encore moins pour s'entendre avec les milieux d'affaires dont les intérêts apparaissent de plus en plus comme divergeants. Si la croissance soutenue avait permis de cimenter la cohésion à l'intérieur du PLD ainsi que le consensus entre ce parti, la bureaucratie et les milieux d'affaires, la crise actuelle risque d'entraîner sinon sa disparition, du moins son affaiblissement. Pourtant, ce consensus, au minimum à l'intérieur de la coalition au pouvoir et idéalement entre cette coalition et la bureaucratie, est absolument nécessaire pour résorber la crise financière.

Par ailleurs, pour compenser la baisse de la demande interne, les entreprises japonaises essayent d'exporter davantage. Elles y réussissent assez bien, comme le démontrent les excédents de la balance commerciale mentionnés plus haut. Mais ces excédents entraînent des pressions encore plus fortes du gouvernement américain pour l'ouverture du marché japonais et pour l'imposition de restrictions volontaires aux exportations japonaises. Par ailleurs, le surplus mène à une évaluation à la hausse de la valeur du yen (95 ¥ pour 1 $ US en novembre 1994), ce qui fait augmenter le prix des exportations japonaises, mais cette hausse ne semble pas pouvoir enrayer l'augmentation du surplus. Il faut donc s'attendre à d'autres pressions américaines dans l'avenir.

Il ne faut toutefois pas exagérer les difficultés de l'économie japonaise. Les gains de productivité des années 1980 seront très utiles dès qu'il y aura reprise de l'économie, qui s'amorce à la fin de 1994 (mais qui ralentit au début de 1995 ; ce ralentissement est un signe que la relance pourrait être compromise pour quelques années si la crise financière n'est pas réglée rapidement). Le Japon fera peut-être face à un marché nord-américain et européen plus fermé (quoique la probabilité qu'il en soit ainsi ait baissé considérablement avec la signature de l'entente du GATT à la fin de 1993), mais la forte productivité devrait permettre de compenser partiellement toute diminution du libéralisme. De plus, le niveau d'épargne au Japon a pas baissé, mais, en 1994, il se situe encore à près de 15 % ce qui veut dire qu'il y a la possibilité que la consommation reprenne si la confiance des consommateurs se rétablit, ce qui semblait être le cas à la fin de 1994. En outre, le gouvernement Miyazawa, qui en 1992 a injecté l'équivalent de plus de 90 milliards de dollars dans l'économie sous forme de dépenses publiques pour l'infrastructure économique et sociale, s'est décidé en avril 1993 à dépenser environ 120 milliards de dollars de plus aux mêmes fins, ceci afin d'améliorer la qualité de la vie et de relancer la demande. Le ministère des Finances et la Banque du Japon s'opposaient à un tel programme, redoutant les effets négatifs sur la politique de réduction du déficit budgétaire qui venait à peine de porter fruit. Mais le gouvernement japonais, sous la pression du gouvernement américain qui souhaitait voir une reprise de la demande interne, et donc des exportations au Japon, et pressé par la récession et par les scandales, se devait de prendre des mesures de relance. Notons que les gouvernements Hosokawa, Hata et Murayama qui ont succédé au cabinet Myazawa ont maintenu ce programme de dépenses publiques.

Si le gouvernement américain poussait pour que de telles mesures de relance soient prises au Japon, il n'en redoutait pas moins que le programme de dépenses prévu ne serve qu'à renflouer des entreprises en difficulté, comme NEC, le géant de l'électronique, au détriment des achats à l'étranger. Les Premiers ministres successifs depuis 1993 veulent toutefois que ce programme serve à relancer et à accroître les achats à l'étranger, et tous espèrent qu'il profite autant aux entreprises américaines qui veulent exporter vers le Japon qu'aux entreprises japonaises. Quoi qu'il en soit de l'avenir de ce programme de dépenses publiques, on peut d'ores et déjà dire que l'euphorie des années 1985-1989 est bel et bien disparue et qu'on risque peu de retrouver un tel climat dans un avenir rapproché.

## Conclusion

La fin de la période de haute croissance a signifié pour le Japon l'entrée dans une phase plus difficile, marquée au début par la récession de la crise du pétrole et à la fin par la crise des années 1990. Malgré ces difficultés, depuis 1975, le Japon a connu de façon soutenue, sauf en 1993, une croissance positive, même si les taux de croissance ont beaucoup baissé depuis 1990. De plus, depuis 1975, les problèmes de pollution se sont estompés, grâce à une politique stricte de contrôle des matières polluantes. Enfin, le niveau de vie a augmenté, même si les conditions de logement et les équipements sociaux laissent encore à désirer.

Aujourd'hui, le Japon a le PNB et le revenu par habitant les plus élevés parmi les grands pays industrialisés. Il est par ailleurs à la fine pointe du développement technologique dans à peu près tous les domaines. Encore une fois, comme pour les années de haute croissance, le rôle de la politique industrielle de 1970 et celui des autres aspects de la politique économique ne sont pas faciles à évaluer dans l'explication du succès japonais, mais on peut dire qu'ils ont orienté l'économie japonaise dans la voie de la croissance. Il est bien clair que la politique industrielle et les autres aspects de la politique économique ne sont pas les seuls facteurs de ce succès, mais ils y ont fortement contribué. Dans les chapitres 5 et 6, nous examinerons deux autres facteurs : la structure et le fonctionnement (y compris la stratégie) des entreprises. Mais auparavant, examinons comment la main-d'œuvre japonaise a évolué entre 1945 et 1993.

**Notes**

1. Jusqu'en 1970 environ, l'expression *made in Japan* désignait des produits de mauvaise qualité ; mais à partir des années 1960, la qualité avait augmenté rapidement.

2. Notons à ce sujet l'efficacité de la politique industrielle des années 1951-1957, puisque la sidérurgie, visée par les attaques américaines, faisait partie des secteurs prioritaires établis par cette politique. Quant à l'électronique, elle fera partie de la nouvelle politique industrielle établie au début des années 1970 (voir plus loin dans ce chapitre).

3. Soulignons que Ratcliffe est en désaccord avec cette conception du système de distribution comme barrière non tarifaire.

4. Ce montant se répartit comme suit : 23 milliards dans l'achat d'actions, 81 milliards dans l'achat d'obligations de gouvernements étrangers, dont 46 milliards du gouvernement américain ; le montant de 81 milliards pour les obligations représente une baisse par rapport aux 99 milliards de 1986 (Ichiki, 1991, p. 311, tableau 2 ; p. 314, tableau 7).

# Chapitre 4

# La main-d'œuvre

## 1. L'évolution de la main-d'œuvre

### La main-d'œuvre totale et le taux de participation

La main-d'œuvre totale du Japon a augmenté avec la hausse de la population, qui est passée de 83,2 millions en 1950 à 123,6 millions en 1990 (voir le tableau 4.1), soit une augmentation de près de 50 %. De 1956 à 1991, la population active a augmenté encore plus rapidement, passant de 60,5 millions à 101,99 millions (tableau 4.2), soit une hausse de près de 60 %. Cette dernière hausse s'explique en bonne partie par l'augmentation de la proportion de la population en âge de travailler (tableau 4.1 ; en 1991, la population de 15 à 65 ans s'élève à 69,9 % de la population totale, comparé à 67,4 % en 1980 et 61,2 % en 1955 ; Kokuritsu kokkai toshokan, 1992, p. 9) et par la hausse du taux de participation des femmes, qui est passé de 45,8 % en 1975 à plus de 50 % en 1990 (tableau 4.3). Ces facteurs ont plus que compensé le vieillissement de la population, qui a entraîné une hausse de la proportion de la population de plus de 65 ans (tableau 4.1), un groupe d'âge qui a moins tendance à faire partie de la main-d'œuvre active (voir tableau 4.3), et la diminution du taux de participation des hommes de moins de 25 ans (tableau 4.3 ; notons toutefois une hausse de cette proportion depuis 1980) et des femmes entre 15 et 19 ans (tableau 4.3), diminution attribuable à l'augmentation de la scolarisation.

Les hommes entre 25 et 54 ans ont un taux de participation qui dépasse les 96 %, et ce autant en 1990 qu'en 1975 (tableau 4.3). Il s'agit là du cœur de la main-d'œuvre japonaise, celle qui est valorisée par les grandes entreprises (voir le chapitre 6) et qui assume la plus grande part du travail de base et des postes de cadres moyens et supérieurs. La participation des hommes diminue graduellement à partir de 55 ans. Quant à la participation des femmes, elle suit une courbe tout autre qu'il nous faut maintenant examiner.

### La main-d'œuvre féminine

On a déjà noté plus haut une hausse du taux de participation des femmes à la main-d'œuvre active de 1975 à 1990. Le tableau 4.3 indique que cette hausse vaut pour tous les groupes d'âge, sauf pour les 15-19 ans (à cause de l'allongement de la scolarité), que, en proportion des taux de 1975, l'augmentation est la plus forte pour les 25-29 ans (44 %) et qu'elle dépasse 15 % pour tous les groupes d'âge entre 25 et 49 ans. Entre 20 et 29 ans et entre 35 et 54 ans, la participation des femmes en 1990 dépasse 60 %, atteignant 75,1 % pour les 20-24 ans et 71,7 % pour les 45-49 ans. Notons que le taux de plus faible participation s'applique au groupe d'âge 30-34 ans.

La courbe de participation des femmes s'explique par le rôle qui leur est traditionnellement dévolu au Japon, c'est-à-dire la procréation et le soin aux enfants. Notons tout de suite que le Japon n'est pas la seule société, même parmi les pays industrialisés, à restreindre pour ces raisons la participation des femmes au marché du travail. Le tableau 4.4 nous permet cependant de voir que le Japon a un taux plus faible de participation des femmes que certains de ses concurrents, surtout entre 30 et 34 ans (mais aussi en général de 25 à 40 ans). La courbe de participation des femmes japonaises est en fait une courbe bimodale, avec des maxima entre 20 et 24 ans et entre 45 et 49 ans.

Bien que les tendances traditionnelles s'atténuent, comme le montrent la hausse de la participation des femmes à tous les âges (sauf entre 15 et 19 ans) et un taux de participation de plus de 50 % entre 20 et 59 ans (et ce même entre 30 et 34 ans), on peut voir que le retrait des femmes juste après le mariage (dont l'âge moyen a augmenté à 26,9 ans en 1991) est encore important (baisse de la participation de 75,1 % entre 20 et 24 ans à 51,7 % entre 30 et 34 ans). Notons une participation très élevée des jeunes femmes (20-24 ans), qui dépasse celle des pays concurrents, sauf l'Allemagne, et un retour appuyé après 35 ans et surtout après 40 ans. Les femmes reviennent donc en majorité, lorsque les enfants vont à l'école, à un marché du travail qu'elles ont quitté, mais le retrait, même passager, entraîne des conséquences importantes sur les salaires, comme on le verra plus loin.

### La main-d'œuvre par secteur

Comme on l'a noté au chapitre 1, la main-d'œuvre agricole a baissé en flèche depuis 30 ans : en 1960, selon le tableau 1.20, elle s'élevait à presque 12 millions (12,7 millions selon les chiffres du tableau 4.5), alors qu'elle n'est plus que de 3,8 millions (3,9 millions selon le tableau 4,5), soit environ 6 % de la main-d'œuvre active totale. À la baisse de la main-d'œuvre agricole correspond une forte hausse de la main-d'œuvre dans l'industrie (64 % entre 1960 et 1991), dans le commerce (41 % entre 1970 et 1991) et surtout dans la construction (139 % entre 1960 et 1991), dans le secteur financier (100 % entre 1970 et 1991) et dans les services (169 % entre 1960 et 1991) (tableaux 4.5 et 4.6). Dans l'industrie, les secteurs en hausse sont le matériel électrique, le matériel de transport, le vêtement, les instruments de précision, les aliments et boissons et la machinerie en général. Sont en baisse le textile, le bois, l'acier et le fer (depuis 1975) et, à un moindre degré, le secteur de la pulpe et du papier et celui des produits chimiques.

Si on analyse la répartition de la main-d'œuvre par secteur et selon le sexe (tableau 4.7), on peut voir que la construction, l'électricité, eau et gaz, et les services gouvernementaux ont une forte proportion de main-d'œuvre masculine, autant en 1991 qu'en 1960, même si la proportion des femmes a augmenté plus rapidement que celle des hommes. Les femmes sont fortement présentes dans les services, seul secteur où elles sont constamment plus nombreuses que les hommes, dans le secteur financier où elles sont en nombre à peu près égal, dans le commerce et dans l'industrie.

### 2. Les salaires et le temps de travail

#### Les fortes hausses des salaires depuis 1960

Les salaires moyens au Japon ont connu une hausse de près de 500 % entre 1970 et 1990 (Rôdôshô, 1991, p. 235). Les hausses les plus fortes sont survenues dans les années 1970 : plus de 10 % à chaque année de 1969 à 1976, et jusqu'à 27,2 % d'augmentation en 1974 par rapport à 1973. Les hausses s'atténuent après 1976, mais elles surviennent à chaque année jusqu'en 1992, où il y a légère baisse à cause de la récession. Jusqu'à la revalorisation du yen en 1971, la parité faible de cette monnaie par rapport au dollar a fait que les salaires japonais étaient très faibles en comparaison de ceux du Canada et des États-Unis et même par rapport à ceux des pays d'Europe de l'Ouest. En 1960, par exemple, le salaire mensuel moyen d'un ouvrier de l'automobile était d'environ 20 000 yen (Cusumano, 1985, p. 162), ce qui, au taux de 360 yen pour un dollar et une semaine de 45 heures, donne un salaire horaire d'environ 0,30 $. Il est évident que ce niveau de salaire a conféré un avantage certain aux exportateurs japonais vis-à-vis de leurs concurrents occidentaux. De 1960 à 1980, le salaire nominal moyen des ouvriers du secteur de l'automobile a été multiplié par 10 environ, ce qui, compte tenu de l'inflation, donne une augmentation de 800 % environ. Cette hausse a surpassé de beaucoup celle de tous les concurrents du Japon. Par la suite, les hausses de salaires ont été plus faibles (environ 50 % entre 1980 et 1990), mais l'évaluation du yen à la hausse par rapport aux autres devises a signifié, d'une part, la perte de l'avantage comparatif du Japon attribuable aux salaires et, d'autre part, l'ascension du Japon aux rangs les plus élevés pour ce qui est du salaire horaire converti en dollar.

Si on compare les hausses de salaires pour les hommes et pour les femmes, on peut voir au tableau 4.8 que la hausse pour les femmes entre 1970 et 1990 a été de 434 %, comparé à 380 % pour les hommes. Toutefois, comme on le verra amplement plus loin, cette plus forte hausse pour les femmes n'a permis de réduire l'écart des salaires entre hommes et femmes que de moins de 6 % : le salaire moyen des femmes est passé de 51,4 % de celui des hommes à 57,1 %, et ce pour les réguliers (tableau 4.8), c'est-à-dire en excluant les employées à temps partiel qui comptent pour environ 26 % de la main-d'œuvre féminine (voir le tableau 4.9) contre environ 10 % pour les hommes. Si la hausse a été générale, elle n'a toutefois pas permis d'éliminer les écarts énormes de salaires entre différentes catégories de salariés.

### Les disparités de salaires

#### a) Hommes et femmes

La première forme de disparité est celle que nous venons de mentionner entre main-d'œuvre masculine et main-d'œuvre féminine. Cette disparité, qui apparaît au niveau des chiffres globaux (tableau 4.8), est visible à tous les niveaux de la scolarisation (tableau 4.10), quelle que soit la taille des entreprises (*idem*), et à tous les âges (tableau 4.11). Si on regarde les chiffres de plus près, on peut voir au tableau 4.10 que, en 1990, dans les entreprises de 10 à 99 salariés et de 100 à 999 salariés, les femmes fortement scolarisées ont des salaires plus élevés — en comparaison de ceux des hommes — que leurs consœurs qui n'ont pas terminé le cours universitaire, mais que ce n'est pas le cas dans les entreprises de plus de 1 000 salariés. En effet, dans les deux premières catégories, le salaire des femmes ayant terminé le cycle universitaire de quatre ans se situe respectivement à 72,3 % et à 71,7 % de celui des hommes également scolarisés, alors qu'il n'est que de 60 % dans les grandes entreprises. En outre, la différence, bien que plus faible, se voit aussi dans le cas des femmes et des hommes ayant terminé le cycle universitaire court (*junior college*). Par contre, le salaire des femmes ayant terminé seulement une douzième année se situe à environ 60 % de celui des hommes également scolarisés, quelle que soit la taille des entreprises.

Si on regarde le tableau 4.11, on peut voir que la courbe des salaires selon l'âge varie considérablement pour un sexe et pour l'autre. Pour les hommes, le salaire moyen augmente jusqu'à la catégorie 45-49 dans les entreprises de 10 à 99 salariés et jusqu'à la catégorie 50-54 dans les entreprises plus grandes, et il descend par la suite. Mais pour les femmes, le groupe d'âge qui reçoit les salaires les plus élevés est celui des 25 à 29 ans pour les entreprises de 10-99 salariés et, bien que ce soit celui des 55-59 ans pour la catégorie 100-999 salariés, la courbe est bimodale, avec un premier maximum pour les 25-29 ans, puis une baisse, et enfin une hausse après 40 ans, pour atteindre un maximum à 55-59 ans. Notons aussi que les hauts et les bas sont beaucoup plus rapprochés pour les femmes que pour les hommes (voir plus loin). Seule la courbe des salaires dans les entreprises de plus de 1 000 salariés ressemble quelque peu, mais en plus plat, à la courbe typique pour les hommes dans toutes les catégories d'entreprises : en effet, c'est la catégorie des 40-44 ans qui reçoit les salaires les plus élevés.

Comme on l'a mentionné plus haut, chez les femmes, l'écart entre les salaires des 15-19 ans, qui, dans tous les cas, reçoivent les salaires les plus faibles, et les salaires les plus élevés est beaucoup plus restreint que pour les hommes : dans les plus petites entreprises, les salaires des hommes dans la catégorie 45-49 ans sont 2,1 fois plus élevés que ceux des 18-19 ans et de 2,3 fois dans les deux catégories de plus grandes entreprises, alors que les salaires des femmes les mieux payées se chiffrent à seulement 1,2 fois ceux des moins bien payées dans les entreprises de moins de 1 000 salariés et de 1,5 fois dans les plus grandes entreprises (tableau 4.11).

Le tableau 4.12 qui présente les salaires des hommes et des femmes à l'entrée dans le marché du travail montre que, en 1990, bien que les salaires moyens des femmes soient toujours inférieurs à ceux des hommes, l'écart entre les sexes au départ est faible pour toutes les catégories de scolarisation et de taille d'entreprise. C'est donc par la suite que l'écart s'affirme. On peut vraiment en tirer la conclusion que, si les hommes ont tendance à faire carrière dans les entreprises où ils travaillent, ce n'est pas le cas des femmes : elles quittent souvent au moment d'avoir des enfants et, si elles ne le font pas, leurs salaires ont tendance à plafonner très tôt ou très bas.

### b) Autres disparités

Les autres disparités concernent tout d'abord le type de travail ou les catégories de salariés. Le tableau 4.13 donne le salaire mensuel moyen de diverses catégories de salariés en 1991, allant d'un directeur d'hôpital à une téléphoniste. L'écart entre le salaire supérieur et le salaire inférieur est de 6,25, écart important, mais qui est plus faible que celui qui existe entre ces catégories dans les autres pays industrialisés. Notons que les chiffres de ce tableau ne s'appliquent qu'aux salariés et excluent donc les administrateurs des entreprises qui sont classés comme gestionnaires (et non comme salariés) et qui ont des revenus plus élevés.

Le tableau 4.14 présente les disparités régionales du revenu (et non des salaires) en 1987. On peut y voir que les régions les plus défavorisées, comme Kagoshima ou Okinawa, ont des revenus moyens par personne qui n'atteignent pas la moitié de ceux de Tokyo qui, faut-il le souligner, se retrouve avec des revenus sensiblement supérieurs même par rapport à Osaka. Ces disparités régionales s'expliquent par le type d'activités présentes dans chaque région : Tokyo est le site du gouvernement central avec ses nombreux ministères et ses agences, de la majorité des sièges sociaux des grandes entreprises dans tous les secteurs et d'une bonne partie de la production de pointe, des services aux entreprises (publicité, etc.) et des activités culturelles, alors que les régions les plus pauvres se concentrent sur les secteurs peu productifs.

### Le temps de travail

Les travailleurs japonais ont la réputation de travailler beaucoup et cette réputation est confirmée par les chiffres du tableau 4.15. En effet, on peut y voir que les travailleurs japonais dans les industries en 1989 ont travaillé entre 170 et 513 heures de plus que leurs confrères aux États-Unis, en Angleterre, en Allemagne et en France. En pourcentage, les travailleurs japonais travaillent 8 % plus longtemps que les travailleurs anglais, 10 % que les travailleurs américains et 31 % que les travailleurs français et allemands. Cette différence dans les heures annuelles de travail s'explique par le fait que les travailleurs japonais font de nombreuses heures supplémentaires (pas toutes rémunérées) et qu'ils prennent peu de vacances. On peut dire que l'avantage comparatif des entreprises japonaises vient en bonne partie de là. La tendance est toutefois à la diminution, mais lente, des heures de travail, en particulier dans les grandes entreprises (Rôdôshô, 1991, p. 65).

### 3. La main-d'œuvre et l'immigration

*La politique d'immigration*

Le Japon a une politique très stricte d'immigration, fondée sur la conception de la société japonaise comme homogène. En effet, les autorités japonaises pensent que le Japon, société uniethnique, doit éviter les problèmes auxquels sont confrontés les pays occidentaux qui ont accepté beaucoup d'immigrants. Plusieurs Japonais pensent que l'entrée massive de travailleurs étrangers entraînerait une hausse de la xénophobie, une augmentation du chômage et de la criminalité, et des critiques venant des pays étrangers au sujet de l'exploitation de la main-d'œuvre étrangère. Pour cela, ils jugent qu'il faut éviter d'augmenter le nombre d'étrangers entrant au Japon (et éviter de donner la citoyenneté japonaise à ceux qui viennent ; le gouvernement japonais vient de libéraliser quelque peu ses lois pour ce qui est des Coréens vivant au Japon depuis longtemps, mais cette concession est limitée).

*La main-d'œuvre étrangère*

Malgré les restrictions sévères à l'immigration, les besoins en main-d'œuvre dans une économie en expansion ont eu comme effet une augmentation de l'embauche des étrangers. Le tableau 4.16 présente le nombre de travailleurs légaux (certains sont des immigrants reçus, d'autres entrent avec des permis renouvelables de travail pour des périodes limitées) et illégaux en 1985 et 1990. On peut voir que le nombre de travailleurs étrangers est encore faible, autour de 125 000 si on inclut les illégaux, mais ce chiffre a plus que doublé en cinq ans. Parmi les immigrants reçus, près du quart ont des professions qualifiées (professeurs, chercheurs, techniciens, etc.). Cependant, la majorité de l'ensemble des travailleurs étrangers se retrouve dans l'industrie ou dans des postes que les Japonais ne veulent pas occuper (manœuvres dans la construction, entretien, certaines tâches dans la restauration, prostitution, etc.).

En 1988, plus de 600 000 étrangers venant du reste de l'Asie sont entrés au Japon, la majorité avec l'intention d'y travailler, même si seulement 60 000 étrangers d'origines diverses possédaient des permis de travail. Ces personnes venaient de la Corée, de la Chine, des Philippines, du Pakistan, du Bangladesh, de la Thaïlande. De plus, des descendants d'émigrants japonais au Pérou ou au Brésil tentent de se trouver du travail au Japon : pour eux, les difficultés sont moindres, car, étant d'origine japonaise, ils sont encore reconnus officiellement comme Japonais.

Les illégaux proviennent presque tous des pays d'Asie : Corée du Sud, Bangladesh, Philippines, Pakistan, Malaysia, Thaïlande, Chine, Sri Lanka, Iran. Les hommes travaillent surtout dans la construction et dans la production industrielle (petites usines), alors que les femmes sont en majorité dans le commerce du sexe (prostituées, hôtesses, etc.). Les hommes viennent surtout avec des visas de tourisme ou d'étudiants, alors que les femmes entrent avec des permis de travail de durée restreinte comme «artistes». Le sort des illégaux, et particulièrement des femmes, est horrible : leurs employeurs refusent souvent de les payer, ils sont souvent gardés de force dans des logements minables (c'est le cas de plusieurs prostituées), ils sont à la merci de la pègre japonaise. Le gouvernement japonais s'efforce de les empêcher d'entrer, mais les employeurs japonais, licites ou illicites, ont besoin d'eux et les différences de niveau de vie entre le pays d'origine de ces immigrants et le Japon ne peuvent manquer d'en attirer plusieurs. Il faut donc s'attendre à ce que le nombre de travailleurs étrangers, et en particulier le nombre des illégaux, augmente encore dans les prochaines années.

## 4. Le marché du travail actuel

### Le marché du travail

Le marché de la main-d'œuvre au Japon, comme dans tous les pays, est divisé en plusieurs secteurs. Ce qui est particulier au Japon, c'est, d'une part, la façon dont ce marché est divisé et, d'autre part, le système qui s'applique aux salariés des grandes entreprises. On a vu plus haut comment la main-d'œuvre japonaise se divisait selon le salaire. Il s'agit ici d'analyser certains mécanismes, liés à la répartition de la main-d'œuvre, qui expliquent cette répartition différentielle des salaires.

On peut diviser le marché de la main-d'œuvre au Japon en trois grandes catégories : 1) le marché des jeunes fraîchement diplômés des universités, qui seront embauchés comme cadres dans les entreprises et dans l'administration publique ; 2) le marché des jeunes diplômés des collèges de cycle court (junior colleges) et des écoles secondaires qui seront embauchés comme travailleurs dans les grandes entreprises ; 3) le marché de tous ceux qui sont exclus des deux premiers marchés : les jeunes (y compris les femmes) qui ne peuvent ou ne veulent travailler comme cadres ou comme ouvriers des grandes entreprises ; les personnes de plus de 50 ans mises à la retraite par les grandes entreprises ou ayant perdu leur emploi ; les personnes voulant travailler à mi-temps ; et, de plus en plus, les immigrants.

Ces marchés, tout en étant interdépendants les uns des autres, fonctionnent différemment. Le premier est la voie royale : c'est la voie de l'élite, des sarariiman, qui se dirigent encore, de préférence, comme dans l'ère Meiji, vers la fonction publique. Le second mène aussi à l'emploi stable, mais comme ouvrier ou employé, avec toujours la possibilité de promotion comme cadre après quelques années (voir le chapitre 5). Le troisième est, d'une part, celui des diplômés des écoles avec une réputation moins bonne ou celui des jeunes qui ne veulent pas passer par l'enfer des examens d'entrée dans les bonnes universités (voir le chapitre 7) et, d'autre part, de celui des personnes exclues des deux premiers (immigrants, personnes à la retraite). Ce marché est celui dans lequel les nombreux petits commerces recrutent leurs employés.

Ce qui caractérise le système d'emploi dans les grandes entreprises, c'est ce qu'on a appelé l'emploi à vie, c'est-à-dire la sécurité d'emploi jusqu'à la retraite (à 60 ans ou anticipée). Ce système, qui sera analysé dans le chapitre 5, comporte plusieurs avantages pour les entreprises : il permet la planification à long terme, il permet la formation sans risque de voir la main-d'œuvre formée quitter l'entreprise, et, par la pénalisation de la mobilité, il lie la fortune des salariés à celle de leur employeur et ainsi favorise l'identification à l'entreprise. Du côté des désavantages, que les analystes n'ont pas manqué de noter dans la période de forte récession des années 1991-1993, mentionnons la moindre flexibilité dans l'ajustement du volume de la main-d'œuvre à la conjoncture, mais compensée partiellement par la présence de la main-d'œuvre temporaire (sur ce point, voir Lecler, 1994, qui analyse les facteurs de flexibilité dans les grandes entreprises).

## La pénurie de main-d'œuvre

Depuis environ vingt ans, les experts disent qu'il y a une pénurie de main-d'œuvre au Japon. Cette pénurie a tout d'abord touché les jeunes bien éduqués embauchés par les grandes entreprises, à la fois comme cadres ou comme ouvriers. Puis elle s'est étendue ensuite à la main-d'œuvre non qualifiée utilisée dans les travaux que les Japonais ne veulent plus faire, c'est-à-dire laver la vaisselle, faire le ménage des bureaux, etc., et enfin aux métiers de la construction et à certaines tâches ouvrières dans les PME.

Cette pénurie de main-d'œuvre s'explique, premièrement, par la baisse du nombre de nouveaux salariés entrant sur le marché du travail. Cette baisse est attribuable, d'une part, au fait que le taux de natalité a fortement baissé depuis 1950 (voir le tableau 4.17) et, d'autre part, au fait que les jeunes vont de plus en plus longtemps à l'école (voir le tableau 4.18). Ce qui fait que le taux de participation des 15-19 ans à la main-d'œuvre a baissé depuis 1970 et que le nombre de personnes entrant sur le marché du travail est passé de 4,9 millions en 1970 à 3,9 millions en 1987. Elle s'explique, deuxièmement, par la croissance soutenue du pays jusqu'en 1989 qui a fait que l'offre d'emploi s'est maintenue et que le chômage, par conséquent, est demeuré à un faible niveau. Officiellement, le taux de chômage a varié entre 1,1 % en 1969 et 1970 à 2,8 % en 1986 et 1987. Ce taux officiel est sous-évalué, du fait qu'il exclut, d'une part, toute personne ayant travaillé ne fût-ce qu'une journée dans un mois et, d'autre part, tous les demandeurs d'emploi qui entrent pour la première fois ou qui reviennent sur le marché du travail. Ce qui fait que les syndicats, en tenant compte de tous les facteurs, estiment le taux de chômage réel à près de 6 % (Brzostowski, 1988, p. 82). Il y a une troisième cause à la pénurie relative de main-d'œuvre, c'est le fait que le Japon, comme on l'a vu, a une politique d'immigration très restrictive, ce qui empêche l'arrivée en grand nombre de personnes aptes à travailler.

## Les réserves de main-d'œuvre

Mais à côté de ce manque de main-d'œuvre, on peut voir des réserves internes de travailleurs sous-employés. La première réserve est constituée des travailleurs des petits commerces, très nombreux et peu productifs. En effet, le commerce, qui compte en 1990 pour 13,4 % du PIB, occupe 22,6 % de la main-d'œuvre. Par comparaison, l'industrie compte pour 30 % du PIB avec 24 % de la main-d'œuvre, soit produisant plus de deux fois plus en valeur avec une main-d'œuvre à peu près égale (voir le tableau 1.7).

La seconde réserve est celle des travailleurs âgés. Au Japon, la retraite dans les entreprises est généralement prise autour de 60 ans (elle était auparavant à 55 ans). Mais dans les grandes entreprises, il y a souvent des retraites anticipées à 50 ou 55 ans (voir le chapitre 5). Les travailleurs, employés ou cadres mis à la retraite ne peuvent vivre de leur pension. Ils sont donc forcés de travailler.

La troisième réserve, ce sont les femmes. Le taux d'activité des femmes, comme on l'a vu, se situe à près de 50 % (tableau 4.3), c'est-à-dire un taux légèrement inférieur à celui des pays occidentaux. Ce qui fait des femmes une réserve de main-d'œuvre, c'est que plusieurs d'entre elles qui ne travaillent pas pourraient le faire et que nombre de celles qui travaillent sont utilisées dans des travaux où elles ne peuvent utiliser leur formation scolaire ou universitaire : c'est le cas notamment de celles que l'on appelle les *office ladies*, qui servent le thé et transportent des documents pour leurs collègues masculins. L'embauche des femmes dans des postes réguliers dans les grandes entreprises se heurte toutefois à un obstacle majeur : les longues heures de travail, qui entrent en conflit tant avec les obligations ménagères de nombre de femmes qu'avec les attentes des jeunes femmes qui préfèrent avoir plus de loisirs que ce que les heures de travail leur permettent. Certaines entreprises ont déjà tenté de modifier quelque peu leur régime de travail pour accommoder les jeunes femmes (voir Iwao, 1994), mais la majorité des entreprises s'attendent à ce que les femmes voulant faire carrière s'adaptent au régime de travail existant.

### Les mesures pour contrer la pénurie de main-d'œuvre

Pour compenser le manque de main-d'œuvre, les industries ont pris différentes mesures, comme l'automatisation, analysée plus en détail au chapitre 6. L'automatisation de la production au Japon est plus avancée qu'ailleurs, en bonne partie à cause de l'absence de contestation ouvrière. S'il y a peu de contestation, c'est, d'une part, parce que les grandes entreprises qui ont la sécurité d'emploi ne font pas de mises à pied à cause de l'automatisation, et, d'autre part, parce que plusieurs PME manquent de main-d'œuvre qualifiée, ce qui veut dire que l'automatisation est souvent utilisée comme moyen de remplacer les ouvriers manquants et que, dans ce cas, elle ne mène pas à des mises à pied.

Les entreprises ont aussi commencé à embaucher des femmes pour des postes auparavant réservés à des hommes. Depuis 1985, le pourcentage de femmes parmi les jeunes cadres débutants est monté à plus de 30 % dans certaines entreprises, contre moins de 10 % dans les années 1960. Aussi les femmes ont-elles davantage accès au travail qualifié en usine. Mais il existe encore des obstacles à l'embauche des femmes dans des postes techniquement complexes. En effet, ces postes exigent une bonne formation en mathématiques et dans l'utilisation des ordinateurs. La formation de base en mathématiques est donnée par les écoles, en particulier les écoles secondaires dont le programme équivaut à nos programmes des premières années d'université. Or, traditionnellement, au Japon comme en Occident, la formation en mathématiques est plus forte pour les garçons que pour les filles. Ce qui veut dire que la formation nécessaire pour faire fonctionner les machines compliquées était et est encore souvent monopolisée par les hommes.

Il y a enfin l'immigration. On a vu plus haut les restrictions qui frappent les étrangers au Japon. Mais le Japon a besoin de quelques étrangers, en particulier venant d'Asie, pour faire des travaux que les Japonais ne veulent pas faire. Il est donc à prévoir que l'immigration continuera à jouer dans l'approvisionnement en travailleurs pour divers secteurs de l'économie

### Que réserve l'avenir ?

La récession des années 1990 a quelque peu modifié les tendances qui se dessinaient dans les années 1980. En effet, les entreprises qui avaient misé sur les années 1990 comme années dorées avaient souvent embauché plus de jeunes diplômés qu'elles en avaient réellement besoin, de peur d'en manquer par la suite. Avec la récession, ces entreprises ont dû au minimum réduire l'embauche et quelquefois mettre des employés à pied. À cause de cela, plusieurs jeunes sortant des universités n'ont pu récemment se trouver de bons emplois. De plus, ayant accès aux jeunes hommes, les entreprises grandes et petites ont momentanément abandonné l'embauche des jeunes femmes. Certains dirigeants d'entreprises, voyant les coûts élevés d'une main-d'œuvre régulière mal employée, ont commencé à remettre en question le système d'emploi régulier des grandes entreprises. À mon avis, il s'agit là d'un discours alarmiste qui disparaîtra rapidement avec la reprise. Le système de sécurité d'emploi donne aux entreprises trop d'avantages pour qu'elles l'abandonnent. Il faudra toutefois une période de quelques années de rajustement pour se sortir de la récession. Par la suite, il faut s'attendre à un retour des tendances décrites plus haut.

Il est donc à prévoir que l'immigration temporaire, tout comme l'immigration illégale, va continuer dans l'avenir. Le Japon a besoin de cette main-d'œuvre pour des travaux qui ne peuvent être automatisés. Ce besoin est d'ailleurs reconnu par la grande fédération des entreprises, Keidanren, dont les dirigeants ont proposé d'instaurer des contrats de travail d'un an, renouvelables deux fois, pour les travailleurs étrangers dont la présence est nécessaire à l'économie japonaise (y compris des manœuvres).

Mais il est aussi à prévoir que le gouvernement japonais va tenter de limiter le plus possible l'immigration, pour éviter les problèmes ethniques. Il faut dire qu'il y a dans cette politique restrictive sur l'immigration une part de racisme : plusieurs Japonais considèrent les étrangers comme des inférieurs, mal dégrossis, dont il faut limiter l'entrée. Cette attitude s'étend même aux réfugiés, comme le démontre la politique du gouvernement vis-à-vis des *boat people* du Viêt-nam il y a plus d'une décennie.

En limitant le recours à l'immigration, les Japonais vont devoir dépendre surtout des réserves internes pour leur approvisionnement en main-d'œuvre. Sur ce point, le pays ne pourra pas compter sur une hausse du taux de natalité qui va demeurer à un bas niveau (voir Jolivet, 1993). Il faudra donc utiliser encore mieux les moyens déjà mis en œuvre jusqu'ici. Cela veut dire, tout d'abord, le recours à l'automatisation, encore plus qu'auparavant, ce qui aura pour effet indirect de donner au Japon un avantage plus grand par rapport à ses compétiteurs.

Il faudra ensuite utiliser plus efficacement la main-d'œuvre âgée, en particulier en réactivant la tendance des années 1980 à retarder l'âge de la retraite. Il faut cependant noter un problème à ce sujet : les grandes entreprises préfèrent encore embaucher des jeunes fraîchement diplômés, une catégorie à laquelle elles ont plus facilement accès que les PME. Ce qui veut dire que les travailleurs âgés seront encore confinés surtout au travail dans les PME. Malgré cela, il faut noter, dans certaines entreprises, dans les années 1980, la hausse de l'âge de la retraite de 55 à 60 ans et même à 62 ans. C'est que les grandes entreprises ne pouvaient toujours obtenir tous les jeunes qu'elles voulaient embaucher.

Par ailleurs, il faudra assurer le déplacement de la main-d'œuvre des secteurs moins productifs vers les secteurs où il y a manque de main-d'œuvre, ce qui ne se fera pas facilement. Enfin, il faudra augmenter l'utilisation de la main-d'œuvre féminine, à travers l'augmentation du taux d'activité des femmes. Il y a toujours un obstacle majeur à l'insertion des femmes en plus grand nombre dans le marché du travail. En effet, la tâche principale des femmes telle que socialement reconnue est de s'occuper de la maison, en particulier de prendre en charge le soin aux enfants et aux personnes âgées (Lock, 1993). Les femmes sont aussi responsables de la préparation des enfants à l'école. La participation accrue des femmes au travail salarié mènerait nécessairement à une baisse de leur activité dans les tâches ménagères et dans l'éducation, ce qui devrait entraîner des coûts plus élevés pour l'État dans les soins aux enfants et aux personnes âgées. Le taux d'activité des femmes augmentera sans aucun doute, mais lentement.

L'augmentation de la participation des femmes s'accompagnera de la hausse du nombre de personnes travaillant à temps partiel. Cette tendance est d'ailleurs déjà présente maintenant : 26 % de la main-d'œuvre féminine travaillait à temps partiel en 1987. Cependant, il est à prévoir que plusieurs tâches peu utiles maintenant effectuées par des femmes disparaîtront, ce qui mènera à une utilisation plus efficace des femmes qui travaillent. Par ailleurs, avec l'amélioration de la formation technique des femmes, celles-ci pourront effectuer des tâches jusqu'ici réservées aux hommes. Enfin, les femmes pourront prendre plus de place dans les directions d'entreprises.

En conclusion, il est important de noter qu'il n'y a pas de solution miracle au problème de pénurie de main-d'œuvre au Japon. La solution, qui ne peut être que partielle, sera en continuité avec les tendances des années 1980 et ne mènera pas à une coupure avec les pratiques passées.

## Conclusion

Le Japon jouit à l'heure actuelle d'une des mains-d'œuvre les mieux formées, les plus éduquées et les plus travailleuses du monde. En effet, la hausse de la scolarisation s'est jointe à la formation en usine (voir le chapitre 6) pour donner au Japon une force de travail hors pair. Cette main-d'œuvre travaille de longues heures, même si, sur ce point, les usages japonais se rapprochent lentement de ceux de l'Amérique du Nord.

La main-d'œuvre japonaise est aussi l'une des mieux payées au monde. Cette ascension des salaires japonais aux échelons les plus élevés est attribuable partiellement à la revalorisation du yen par rapport au dollar américain, mais on ne peut nier les fortes hausses de salaires réels au Japon depuis 1960. Les salaires ont augmenté dans tous les domaines et pour toutes les catégories de main-d'œuvre, mais il existe encore des écarts de salaires selon le sexe, la scolarité, la taille des entreprises et les régions. Ces écarts, sauf pour ceux fondés sur le sexe, semblent cependant plus faibles qu'en Occident, ce qui n'était pas le cas avant 1945 : les écarts étaient à cette époque parmi les plus forts au monde. Les écarts de salaires semblent toutefois augmenter dans les dernières années : par exemple, les salaires des salariés des entreprises de 1 000 employés et plus ont été multipliés par 5 entre 1960 et 1990, alors que ceux des salariés des entreprises de 100 à 999 employés et de 10 à 99 employés ont été multipliés respectivement par 4,7 et 4,5 (Rôdôshô, 1991, p. 274). On verra au chapitre 7 qu'il en est de même du revenu moyen par personne. La tendance est donc au renforcement des différences économiques. Cette tendance semble toutefois avoir subi un certain fléchissement avec la récession des années 1990-1993, car les plus hauts salariés ont vu leurs primes baisser fortement et les personnes à plus hauts revenus ont vu leurs avoirs se contracter à cause de la chute du prix des actions et de celui des terrains. Mais il faut s'attendre que la reprise qui s'amorce en 1994 réactive les tendances qui étaient apparues dans les années 1980.

**Tableau 4.1**

**Population totale, proportion de la population de moins de 15 ans et de plus de 65 ans, selon le sexe, 1956-1991**

| Année | Total | Population (millions) Hommes | Femmes | − 15 ans (% du total) | + 65 ans (% du total) |
|---|---|---|---|---|---|
| 1950 | 83,2 | 40,8 | 42,3 | 35,4 | 4,9 |
| 1960 | 95,1 | 46,9 | 48,1 | 30,2 | 5,7 |
| 1970 | 103,7 | 51,1 | 52,4 | 24,0 | 7,1 |
| 1980 | 117,1 | 57,6 | 58,9 | 23,5 | 9,1 |
| 1990 | 123,6 | 60,7 | 62,9 | 18,2 | 12,0 |
| 1991 | 124,0 | 60,9 | 63,1 | 17,6 | 12,5 |

Sources : Kokuritsu kokkai toshokan, *Kokusei tôkei handobukku*, 1990, p. 8-9; *idem*, 1992, p. 8 et 9; et Statistics Bureau, Prime Minister's Office, *Japan's Statistical Yearbook*, 1992, p. 70-71.

**Tableau 4.2**

**Main-d'œuvre active potentielle et réelle, selon le sexe, 1956-1991 (en millions)**

| Année | Population de plus de 15 ans Totale | Hommes | Femmes | Population active Totale | Hommes | Femmes |
|---|---|---|---|---|---|---|
| 1956 | 60,50 | 29,16 | 31,28 | 42,68 | 25,04 | 17,64 |
| 1960 | 65,20 | 31,51 | 33,70 | 45,11 | 26,73 | 18,38 |
| 1965 | 72,87 | 35,29 | 37,58 | 47,87 | 28,84 | 19,03 |
| 1970 | 78,85 | 38,25 | 40,60 | 51,53 | 31,29 | 20,24 |
| 1975 | 84,43 | 40,99 | 43,44 | 53,23 | 33,36 | 19,87 |
| 1980 | 89,32 | 43,41 | 45,91 | 56,50 | 34,65 | 21,85 |
| 1985 | 94,65 | 46,02 | 48,63 | 59,63 | 35,96 | 23,67 |
| 1990 | 100,89 | 49,11 | 51,78 | 63,84 | 37,91 | 25,93 |
| 1991 | 101,99 | 49,65 | 52,33 | 65,05 | 38,54 | 26,51 |

Source : Statistics Bureau, Prime Minister's Office, *Japan's Statistical Yearbook*, 1992, p. 70-71.

**Tableau 4.3**

Taux de participation des femmes et des hommes à la main-d'œuvre
active, par groupes d'âge, 1975-1990

| | 1975 | 1980 | 1985 | 1990 |
|---|---|---|---|---|
| **FEMMES** | | | | |
| 15-19 | 21,7 | 18,5 | 16,6 | 17,8 |
| 20-24 | 65,7 | 70,0 | 71,9 | 75,1 |
| 25-29 | 42,6 | 49,2 | 54,1 | 61,4 |
| 30-34 | 43,8 | 48,2 | 50,6 | 51,7 |
| 35-39 | 54,2 | 58,0 | 60,0 | 62,6 |
| 40-44 | 60,0 | 64,1 | 67,9 | 69,6 |
| 45-49 | 61,9 | 64,4 | 68,1 | 71,7 |
| 50-54 | 57,6 | 59,3 | 61,0 | 65,5 |
| 55-59 | 48,8 | 50,5 | 51,0 | 53,9 |
| 60-64 | 38,3 | 38,8 | 38,5 | 39,5 |
| 65+ | 15,2 | 15,5 | 15,5 | 16,2 |
| *Total* | *45,8* | *47,6* | *48,7* | *50,1* |
| **HOMMES** | | | | |
| 15-19 | 20,5 | 17,4 | 17,3 | 19,1 |
| 20-24 | 76,5 | 69,6 | 70,1 | 72,8 |
| 25-34 | 97,6 | 97,0 | 96,5 | 96,9 |
| 35-44 | 97,8 | 97,6 | 97,4 | 97,8 |
| 45-54 | 96,5 | 96,3 | 96,1 | 97,0 |
| 55-64 | 86,0 | 85,4 | 83,1 | 84,5 |
| 65+ | 44,4 | 41,0 | 37,0 | 38,0 |
| *Total* | *81,4* | *79,8* | *78,1* | *77,6* |

Sources : Rôdôshô, *Rôdô hakusho*, 1992, deuxième section, p. 43; Statistics
Bureau, Prime Minister's Office, *Japan's Statistical Yearbook*, 1992, p. 70-71.

**Tableau 4.4**

**Taux de participation des femmes à la main-d'œuvre active, par groupe d'âge, Japon, France, États-Unis et Allemagne**

| Groupe d'âge/ pays | Japon (1990) | France (1987) | États-Unis (1989) | Allemagne (1988) |
|---|---|---|---|---|
| 15-19 | 17,8 | 11,8 | 53,6 | 39,5 |
| 20-24 | 75,1 | 64,2 | 72,0 | 75,4 |
| 25-29 | 61,4 | 75,7 | 73,4 | 67,7 |
| 30-34 | 51,7 | 72,2 | 72,7 | 62,4 |
| 35-39 | 62,6 | 71,9 | 74,7 | 63,7 |
| 40-44 | 69,6 | 72,0 | 76,8 | 64,2 |
| 45-49 | 71,7 | 67,8 | 74,3 | 60,9 |
| 50-54 | 65,5 | 59,8 | 65,8 | 53,7 |
| 55-59 | 53,9 | 44,6 | 54,5 | 41,1 |
| 60-64 | 39,5 | 18,0 | 35,2 | 11,1 |

Source : Rôdôshô, *Rôdô hakusho*, 1992, deuxième section, p. 42.

**Tableau 4.5**

**Main-d'œuvre selon le secteur d'emploi, 1960-1991 (en millions)**

| | 1960 | 1970 | 1980 | 1991 |
|---|---|---|---|---|
| Agriculture | 12,73 | 8,42 | 5,32 | 3,91 |
| Pêche | 0,67 | 0,44 | 0,45 | 0,36 |
| Mines | 0,43 | 0,20 | 0,11 | 0,06 |
| Contruction | 2,53 | 3,94 | 5,48 | 6,04 |
| Industrie | 9,46 | 13,77 | 13,67 | 15,50 |
| Transport et communications, électricité, gaz, eau | 2,39 | 3,52 | 3,80 | 4,11 |
| Commerce | 8,99 | 10,12 | 12,48 | 14,33 |
| Finance | — [1] | 1,32 | 1,91 | 2,63 |
| Services | 5,74 | 7,51 | 10,01 | 14,46 |
| Gouvernement | 1,42 | 1,61 | 1,99 | 1,99 |
| *Total* | 44,36 | 50,94 | 55,36 | 63,69 |

1. Pas inclus en 1960.

Source : Statistics Bureau, Prime Minister's Office, *Japan's Statistical Yearbook*, 1992, p. 72-73.

Tableau 4.6
### Indices de la main-d'œuvre régulière par secteur, 1965-1991
(1990 = 100)

| Secteurs | 1965 | 1975 | 1985 | 1991 |
|---|---|---|---|---|
| Mines | 674,5 | 215,4 | 143,8 | 94,4 |
| Construction | 71,9 | 88,3 | 95,9 | 104,1 |
| Industrie (total) | 86,0 | 93,4 | 95,9 | 102,1 |
| Aliments et boissons | 72,5 | 75,0 | 90,3 | 103,5 |
| Textile | 263,6 | 166,8 | 109,5 | 97,9 |
| Vêtement | 53,7 | 89,3 | 92,2 | 99,2 |
| Bois | 207,3 | 182,5 | 97,9 | 99,1 |
| Pulpe et papier | 122,2 | 112,4 | 96,5 | 100,4 |
| Produits chimiques | 113,5 | 114,0 | 96,4 | 101,7 |
| Pétrole | 97,6 | 152,8 | 117,6 | 101,3 |
| Acier et fer | 148,2 | 151,7 | 114,7 | 99,1 |
| Métaux non ferreux | 103,2 | 108,9 | 97,6 | 102,9 |
| Produits de métal | 88,8 | 98,3 | 90,5 | 102,8 |
| Machinerie (total) | 84,4 | 92,4 | 93,9 | 102,8 |
| Machinerie électrique | 44,6 | 59,8 | 94,0 | 102,8 |
| Matériel de transport | 69,2 | 101,6 | 98,3 | 102,8 |
| Instruments de précision | 71,7 | 82,7 | 104,3 | 102,3 |
| Électricité, gaz et eau | 76,1 | 91,2 | 100,5 | 102,8 |
| Transport et communications | 87,7 | 99,5 | 101,5 | 102,4 |
| Commerce | 47,8 | 68,9 | 85,4 | 103,8 |
| Finance | 60,1 | 88,0 | 92,1 | 101,1 |
| Immobilier | —[1] | 70,7 | 77,6 | 111,4 |
| Services | —[1] | 56,6 | 84,5 | 104,4 |
| *Total* | *76,4* | *80,5* | *91,5* | *103,1* |

1. Pas inclus en 1965.
Source : Statistics Bureau, Prime Minister's Office, *Japan's Statistical Yearbook*, 1992, p. 74-75.

**Tableau 4.7**
**Main-d'œuvre selon le sexe et le secteur d'emploi, 1960-1991**
**(en millions)**

| | 1960 H | 1960 F | 1970 H | 1970 F | 1980 H | 1980 F | 1991 H | 1991 F |
|---|---|---|---|---|---|---|---|---|
| Agriculture, bois, pêche | 6,6 | 6,8 | 4,4 | 5,1 | 2,9 | 2,8 | 2,3 | 2,0 |
| Construction | 2,2 | 0,3 | 3,4 | 0,5 | 4,7 | 0,8 | 5,0 | 1,0 |
| Industrie | 6,0 | 3,5 | 8,6 | 5,2 | 8,4 | 5,3 | 9,4 | 6,1 |
| Transport, communications, électricité, gaz, eau | 2,1 | 0,3 | 3,1 | 0,5 | 3,4 | 0,4 | 3,5 | 0,6 |
| Commerce | 5,0 | 3,9 | 5,5 | 4,6 | 6,7 | 5,8 | 7,3 | 7,1 |
| Finance | — [1] | — [1] | 0,7 | 0,6 | 1,0 | 0,9 | 1,3 | 1,3 |
| Services | 2,8 | 2,9 | 3,7 | 3,8 | 4,9 | 5,1 | 7,1 | 7,3 |
| Gouvernement | 1,2 | 0,2 | 1,4 | 0,3 | 1,7 | 0,3 | 1,6 | 0,4 |
| *Total* | 26,3 | 18,1 | 30,9 | 20,0 | 33,9 | 21,4 | 37,8 | 25,6 |

1. Pas inclus en 1960.
Source : Statistics Bureau, Prime Minister's Office, *Japan's Statistical Yearbook*, 1992, p. 72-73.

**Tableau 4.8**
**Salaire mensuel des salariés réguliers selon le sexe, 1970-1990[1]**
**(en milliers de yen)**

| | 1970 | 1980 | 1990 |
|---|---|---|---|
| Hommes | 68 | 221 | 327 |
| Femmes | 35 | 124 | 187 |
| Femmes/hommes (%) | 51,4 | 56,1 | 57,1 |

1. Exclut les employés à temps partiel.
Source : Statistics Bureau, Prime Minister's Office, *Japan's Statistical Yearbook*, 1992, p. 96-97.

**Tableau 4.9**
**Proportion des femmes qui travaillent à temps partiel, selon le groupe d'âge, 1982-1987**

| Groupe d'âge | 1982 | 1987 |
|---|---|---|
| 15-24 | 10,7 | 5,2 |
| 25-34 | 24,7 | 18,4 |
| 35-54 | 34,5 | 38,4 |
| 55+ | 24,5 | 27,1 |
| *Total* | 26,0 | 26,3 |

Source : Rôdôshô, *Rôdô hakusho*, 1991, p. 247.

**Tableau 4.10**
**Salaires mensuels moyens selon la taille des entreprises, selon la scolarité et selon le sexe, 1990 (en milliers de yen)**

| | 10-99 employés | | 100-999 employés | | 1 000 employés + | |
|---|---|---|---|---|---|---|
| | H | F | H | F | H | F |
| 9ᵉ année | 272 | 146 | 310 | 162 | 390 | 234 |
| 12ᵉ année | 279 | 166 | 299 | 175 | 362 | 222 |
| Université, 2 ans | 281 | 185 | 282 | 204 | 346 | 213 |
| Université, 4 ans | 340 | 246 | 354 | 254 | 408 | 245 |

Source : Statistics Bureau, Prime Minister's Office, *Japan's Statistical Yearbook*, 1992, p. 98-99.

**Tableau 4.11**

**Salaire mensuel moyen, selon la taille des entreprises, selon le sexe
et selon l'âge, secteur manufacturier, 1990 (en milliers de yen)**

| | 10-99 employés | | 100-999 employés | | 1 000 employés + | | Total | |
|---|---|---|---|---|---|---|---|---|
| | H | F | H | F | H | F | H | F |
| 18-19 ans | 158 | 131 | 169 | 140 | 190 | 151 | 174 | 141 |
| 20-24 | 195 | 145 | 202 | 154 | 228 | 172 | 209 | 159 |
| 25-29 | 234 | 151 | 241 | 165 | 274 | 197 | 254 | 174 |
| 30-34 | 267 | 142 | 283 | 159 | 333 | 213 | 299 | 165 |
| 35-39 | 292 | 140 | 322 | 155 | 383 | 224 | 340 | 160 |
| 40-44 | 319 | 147 | 359 | 159 | 427 | 225 | 376 | 161 |
| 45-49 | 334 | 149 | 387 | 161 | 463 | 224 | 402 | 161 |
| 50-54 | 325 | 149 | 395 | 161 | 478 | 231 | 403 | 160 |
| 55-59 | 296 | 146 | 354 | 167 | 440 | 222 | 352 | 158 |
| 60-64 | 249 | 144 | 260 | 140 | 318 | 161 | 256 | 144 |
| 65+ | 218 | 138 | 246 | 135 | 366 | 167 | 227 | 138 |
| *Total* | *283* | *146* | *308* | *157* | *373* | *192* | *325* | *160* |

Source : Statistics Bureau, Prime Minister's Office, *Japan's Statistical Yearbook*, 1992, p. 100-101.

**Tableau 4.12**

**Salaires mensuels moyens des recrues, selon la taille
des entreprises, selon la scolarité et selon le sexe, 1990
(en milliers de yen)**

| Employés | 9e année | | 12e année | | Univ. 2 ans | | Univ. 4 ans | |
|---|---|---|---|---|---|---|---|---|
| | H | F | H | F | H | F | H | F |
| 10-99 | 117 | 105 | 130 | 119 | 144 | 131 | 163 | 152 |
| 100-999 | 118 | 110 | 133 | 127 | 145 | 139 | 169 | 163 |
| 1 000 + | 115 | 106 | 135 | 130 | 150 | 142 | 172 | 165 |

Source : Statistics Bureau, Prime Minister's Office, *Japan's Statistical Yearbook*, 1992, p. 102.

**Tableau 4.13**
**Salaire mensuel moyen pour certaines catégories d'emploi, 1991**
**(en milliers de yen)**

| Profession | Salaire | Profession | Salaire |
|---|---|---|---|
| Directeur d'hôpital | 1 477 | Professeur d'université | 650 |
| Directeur de | | Électricien, chef d'équipe | 528 |
| succursales | 926 | Menuisier, chef d'équipe | 522 |
| Doyen, université | 824 | Professeur adjoint, | |
| Médecin | 820 | université | 502 |
| Chef, département | | Commis en chef | 471 |
| d'administration | 731 | Travailleur sur machine | 391 |
| Chef, département | | Dactylo | 267 |
| technique | 674 | Téléphoniste | 236 |

Source : Statistics Bureau, Prime Minister's Office, *Japan's Statistical Yearbook*, 1992, p. 106-107.

**Tableau 4.14**
**Revenu moyen par personne pour quelques régions, 1987**
**(en milliers de yen)**

| Région | Revenu | Région | Revenu |
|---|---|---|---|
| Tokyo | 3 441 | Yamaguchi | 1 997 |
| Osaka | 2 671 | Akita | 1 837 |
| Kanagawa | 2 661 | Kôchi | 1 824 |
| Kyoto | 2 416 | Nagasaki | 1 742 |
| Hiroshima | 2 284 | Kagoshima | 1 719 |
| Niigata | 2 086 | Okinawa | 1 688 |

Source : Kokuritsu kokkai toshokan, *Kokusei tôkei handobukku*, 1990, p. 38.

**Tableau 4.15**
**Comparaison internationale des heures de travail par travailleur,**
**pour une année, dans l'industrie, 1989 (différence avec le Japon)**

| Japon | États-Unis | Angleterre | Allemagne | France |
|---|---|---|---|---|
| 2 159 | 1 957 | 1 989 | 1 638 | 1 646 |
| | (− 202) | (− 170) | (− 521) | (− 513) |

Source : Rôdôshô, *Rôdô hakusho*, 1991, p. 63.

**Tableau 4.16**
**Nombre de travailleurs étrangers, légaux et illégaux, 1985-1990**

|       | Légaux  | Illégaux   |
|-------|---------|------------|
| 1985  | 43 994  | ± 5 000    |
| 1990  | 94 868  | 29 884     |

Source : Rôdôshô, *Rôdô hakusho*, 1991, p. 40-43.

**Tableau 4.17**
**Taux de natalité, 1950-1990 (‰)**

| Année | Taux   | Année | Taux   |
|-------|--------|-------|--------|
| 1950  | 25,47  | 1955  | 16,88  |
| 1960  | 14,69  | 1965  | 15,74  |
| 1970  | 15,26  | 1975  | 14,32  |
| 1980  | 12,76  | 1985  | 12,53  |
| 1987  | 11,95  | 1990  | 10,74  |

Source : Statistics Bureau, Prime Minister's Office, *Japan's Statistical Yearbook*, 1992, p. 53.

**Tableau 4.18**
**Nombre de nouveaux étudiants des universités, 1950-1990**

| Année | Nombre   | Année | Nombre   |
|-------|----------|-------|----------|
| 1950  | 91 472   | 1960  | 162 922  |
| 1970  | 333 037  | 1980  | 412 437  |
| 1985  | 411 993  | 1990  | 492 340  |

Source : Statistics Bureau, Prime Minister's Office, *Japan's Statistical Yearbook*, 1992, p. 659.

# Chapitre 5

## L'organisation du monde
## des affaires et des firmes

### 1. La structure du monde des affaires

#### Les organisations patronales

– *Zaikai* est le nom donné au monde des affaires et à l'ensemble des organisations et des organes des dirigeants économiques : ce nom s'applique donc aux conglomérats et aux associations patronales. Le patronat japonais est bien organisé. Quatre organisations en particulier y jouent un rôle crucial.

– Keidanren (Fédération des associations économiques) : c'est la plus grande association patronale, celle qui donne le ton au climat économique. Elle regroupe les représentants de 750 sociétés géantes dans les domaines de la finance, du commerce et de l'industrie (donc, les plus grandes entreprises) et les représentants de 100 associations d'employeurs (divisées selon les secteurs). La participation à Keidanren se fait sur la base des sociétés et des associations, non sur une base individuelle.

– Keizai Dôyûkai (Amicale pour l'économie) : créée en 1946 par un groupe de jeunes administrateurs de grandes entreprises qui jugeaient que Keidanren était trop traditionnel et ne prenait pas les moyens pour contrer la montée du radicalisme politique des organisations ouvrières et les revendications salariales des syndicats. Cette association regroupe 1 500 dirigeants de grandes entreprises, sur une base individuelle, et est devenue l'organe politique et idéologique du patronat vis-à-vis des syndicats.

– Nikkeiren (Fédération des associations d'employeurs), fondée en 1948, regroupe toutes les associations sectorielles du patronat dans les secteurs où il y a des consortiums. C'est cette fédération ainsi que les associations affiliées qui négocient directement avec les syndicats et qui appliquent par conséquent les politiques définies par Keizai Dôyûkai.

– Nisshô (Chambre de commerce du Japon) : c'est une association qui défend les intérêts des régions et des PME.

De 1945 jusqu'à la défaite du PLD aux élections de l'été 1993, les milieux d'affaires et les associations qui les représentent ont été très proches du PLD. Elles ont collaboré à l'élaboration de la politique économique et ont été liées de très près aux commissions gouvernementales sur tous les sujets touchant l'économie (y compris l'éducation). Les changements de gouvernement survenus en 1993 et 1994 ne semblent pas avoir modifié en profondeur l'apport des milieux d'affaires à la bonne marche du gouvernement.

### La collaboration État-entreprises

La haute croissance a été rendue possible grâce à la collaboration entre l'État et les milieux d'affaires. En effet, la politique interne et internationale du gouvernement japonais s'est concentrée sur un objectif primordial, qui était de favoriser l'expansion industrielle en vue d'assurer au Japon une place importante dans le monde. Cette politique a été celle des ministères à fonction économique, c'est-à-dire du MITI et du ministère des Finances, dont on analysera le fonctionnement plus loin, et celle d'un parti politique en particulier, le Parti libéral-démocrate, au pouvoir entre 1955 et 1993[1]. Pour comprendre la place du PLD et celle de la fonction publique dans la configuration politique de l'après-guerre, il est nécessaire de donner quelques précisions sommaires sur l'organisation du pouvoir avant 1945.

### a) Le pouvoir avant 1945

Dans l'avant-guerre, les partis politiques étaient mal vus et leur pouvoir était limité. La Constitution impériale de 1889 avait bien établi un parlement de deux Chambres, dont une, la Chambre des députés, était élue, mais, jusqu'à l'institution du suffrage universel masculin en 1925, le droit de vote était limité aux possédants (excluant les femmes). De plus, le parlement avait des pouvoirs très limités, la majorité des pouvoirs étant dans les mains du cabinet, sous la conduite du Premier ministre. Or les cabinets, sauf pendant la période dite de «démocratie de Taishô», qui va en gros de 1918 à 1932, pendant laquelle le chef du parti majoritaire à la Chambre des députés devint habituellement Premier ministre (mais pas entre 1921 et 1924), furent sous le contrôle de dirigeants dits «au-dessus des partis», c'est-à-dire des militaires ou des notables qui s'opposaient en général à la démocratisation. On peut donc dire que le système politique japonais avant 1945 était peu démocratique : il s'agissait d'un système autoritaire, qui donnait peu de droits aux sujets de l'empereur.

L'objectif du gouvernement était de faire du Japon l'égal des pays occidentaux, c'est-à-dire une puissance mondiale, ce qui signifiait devenir une puissance industrielle, mais surtout une puissance militaire ayant des colonies et capable de tenir tête militairement aux pays occidentaux. L'objectif politique et militaire des dirigeants de l'avant-guerre a mené en 1931 à l'invasion de la Mandchourie, puis, en 1933, au retrait de la Société des Nations, à la guerre contre la Chine en 1937 et, finalement, à la guerre du Pacifique en 1941, culminant dans la défaite de 1945 et dans l'occupation militaire américaine entre 1945 et 1952. La poursuite de la puissance militaire avait néanmoins entraîné le développement de l'industrie, et en particulier de l'industrie lourde (métallurgie, machinerie, pétrochimie), ce qui s'est avéré très utile dans la reconstruction de la base industrielle après 1945.

Dans l'avant-guerre, le groupe dirigeant, c'est-à-dire ceux qui participaient à l'exercice du pouvoir réel, était formé des hauts dirigeants de l'armée, des dirigeants politiques au-dessus des partis et des hauts fonctionnaires. Les hauts dirigeants du monde des affaires, tout en ayant un rôle important dans le développement économique, étaient en général mal vus du groupe dirigeant, parce qu'ils s'occupaient d'argent et qu'ils étaient liés aux partis politiques. Le groupe dirigeant ne pouvait se passer d'eux, mais ne voulait pas de leur participation active à l'exercice du pouvoir.

*b)*  *Le Parti libéral-démocrate, le pouvoir et les milieux d'affaires*
     *dans l'après-guerre*

L'organisation du pouvoir fut modifiée par la défaite de 1945 et par les réformes politiques et sociales imposées par les Américains. Premièrement, les Américains ont éliminé les forces armées japonaises. Deuxièmement, ils ont emprisonné bon nombre de dirigeants civils et militaires de la période précédente, et ils ont réduit à néant l'influence des dirigeants au-dessus des partis. Troisièmement, ils ont modifié la Constitution de 1889 pour en faire une constitution démocratique : la souveraineté, qui prenait sa source dans la personne de l'empereur avant 1945, appartenait désormais au peuple ; la Constitution instituait un parlement de deux Chambres élues au suffrage universel ; enfin, l'exécutif était dans les mains d'un cabinet choisi parmi les membres du parti majoritaire à la Chambre des députés.

Le groupe dirigeant des années 1930-1945 était donc désorganisé. Mais il se réorganisa rapidement, sur des bases nouvelles : élimination des forces armées et des dirigeants au-dessus des partis, maintien de la place importante des hauts fonctionnaires, accession dans le groupe au pouvoir des dirigeants des partis conservateurs et des hauts administrateurs des grandes entreprises. Les dirigeants du PLD ont donc à cette époque été admis dans les rangs du nouveau groupe dirigeant de l'après-guerre. D'ailleurs, plusieurs d'entre eux avaient fait partie de l'ancienne élite, ayant participé comme ministres ou comme hauts fonctionnaires à des gouvernements avant 1945 : c'est le cas de Yoshida Shigeru, diplomate en Chine et en Angleterre avant 1940 et qui devint Premier ministre en 1946 jusqu'en 1947 et de 1948 à 1954 ; de Hatoyama Ichirô, ministre de l'Éducation au milieu des années 1930, au moment de purges contre les universitaires aux idées «dangereuses», et Premier ministre en 1954-1956 ; et de Kishi Nobusuke, ministre du Commerce et de l'Industrie au moment de l'attaque contre Pearl Harbor, responsable de la politique de mobilisation générale pendant la guerre du Pacifique, et très proche des milieux de l'extrême droite nationaliste avant et après 1945, qui devint Premier ministre de 1957 à 1960. Kishi et Hatoyama avaient d'ailleurs été exclus de la vie publique — Kishi avait même été emprisonné — par les Américains pour leur participation à l'effort de guerre. Les deux avaient été graciés après 1952.

La réorganisation des couches dirigeantes juste après la guerre donna enfin aux hommes d'affaires accès au pouvoir, à travers la politique du gouvernement dont on a vu qu'elle était tout entière tournée vers la promotion de la croissance économique, et ce à travers des commissions des ministères, formées de fonctionnaires, d'universitaires et d'hommes d'affaires. Le nouveau groupe dirigeant qui a émergé en 1945, en continuité partielle avec celui de l'avant-guerre, comprenait donc les hauts dirigeants du PLD, les hauts fonctionnaires et les dirigeants des consortiums. C'est la nouvelle politique économique qui a constitué le ciment qui a lié ces divers groupes.

Certains parmi les nouveaux dirigeants voulaient un certain retour au régime de l'avant-guerre : remilitarisation[2], régime plus autoritaire, place plus importante de l'empereur, etc. En général, les dirigeants les plus nationalistes et les plus conservateurs, comme Hatoyama, Kishi ou Nakasone, qui auraient voulu changer la Constitution pour remilitariser plus complètement le pays ou pour redonner une place plus grande à l'empereur, ont été empêchés de le faire par l'opinion publique qui en majorité, et jusqu'à maintenant, veut le maintien de la Constitution.

Jusque dans les années 1970, le PLD a reçu son appui principal de la campagne, c'est-à-dire des petits agriculteurs et des notables ruraux. On a vu au chapitre 1 comment le PLD avait tenté de conserver le vote rural en orientant sa politique agricole vers la protection des riziculteurs, en haussant constamment le prix du riz et en protégeant le marché interne. On a aussi vu comment le gouvernement, face à des déficits de plus en plus importants, avait dû assouplir sa politique, ce qui lui avait coûté des votes à la campagne. Mais ce revirement a coïncidé dans les années 1980 avec un transfert graduel des votes urbains vers le PLD[3], ce qui a contribué à atténuer les effets du changement de la politique agricole, du moins jusqu'à ce que les scandales des années 1990 aboutissent à la défaite de juillet 1993.

Le PLD est organisé selon un système pyramidal de cadres. Il y a en réalité peu de membres à la base : il n'y a que des organisateurs. La base du parti est constituée par ce que l'on appelle les «groupes de base» (*jiban*, réunis en *kôenkai*), qui sont des groupes d'organisateurs locaux pour un candidat ou plutôt pour un groupe de candidats. En effet, les politiciens sont liés entre eux par des liens de factions, ces dernières étant fondées sur des relations de clientèle. Les factions, qui ont toutes à leur tête un politicien national important, se font concurrence pour s'adjoindre des membres, pour obtenir des postes importants dans le parti et au cabinet, et pour la nomination du Premier ministre. Les groupes locaux appuient un candidat et par conséquent la faction dont il fait partie. En échange, les politiciens locaux donnent des cadeaux à leurs partisans, favorisent la carrière de l'un ou de l'autre, etc.

Les organisations locales servent à obtenir des fonds pour l'élection des politiciens locaux. Pour ce faire, on sollicite l'aide des organisateurs : commerçants, professionnels, présidents de coopératives agricoles, etc. Avant 1976, les fonds obtenus localement étaient insuffisants. Pour obtenir les fonds nécessaires à leur élection, les politiciens locaux devaient faire appel à leurs supérieurs. Ceux-ci avaient accès à des fonds beaucoup plus considérables, à travers leurs liens personnels, ou ceux du trésorier du parti, avec les milieux d'affaires. Le financement du PLD était un des moyens de tisser des relations étroites entre les politiciens et les hommes d'affaires sur le plan national. C'était aussi la façon de constituer des factions solides sous le contrôle du chef de faction. Un changement à la loi électorale en 1976 a modifié les relations de factions en transformant le financement du parti. Cette loi réglementait plus fortement le financement sur le plan national, diminuant ainsi la force des leaders de factions. Depuis, le financement est venu plus directement des hommes d'affaires provinciaux et a été dirigé vers les politiciens provinciaux ou locaux, qui ont ainsi acquis une indépendance accrue vis-à-vis des leaders nationaux.

La hiérarchie du parti est fondée à tous les niveaux sur les liens interpersonnels entre supérieur et inférieurs, c'est-à-dire, d'une part, les relations *oyabun-kobun* («parent-enfant»), calquées sur les relations hiérarchiques dans la maisonnée traditionnelle, et, d'autre part, les relations d'obligations morales (*giri*), deux types de relations qui ont leur origine dans les relations inégales du Japon agraire (voir le chapitre 7). Chaque politicien est lié à une faction, regroupée autour d'un politicien majeur, et les factions sont organisées de bas en haut selon les deux types de relations que l'on vient de mentionner. Le supérieur donne des avantages à l'inférieur (contacts avec des personnes importantes, avancement dans la faction, possibilité d'accéder à des postes dans le cabinet), en retour de son appui et de celui de ses propres commettants. C'est à travers les liens avec un supérieur qu'on monte dans le parti.

La hiérarchie du PLD va des politiciens locaux au Premier ministre. Cependant, le Premier ministre n'est pas toujours l'homme le plus fort du parti. Le parti peut en effet, dans certains cas, choisir un candidat de compromis dont la faction est petite : ce fut le cas du Premier ministre Kaifu, nommé au moment où tous les politiciens importants étaient impliqués dans un scandale lié au financement du parti.

Les politiciens du PLD doivent composer avec les fonctionnaires de l'État, car les politiques sont préparées par les fonctionnaires des divers ministères. Ceux-ci, de leur côté, surtout ceux qui sont attachés à des ministères à fonction économique, maintiennent des relations étroites avec les milieux d'affaires, l'objectif étant d'assurer la mise en place des politiques de croissance (voir les sections suivantes). Par ailleurs, plusieurs bureaucrates à la retraite se joignent au PLD : on peut citer comme exemples les anciens Premiers ministres Satô, Ikeda et Ohira.

Le PLD est un parti composite, dont les membres peuvent défendre diverses positions politiques, allant du nationalisme d'extrême droite à la défense de politiques sociales. La position dominante peut être définie comme une position de centre droite, c'est-à-dire orientée vers les politiques économiques élaborées en collaboration avec les milieux d'affaires et vers le maintien de l'ordre social (voir le chapitre 7). En politique internationale, le PLD est clairement pour le maintien de l'alliance avec les États-Unis.

Le fonctionnement du PLD depuis sa fondation a été marqué par les liens d'argent avec certains milieux d'affaires. Les grands consortiums ont ainsi contribué au financement du PLD, surtout avant 1976. Mais les milieux qui sont le plus fortement liés aux politiciens sont ceux de la construction, qui dépendent des contrats de l'État. Or, ces contrats sont souvent attribués non au mérite, mais suivant les influences de tel ou tel politicien. En retour des contrats, les entreprises de construction donnent des cadeaux ou du financement aux politiciens. Certains de ces cadeaux sont de véritables pots-de-vin. Souvent, des relations fondées sur des échanges de bons procédés entre politiciens et hommes d'affaires, qui durent secrètement depuis de nombreuses années, ne deviennent scandaleuses que lorsqu'elles deviennent publiques. Plusieurs des scandales récents au sein du PLD ont eu leur origine dans les liens de ce type entre politiciens et hommes d'affaires de l'industrie de la construction. Certains de ces scandales auxquels des membres du PLD ont été mêlés mettent aussi en jeu le crime organisé (les *yakuza*) et les associations d'extrême droite.

Le système politique japonais depuis 1945 a donc comme caractéristique majeure le lien du principal parti politique aux intérêts économiques. En réalité, cette caractéristique s'applique à tous les partis politiques japonais, sauf le Parti communiste. Les autres partis d'opposition (le Parti social-démocrate, anciennement le Parti socialiste, le Kômeitô et le Parti démocrate-socialiste) sont aussi financés en bonne partie par les milieux d'affaires. Ils ont toutefois été moins sujets aux scandales du fait que, jusqu'en juillet 1993, ils ont été exclus du pouvoir et que, par conséquent, ils n'ont pu distribuer des cadeaux comme le PLD a pu le faire. La nouvelle coalition qui a pris le pouvoir à ce moment n'a pas tardé à connaître ses propres difficultés : dès avril 1994, le premier ministre Hosokawa, comme on l'a vu, a dû démissionner à cause d'un scandale financier lié encore une fois à une entreprise de construction.

*c) La fonction publique*

La fonction publique japonaise, surtout celle du gouvernement central, conserve encore à l'heure actuelle un grand prestige et jouit d'un pouvoir à peu près inégalé si on compare le Japon aux pays fortement industrialisés d'Amérique du Nord et de l'Europe de l'Ouest. Ce prestige et ce pouvoir datent de son instauration dans la période Meiji. Rapidement après 1868, le gouvernement central a recruté les meilleurs éléments parmi les anciens guerriers des domaines. À partir de 1887, l'accès à la fonction publique a été fondé sur un concours extrêmement sévère, les personnes recrutées provenant en très grande majorité des meilleures écoles, c'est-à-dire des universités d'État, et en particulier de l'Université de Tokyo et tout spécialement de sa faculté de droit. En même temps, les dirigeants politiques de l'époque ont institué un certain nombre de règles pour que la fonction publique échappe totalement au contrôle des partis politiques.

L'ensemble de ces caractéristiques a entraîné le développement d'un fort esprit de corps chez les fonctionnaires, esprit de corps qui n'a cependant pas empêché la naissance d'une compétition intense entre ministères, suscitée par le fait que les fonctionnaires passaient généralement toute leur carrière dans un seul ministère auquel ils vouaient une grande loyauté. De plus, forts de leur formation dans les meilleures écoles, les bureaucrates se sont vus comme un corps d'élite et ils ont développé un sentiment de supériorité non seulement vis-à-vis de la population en général mais aussi face aux politiciens. Enfin, les bureaucrates se sont rapidement vus comme les vrais représentants de l'empereur, en concurrence sur ce point avec les forces armées.

Dans les années de militarisation de la société, soit de 1931 à 1945, la fonction publique a été le lieu de divisions et de conflits importants entre partisans de la militarisation et opposants. Avec la militarisation, les premiers ont pris le dessus, mais non sans résistance passive de la majorité des fonctionnaires. Les purges américaines des années d'occupation ont frappé à peu près seulement les partisans actifs de la militarisation, ce qui veut dire que l'essentiel de la fonction publique est demeuré intact après 1945, d'autant plus que les autorités américaines ont choisi de passer par l'administration japonaise pour mettre leurs politiques en pratique.

La fonction publique est sortie renforcée de la défaite. En effet, d'une part, les années de militarisation avaient affaibli les partis politiques et, d'autre part, les Américains avaient aboli les forces armées, donc éliminé l'une des composantes les plus puissantes du groupe au pouvoir dans l'avant-guerre. La bureaucratie émergeait donc comme un élément très puissant des couches dirigeantes de l'après-guerre. Par ailleurs, la fonction publique a conservé son statut d'élite, à cause du maintien de son recrutement dans les universités de premier plan (voir Faure, 1984, p. 104-115). C'est la bureaucratie, en collaboration avec les dirigeants politiques des années 1945-1950, qui a défini la croissance économique comme objectif primordial de la nation japonaise. De par sa position, elle a joué depuis lors un rôle de premier plan dans l'établissement et dans la mise en pratique de la politique économique. Évidemment, elle n'a pas pu tout faire seule : elle a collaboré dans ces tâches avec les partis conservateurs et les hommes d'affaires.

La réorientation des objectifs nationaux en fonction de la croissance économique a donné aux ministères à fonction économique une place qu'ils n'avaient jamais eue avant 1945. Notons que le ministère des Finances avait été considéré comme l'un des plus importants même dans la période de militarisation, mais que sa position était demeurée subordonnée aux objectifs militaires. Après 1945, ce ministère a participé à la définition même des objectifs nationaux. Mais dans cette tâche, il a dû composer avec un autre ministère qui, jusque-là, avait toujours occupé une place très modeste : le MITI (ministère de l'Industrie et du Commerce international, ainsi nommé en 1949, en remplacement du ministère du Commerce et de l'Industrie, créé en 1924). À partir de la fin des années 1940, le MITI a eu pour tâche de contrôler deux des secteurs cruciaux de la politique économique : le commerce, y compris le commerce international, et l'industrie. Or, comme on l'a vu, la politique industrielle et la politique de protection du marché sont rapidement devenues des composantes tout à fait centrales de la politique économique. De ce fait, le MITI s'est taillé une place de plus en plus importante dans la structure administrative et politique du Japon, du moins jusque dans les années 1980, comme on l'a vu au chapitre 3. Dans l'établissement de ses politiques, le MITI a dû harmoniser ses objectifs avec ceux du ministère des Finances, ce qui ne s'est pas fait sans heurts : de multiples querelles de juridiction sont apparues, que seules des rencontres longues et répétées ont dans la plupart des cas permis de régler.

Le MITI a eu l'avantage de collaborer avec un nombre important d'associations d'hommes d'affaires, avec lesquelles il a établi des politiques à travers des commissions tripartites (fonctionnaires, universitaires et personnes des milieux d'affaires). Le ministère des Finances participe aussi à de telles commissions avec les représentants des institutions financières (banques, courtiers, compagnies d'assurance, etc.). Mais lui échappent les relations avec les milieux industriels et commerciaux, qui ont pris une énorme importance dans l'après-guerre.

Les ministères à fonction économique ont maintenu des contacts avec les milieux d'affaires et avec les partis politiques non seulement à travers leurs activités courantes, mais aussi par les hauts fonctionnaires à la retraite qui se sont joints à des entreprises ou à un parti politique (pratique dite de l'*amakudari*). En général, ces fonctionnaires à la retraite ont conservé leurs contacts dans leur ministère (c'est souvent justement pour cela que les entreprises et les partis politiques les recrutent). Leur nouvel employeur attend donc d'eux qu'ils facilitent les contacts avec l'administration publique qu'ils viennent de quitter. Ces contacts peuvent prendre diverses formes : obtention d'information ou de contrats, influence sur la définition des politiques, etc.

Il ne fait pas de doute que les ministères économiques ont occupé depuis 1945 une place centrale dans le cercle du pouvoir au Japon. Ils ont en général défini les politiques, souvent contre les élus. Ils ont pu saboter diverses politiques, en retardant leur mise en application ou en les ignorant carrément. Un des domaines où cette capacité de diluer ou d'éliminer les effets des politiques officielles telles que définies par les politiciens est apparue le plus clairement est sans aucun doute celui de la politique commerciale internationale : alors que les Premiers ministres promettaient diverses mesures pour augmenter l'accès des produits étrangers au marché japonais, les fonctionnaires contraient ces mesures en les appliquant de manière très partielle ou en les rejetant purement et simplement.

Si le pouvoir de ces ministères est grand, il n'est pas sans limite, comme les pratiques de certaines entreprises l'ont démontré depuis 1980. Il faut dire que cette indépendance relative des entreprises est assez nouvelle et vient de la libéralisation accrue du marché des produits et des services financiers, comme on l'a vu au chapitre 3. Mais même avant 1980, les milieux d'affaires ont quelquefois fait pression avec succès pour changer des politiques. Quant aux politiciens, les plus déterminés d'entre eux, comme Nakasone ou Hosokawa, ont tout de même réussi à limiter l'impact négatif des fonctionnaires sur les politiques. Quoi qu'il en soit, il est encore préférable pour les politiciens et pour les milieux d'affaires de collaborer avec les fonctionnaires s'ils veulent éviter d'avoir des ennuis dans la conduite de leurs affaires.

*d) La collaboration entre le monde des affaires et l'État*

Divers passages antérieurs ont signalé de multiples points de collaboration entre les milieux d'affaires et l'État. Premièrement, entre 1946 et 1952, le parti au pouvoir, les organisations patronales et certaines entreprises ont collaboré pour éliminer les syndicats militants : ceux-ci avaient obtenu un droit de regard sur la gestion des entreprises autour de 1946, mais l'offensive patronale après 1948 a fait disparaître ce gain syndical. Les administrations des entreprises ont tout de même dû faire des compromis (sécurité d'emploi, promotions, etc.) que nous analyserons plus en détail plus loin dans ce chapitre. Deuxièmement, les organisations patronales, les politiciens et les bureaucrates ont participé à la définition en commun des priorités économiques. Cette collaboration s'est surtout effectuée dans des commissions ou comités gouvernementaux comprenant bon nombre d'hommes d'affaires. Citons, par exemple, la Commission pour la rationalisation industrielle du MITI, créée en 1949, qui comprenait 45 comités et 81 sous-comités, couvrant tous les secteurs industriels, et dont les membres étaient des fonctionnaires, des hommes d'affaires et des universitaires. Cette commission a joué un rôle majeur dans la définition de la politique industrielle des années 1950. Troisièmement, comme on l'a vu au chapitre 2, le gouvernement a institué des politiques favorisant les entreprises. Enfin, quatrièmement, les transferts de personnel des ministères vers les partis politiques et les entreprises ont facilité les relations. Tout cela a favorisé les relations entre les deux secteurs de l'État (partis politiques et fonction publique) et les milieux économiques.

### Des holdings (zaibatsu) à une structure souple

*a) Les holdings avant 1946*

Dans l'avant-guerre, les très grandes industries japonaises étaient organisées en holding sous la direction d'une famille : la famille Mitsui pour le holding du même nom, la famille Iwasaki pour le holding Mitsubishi, etc. Ces familles possédaient une majorité d'actions du holding, et le holding avait des participations majoritaires ou minoritaires dans des entreprises dans divers secteurs de la production, des finances, du commerce et du transport. On appelait chacun des groupes d'entreprises sous contrôle d'un holding un *zaibatsu*.

Ce sont les Américains qui, pendant la période de l'occupation militaire (1945-1952), ont détruit les *zaibatsu* : ils ont éliminé les holdings, réduisant par le fait même la puissance économique des familles qui en détenaient le contrôle, et chaque entreprise du groupe est devenue juridiquement indépendante. Les Américains ont aussi divisé certaines entreprises qu'ils jugeaient trop monopolistes (Mitsubishi dans l'industrie lourde, la Banque Mitsui, la compagnie sidérurgique Nippon Steel, les grands magasins Mitsukoshi, etc.).

### b) La reconstitution des groupes financiers sur de nouvelles bases

Mais les groupes n'ont pas disparu pour autant. Les entreprises participant auparavant aux *zaibatsu* se sont regroupées dans des ensembles plus souples, sous la direction des dirigeants des entreprises majeures du groupe (on donne à ces groupes les appellations *gurûpu* ou *keiretsu*). Les nouveaux groupes sont plus puissants que ceux de l'avant-guerre. Leur structure est fondée non pas sur la propriété d'une compagnie financière, mais plutôt sur les participations croisées et sur le partage de membres du conseil d'administration.

Chaque groupe a sa banque, qui finance une bonne partie (mais pas la majorité) des opérations des entreprises du groupe, sa compagnie d'import-export (*sôgôshôsha*[4], ou compagnie de commerce intégrée), sa compagnie d'assurance et sa compagnie de fiducie, qui, avec la banque, servent à obtenir du capital, etc. Chaque groupe a aussi son comité directeur informel qui se rencontre une fois par mois (quatre fois par année pour le groupe Dai-ichi Kangyô). Tout comme le groupe, le comité n'a pas d'existence juridique, mais il n'en a pas moins de pouvoir, car il est formé des dirigeants des entreprises les plus puissantes du groupe. Ce comité planifie la croissance du groupe en définissant les modalités d'utilisation du capital et en définissant des projets spéciaux. La structure actuelle des conglomérats possède plus de flexibilité que celle des holdings de l'avant-guerre : elle permet une coordination souple tout en donnant à chaque entreprise la possibilité de répondre rapidement aux transformations du marché et de développer sa propre stratégie.

### c) Les groupes et les grandes entreprises actuelles

À l'heure actuelle, il y a au Japon six grands groupes ou conglomérats, dont trois issus directement des *zaibatsu* de l'avant-guerre : Mitsubishi, Mitsui et Sumitomo. Les trois autres se sont formés autour des banques les plus importantes (Dai-ichi Kangyô, Fuji et Sanwa) et comprennent parmi leurs membres des entreprises autrefois associées à des *zaibatsu* de plus petite taille. Les groupes formés autour des banques ont moins de cohésion que les premiers et ressemblent à des ensembles similaires d'entreprises en Occident. Les grands groupes ne se spécialisent pas. Au contraire, ils essaient d'être présents dans tous les secteurs rentables. Dans chacun de ces secteurs, cependant, ils doivent concurrencer d'autres entreprises de même taille ou presque.

Certaines entreprises évitent de s'associer à ces grands groupes : c'est le cas, par exemple, de Sony et de Matsushita. Matsushita est en réalité devenu une sorte de petit conglomérat, regroupant un certain nombre d'entreprises créées par Matsushita Electric, la majorité dans des domaines connexes à l'entreprise mère. Par ailleurs, d'autres entreprises s'associent à plus d'un groupe. Par exemple, Hitachi, qui est en soi un conglomérat de petite taille, avec des entreprises dans l'électricité, l'électronique, la construction navale, la métallurgie, etc., est associé aux trois grands groupes bancaires.

Pour illustrer plus concrètement la constitution de tels groupes, examinons le groupe Mitsubishi. Mitsubishi a des entreprises dans les secteurs suivants : banque, trust, assurances, import-export (*sôgôshô-sha*), mines, pétrole, métallurgie, chimie, pétrochimie, matières plastiques, électronique, électroménager, énergie atomique, papier, bois, verre, automobile, construction navale, construction, immobilier, navigation, alimentation, machinerie. En tout, 29 entreprises «indépendantes» participent au conglomérat, et chacune ou presque possède un ensemble de filiales ou de sous-traitants qui lui sont associés. Mitsui et Sumitomo ont des structures globalement semblables. Le groupe qui comprend le plus d'entreprises est celui de la banque Dai-ichi Kangyô, qui regroupe, mais plus lâchement, 47 entreprises (Gerlach, 1992, p. 82-84).

### d) Les filiales et la sous-traitance

Au Japon, les grandes entreprises ont tendance à diviser les tâches et à confier à des entreprises subordonnées des activités connexes de production ou de service. Autrement dit, la tendance pour les grandes entreprises est non pas à l'intégration verticale avec contrôle financier par une entreprise centrale, mais bien à l'exécution à l'extérieur de l'entreprise de certaines opérations (de plus en plus à l'extérieur du Japon ; voir Dourille, 1990). Dans ce contexte, la plupart des grandes entreprises ont développé un réseau de filiales et de sous-traitants (voir, entre autres, Ikeda et Lecler, 1984 ; et Lecler, 1987). En général, au Japon, les sous-traitants ont des contrats d'exclusivité avec une grande compagnie qui, en réalité, les contrôle. Ce qui veut dire qu'elles sont à la merci de cette compagnie. Les grandes entreprises et leurs sous-traitants ont des relations à long terme. Ces relations, qui se maintiennent quel que soit le coût des services rendus par les sous-traitants, à condition qu'ils remplissent les exigences des donneurs d'ordre, ont été dénoncées par les entreprises étrangères comme constituant une barrière informelle à l'entrée des composantes étrangères (souvent moins chères, mais les entreprises japonaises disent qu'elles ne peuvent se fier à leur qualité) sur le marché japonais.

La sous-traitance au Japon a des caractéristiques spéciales. L'exclusivité des services d'un sous-traitant envers son donneur d'ordre (qui semble toutefois diminuer depuis les années 1980) s'accompagne de l'imposition de conditions par l'entreprise mère : délais, qualité, spécifications, prix, date de paiement, etc. De cette façon, les sous-traitants, qui sont souvent mais pas toujours des PME, sont à la merci de leur donneur d'ordre. Par exemple, en période difficile, les grandes entreprises arrêtent de passer des commandes. Ou bien elles retardent le paiement pour le travail déjà fait. Ou bien elles forcent les sous-traitants à changer à leurs frais la méthode de production. De plus, dans les années 1950 et 1960, les PME n'avaient pas accès au crédit. Tout cela signifie une grande instabilité pour les PME. En période de crise, plusieurs sous-traitants font faillite. Les PME, en particulier les sous-traitants, forment un genre de coussin en cas de récession : dans les périodes difficiles, les grandes entreprises reportent sur elles une bonne partie de leurs difficultés.

Les PME ont aussi servi de coussin d'une autre façon : en fournissant à de grandes entreprises une main-d'œuvre qualifiée, payée par les sous-traitants, sans les bénéfices accordés aux travailleurs permanents des grandes entreprises. Dans des secteurs comme la construction navale, la construction ou l'automobile, les grandes entreprises dans les années 1970 avaient jusqu'à 80 % de leur main-d'œuvre qui était théoriquement employée par les sous-traitants, c'est-à-dire à salaire plus faible, et surtout sans les avantages de l'embauche dans les grandes entreprises (emploi assuré, primes, assurances, etc. ; voir plus loin). Ces travailleurs «hors entreprises» (*shagaikô*) étaient aussi productifs que les réguliers. Ils ne bénéficiaient cependant pas des mêmes avantages. C'était là un moyen de conserver une certaine marge de manœuvre dans l'emploi, et ce malgré le système dit d'emploi à vie. Cette façon de maintenir une certaine flexibilité dans l'embauche malgré la sécurité d'emploi est encore utilisée de nos jours même si elle est moins fréquente (Lecler, 1994).

## La hiérarchie des entreprises

Les entreprises japonaises, comme c'est le cas partout dans le monde, n'ont pas la même taille ni la même rentabilité. Ce qui est particulier au Japon, toutefois, c'est qu'il y a une gradation formelle des entreprises selon leur rentabilité et leur taille, et cette gradation se répercute sur les relations de travail et les salaires. Toute entreprise bien classée qui ne donnerait pas de bons salaires ou des avantages sociaux perdrait sa place, car la gradation est aussi un classement fait par les personnes à la recherche d'un emploi : la plus haute dans la hiérarchie est celle qui est la plus convoitée.

Si les grandes entreprises sont classées individuellement, les PME sont plutôt classées en bloc. La hiérarchie est donc plus précise dans le haut du classement. Parmi les PME, il faut distinguer entre les indépendants et les sous-traitants. Les sous-traitants sont à la merci des grandes entreprises, mais leurs conditions de travail peuvent, dans certains cas, être meilleures que celles des indépendants.

**Tableau 5.1**
**Répartition de la main-d'œuvre selon la taille des entreprises, 1951-1991 (en pourcentage du total)**

| Année | Moins de 30 salariés | 30-99 salariés | 100-499 salariés | Plus de 500 salariés |
|-------|------|------|------|------|
| 1963 | 52,7 | 17,6 | 16,2 | 12,7 |
| 1969 | 51,9 | 19,3 | 16,7 | 12,1 |
| 1975 | 54,5 | 19,3 | 15,5 | 10,6 |
| 1981 | 57,4 | 19,6 | 14,6 | 8,0 |
| 1986 | 56,8 | 19,9 | 15,1 (100-299) | 8,1 (+300) |
| 1991 | 55,1 | 20,7 | 12,1 | 11,9 |

Source : Chiffres calculés d'après Statistics Bureau, Prime Minister's Office, *Japan's Statistical Yearbook*, 1972, p. 92-93 ; 1982, p. 102-103 ; 1992, p. 172-173.

La grande majorité de la production industrielle est assurée par les PME, et ce aussi bien dans les années 1990 que dans les années

1960 (voir le tableau 5.1). Ce qui signifie que les PME, dont une bonne partie de la production a été exportée, ont joué un rôle essentiel dans la croissance japonaise depuis plus de 45 ans. Ce qui faisait la force des PME jusque vers 1970 était le faible niveau des salaires et l'absence d'avantages sociaux. Les PME pouvaient alors exporter des marchandises à bon marché (et souvent de mauvaise qualité). Avec la hausse du niveau de vie et avec la concentration industrielle des années 1960, plusieurs PME n'ont pu garder les mêmes conditions de production qu'auparavant. Face à des prix plus élevés à cause de l'augmentation des salaires, les industries ont dû augmenter la qualité des produits. Plusieurs produits ont cependant cessé de s'exporter. Par ailleurs, les PME ont grossi, ce qui veut dire que plusieurs sont devenues de grandes entreprises.

On a parlé longtemps du «dualisme économique» japonais, c'est-à-dire de la coupure entre grandes entreprises, avec forte productivité, salaires plus élevés et avantages sociaux, et PME, avec une productivité plus faible, une force financière faible, de bas salaires et sans avantages sociaux. En fait, la structure des entreprises japonaises est plus complexe : elle comprend des entreprises de tailles diverses, allant des plus grandes avec plusieurs dizaines de milliers de salariés (comme Mitsubishi Heavy Industries), aux plus petites, ayant moins de dix salariés, en passant par les grandes entreprises de 1 000 à 5 000 salariés (Mazda), les entreprises moyennes entre 100 et 1 000 salariés, et les petites entreprises de 10 à 100 salariés. Cette hiérarchie des entreprises se modifie au cours des ans, mais chaque catégorie d'entreprises se maintient (voir le tableau 5.1).

### La forte concurrence interne entre entreprises

La plupart des plus grandes entreprises japonaises sont regroupées dans des consortiums. Mais en général, il y a plus d'une entreprise par secteur de production. Ces entreprises se font concurrence pour obtenir une plus grande part du marché. Cette concurrence entraîne la volonté de profiter des écarts de productivité fondés sur l'utilisation de technologies plus efficaces. La concurrence interne a constitué un des moteurs de l'augmentation de productivité des entreprises japonaises. Les entreprises qui avaient ainsi haussé leur productivité ont pu par la suite mettre à profit leur efficacité afin de faire concurrence aux entreprises étrangères sur les marchés internationaux. On peut dire que c'est la concurrence interne, dans un marché protégé jusque dans les années 1970, qui a permis aux entreprises japonaises dans plusieurs secteurs, comme l'automobile, de développer des procédés de production tellement efficaces qu'elles en sont venues à déplacer plusieurs entreprises occidentales, notamment américaines, sur leur propre marché.

## 2. La structure interne de la grande entreprise

### La firme

Une firme peut faire partie d'un conglomérat, elle peut être une filiale ou une entreprise sous-traitante, ou bien elle peut conserver son indépendance. Dans les deux premiers cas, l'identité de l'entreprise est marquée par ses liens avec d'autres entreprises : dans les conglomérats, celui-ci peut prendre presque autant d'importance que la firme elle-même ; quant aux filiales ou aux sous-traitants, étant souvent de petites entreprises, ils ont tendance à se rapporter à leur donneur d'ordre. Malgré tout, la firme est l'unité de base de la définition du travail au Japon. Les syndicats, même ceux affiliés à une fédération, sont des syndicats d'entreprise regroupant tous les salariés, dans l'usine ou le bureau, jusqu'aux cadres inférieurs. L'histoire explique partiellement cette façon de procéder : au moment où les syndicats ont commencé à s'organiser au Japon au début du siècle, les anciens métiers artisanaux, bases de la constitution des syndicats de métier en Occident, avaient déjà disparu dans les usines, remplacés par du travail spécialisé sur des machines industrielles. Étant donné que l'industrialisation japonaise a eu lieu à cette époque, les syndicats, au lieu de s'établir sur la base des métiers (comme l'AFL), se sont définis sur la base de l'entreprise.

Dans l'après-guerre, comme on le verra plus loin, les nécessités de la lutte patronale contre les syndicats militants ont fait que les entreprises, pour briser les fédérations et confédérations syndicales sous contrôle du Parti communiste, ont fortement insisté sur l'identité propre de chaque entreprise et ont institué un mode de recrutement et de formation qui s'est centré sur l'identification des salariés à leur entreprise (voir le chapitre 6). Tous ces éléments ont renforcé la tendance antérieure à la définition de la firme comme unité de base du système économique.

Les firmes se classant selon leur taille, elles n'auront pas la même organisation interne ni le même régime de travail selon qu'elles se situent au sommet (les très grandes entreprises), au milieu ou au bas de la hiérarchie. Dans les sections qui suivent, nous décrirons le système qui s'applique surtout aux très grandes entreprises. Nous qualifierons nos affirmations pour ce qui est des PME dans chacune des sections, mais nous reprendrons synthétiquement l'ensemble des différences entre grandes et petites entreprises en conclusion de ce chapitre.

### La hiérarchie formelle à l'intérieur des entreprises

Les entreprises japonaises ont une structure typique qui varie peu d'une entreprise à l'autre. Voici les rangs, du plus haut au plus bas :

- *shachô* : président-directeur général,

- *fuku shachô* : vice-président,

- *senmu torishimariyaku* : vice-président directeur,

- *jômu torishimariyaku* : directeur administratif,

- *torishimariyaku* : administrateur délégué,

- *buchô* : chef de service (directeur d'usine),

- *kachô* : chef de section,

- *kakarichô* : chef de section adjoint,

- *hanchô* : chef d'équipe,

- *kaishain* : salarié régulier.

Tous les employés salariés de l'entreprise sont inclus dans cette hiérarchie, sauf les salariés non réguliers, c'est-à-dire les salariés temporaires, saisonniers ou à temps partiel. Un salarié non régulier peut devenir régulier, et ce plus facilement depuis 1970 qu'auparavant.

La hiérarchie interne a donc pour objectif de situer toute personne à une place précise. De plus, étant donné l'uniformité de la hiérarchie d'un secteur à l'autre, dans l'usine comme dans les bureaux, la gradation des rangs permet de classer immédiatement n'importe qui. Le classement est important pour plusieurs raisons : tout d'abord, toute personne dans l'entreprise s'adresse à une autre en nommant sa fonction (souvent accompagnée du nom de famille : par exemple, le chef de service Katô sera appelé Katô buchô), sauf lorsqu'on s'adresse aux salariés à la base ; ensuite, le rang de deux personnes en présence détermine la façon de parler, c'est-à-dire le degré de politesse de la langue que chacun utilisera.

Cette hiérarchie n'est complète que dans les grandes entreprises. Les PME enlèveront des échelons, selon le nombre d'employés et le type de travail à accomplir. Par ailleurs, les PME, à mesure que l'on descend dans l'échelle des entreprises, auront de plus en plus tendance à ne pas accorder la sécurité d'emploi (voir plus loin) et, ainsi, à ne pas accorder de statut formel de salarié régulier.

## 3. Les syndicats

### Les confédérations syndicales

L'histoire du syndicalisme japonais depuis 1945 a connu une période de fortes luttes entre 1946 et 1954 et une période de réorganisation après 1987. La décennie qui suit la fin de la guerre a été marquée par la légalisation des syndicats et par le militantisme (voir plus loin). L'élimination des syndicats militants entre 1948 et 1954 a mené à la création de deux grandes centrales syndicales plus modérées, qui se sont dissoutes après 1987 : Sôhyô, 4,3 millions d'adhérents en 1985, proche du Parti socialiste et regroupant surtout des travailleurs du secteur public ou parapublic (comprenant deux centrales militantes : Nikkyôsô, le syndicat japonais des enseignants, et Kokurô, le syndicat des chemins de fer) et Sôdômei, 2,1 millions, proche du petit Parti démocrate socialiste, regroupant surtout des travailleurs de l'industrie. Certains secteurs industriels, dont l'automobile, se sont regroupés dans des fédérations sectorielles non affiliées à une centrale.

En 1987, la dissolution des chemins de fer nationaux et leur privatisation, dont un des objectifs était le démantèlement du syndicat, a fortement affaibli Sôhyô. Par ailleurs, les syndicats indépendants, très forts, ont créé une nouvelle centrale : Zenminrôkyô. En 1987, Sôdômei et une autre centrale plus petite se sont jointes à Zenminrôkyô, pour former une nouvelle centrale de 5,4 millions d'adhérents : Rengô. Avec la dissolution de Sôhyô en 1990, Rengô est passée à plus de 10 millions de membres.

Le rôle des centrales syndicales est limité. Ces organisations dirigent ce que l'on appelle l'«offensive du printemps» (*shuntô*), c'est-à-dire une grande campagne nationale pour définir la hausse moyenne des salaires. Dès février, les syndicats donnent leur opinion sur la hausse moyenne des salaires qu'ils veulent pour l'année à venir, en général basée sur les hausses de profit brut des entreprises pour l'année précédente et sur le taux de croissance du PNB. Le patronat donne aussi son avis, fondé sur les hausses de productivité. En général, ces deux chiffres se situent à 2 % de différence. Les syndicats, en mars, choisissent un secteur particulièrement fort pour monter une offensive. Dans ce secteur, on cible une entreprise qui sera particulièrement visée par des actions concrètes : grèves d'une heure ou d'une journée, etc. Mais la discussion se poursuit entre patronat et syndicats, surtout à travers les médias. Au début d'avril, il y a en général une grande manifestation à Tokyo, avec une grève dans le secteur choisi. Par la suite, des économistes et des journalistes influents donnent leur avis sur ce qui serait une hausse raisonnable. Quelques jours plus tard, il y a entente qui se conforme à peu près à cet avis.

### Les fédérations sectorielles et les syndicats d'entreprise

#### a) Les fédérations

Il existe des fédérations de syndicats dans à peu près tous les secteurs industriels : donnons comme exemples la Fédération des syndicats des travailleurs de l'équipement électrique (Denki Rôren) et la Fédération des syndicats de l'automobile (Jidôsha Rôren). Ces fédérations sont affiliées à Rengô. Mais elles ont beaucoup d'autonomie, surtout les plus puissantes. Elles participent à l'offensive du printemps. Mais elles ne négocient pas au palier local, bien qu'elles puissent fournir des spécialistes pour organiser certaines discussions.

#### b) Les syndicats d'entreprise

C'est au palier de l'entreprise que la négociation réelle entre l'employeur et le syndicat se fait, sur tous les points. Pour ce qui est du salaire, le taux moyen négocié au palier national est indicatif, il doit donc être renégocié au palier local. Le syndicat négocie aussi tout ce qui touche aux changements dans l'organisation du travail et surtout tout ce qui touche à la sécurité d'emploi, qui est la préoccupation première des syndicats.

Les syndicats d'entreprise ne fonctionnent pas tous de la même façon. Certains sont de véritables «syndicats de boutique», à la merci de la direction : c'est le cas notamment chez Matsushita. D'autres sont peu combatifs, mais sont prêts à se battre contre la direction sur des questions jugées cruciales, comme la sécurité d'emploi pour les réguliers, les niveaux de salaire ou les avantages sociaux. D'autres enfin exigent d'être inclus dans toute discussion portant sur la modification des tâches ou sur des transformations du processus de travail. Il ne faut donc pas décrire tous les syndicats japonais, même dans les grandes entreprises, comme étant tous semblables et tous soumis à la direction. Dans l'automobile, par exemple, les syndicats chez Nissan et chez Toyota ne fonctionnent pas de la même façon : celui de Toyota se comporte essentiellement comme un organe de l'entreprise, alors que celui de Nissan, issu de la création d'un syndicat modéré établi dans le but explicite d'éliminer un syndicat militant en 1954, a plus de latitude, ses dirigeants se voyant un peu comme des administrateurs associés mais dans une hiérarchie parallèle à la hiérarchie de l'entreprise.

## 4. Les relations de travail

### Une description erronée du système

Dans les années 1950, des sociologues et des économistes, en particulier aux États-Unis, ont commencé à faire des études sur l'emploi au Japon. Il en est ressorti un modèle idéal des relations de travail, modèle spécial, unique, que l'on a présenté comme s'appliquant à l'ensemble de la réalité ouvrière au Japon. Le premier à présenter ce modèle a été Abegglen (1958). Depuis, le modèle a été contesté, à la fois dans sa source, dans son étendue et dans sa description.

En effet, depuis 1975, on a avancé que ce système n'était valable que pour les grandes entreprises : les PME en seraient exclues. Par ailleurs, on a contesté la définition que ces écrits donnaient de certains éléments du système de relations de travail dans la grande entreprise elle-même, comme par exemple l'emploi à vie et la promotion strictement liée à l'ancienneté. Finalement, on a contesté l'origine de ce système. Pour comprendre le problème, présentons d'abord le modèle. Puis on en examinera la source historique. Enfin, on décrira le plus fidèlement possible les éléments actuels.

Le modèle idéal comprend les élément suivants. *1)* Les ouvriers et les employés d'une firme s'engagent à vie dans une entreprise. Ils sont engagés à leur sortie de l'école et ils restent dans la même entreprise jusqu'à leur retraite, habituellement à 55 ans. *2)* Le fondement idéologique de cette politique, c'est, d'une part, l'idéologie familiale japonaise étendue à l'entreprise et, d'autre part, les vertus traditionnelles, confucianistes, de loyauté et d'harmonie. *3)* Les employés et les ouvriers se sentent liés à leur entreprise et ils s'identifient à elle. Ils lui sont loyaux. Il s'établit une relation de dépendance (*amae*) entre ouvriers et employeurs. La relation patron-employé est davantage de la nature d'une relation d'obligation morale réciproque que de celle d'un contrat. *4)* En échange de la loyauté, le patron accorde des avantages : sécurité d'emploi, assurances, allocations diverses, logement, primes, pensions, etc. *5)* La promotion et les salaires sont davantage fonction de l'ancienneté que de la tâche ou des capacités. Un employé permanent non efficace conserve son emploi. *6)* La formation pour l'emploi se fait dans l'entreprise ; cette formation porte sur des aspects techniques de l'entreprise et aussi sur les usages particuliers à l'entreprise (l'«esprit maison»). Ce que l'on demande au système d'éducation, c'est une formation et une discipline de base. *7)* Les syndicats sont des syndicats d'entreprise, totalement voués à l'entreprise. *8)* Le but de l'entreprise n'est pas surtout le profit, mais plutôt la croissance dans l'harmonie. La recherche de l'harmonie expliquerait la pratique courante dans les entreprises de prendre des décisions par consensus.

### L'étendue du système

Le fonctionnement réel des relations de travail au Japon est beaucoup plus complexe, comportant des variations dont le modèle idéal ne tient pas compte. Premièrement, il y a des différences majeures entre les entreprises selon leur taille. Par exemple, la sécurité d'emploi est à peu près nulle dans les PME, du moins pour les ouvriers et les employés, ce qui veut dire que plus on se dirige vers le bas de la hiérarchie des entreprises, plus l'insécurité augmente. On doit donc exclure du système idéal la majorité des PME.

On doit aussi exclure les personnes qui travaillent dans les grandes entreprises mais qui n'ont pas elles aussi la sécurité d'emploi : les temporaires (les vrais temporaires ou les réguliers non permanents, qui, dans les années 1960, dans certains secteurs, constituaient jusqu'à 80 % de la main-d'œuvre totale de certaines entreprises), les saisonniers, les travailleurs hors entreprises, les travailleurs des entreprises de travail temporaire et les employés à temps partiel (en hausse depuis 1970).

En éliminant toutes ces catégories, on s'aperçoit que le système d'emploi «japonais» s'applique à environ le tiers ou le quart des salariés (moins si l'on se place du point de vue de la carrière totale). Sont inclus les cadres des grandes et moyennes entreprises, les employés de l'État et les ouvriers des grandes entreprises. Sont exclus la majorité des travailleurs des PME, la grande majorité des femmes[5], les non-réguliers des grandes entreprises (saisonniers, temporaires réels ou à long terme). Donc, il existe, dans les grandes entreprises seulement, un noyau plus ou moins important de permanents (cadres, une partie des ouvriers), entourés de travailleurs temporaires, de travailleurs hors entreprises, d'employés à temps partiel, etc.

Malgré tout, plusieurs auteurs ont maintenu la validité de ce système pour les réguliers. Et on en a vu la source dans les valeurs confucianistes (Morishima, 1982) du passé ou dans le système de la maisonnée traditionnelle (par exemple, Nakane, 1974 ; Hsu, 1975 ; Hanami, 1979 ; Murakami *et al.*, 1979 ; Hamaguchi, 1982), donc dans la culture ancienne ou dans les institutions précapitalistes maintenues dans un processus particulier de transition au capitalisme. Depuis, cependant, plusieurs auteurs (Taira, 1970 ; Cole, 1979 ; Moore, 1983 ; Gordon, 1985 ; Garon, 1987) en ont contesté la source et les éléments internes.

### Les bases de ce système

#### a) Les théories de la continuité culturelle ou institutionnelle

Plusieurs auteurs ont expliqué le système actuel des relations de travail au Japon par la transposition dans l'entreprise des structures de la maisonnée traditionnelle (*ie*). La théorie veut que l'entreprise actuelle soit l'héritière soit de la maisonnée traditionnelle en général, présentée comme l'archétype des institutions japonaises, soit en ligne directe des grandes maisons des marchands de la période Edo, organisées autour de la famille du propriétaire, dans lesquelles la distinction entre famille et entreprise était inexistante. La structure des entreprises japonaises actuelles serait donc issue de l'extension du modèle familial.

D'autres auteurs ont affirmé que l'entreprise japonaise avait un système de gestion tout à fait particulier, fondé sur des particularités culturelles nationales : importance des relations à long terme, conscience du rang, orientation vers les personnes plutôt que vers les choses, importance du groupe. Iwata (1978) attribue ces particularités culturelles à des caractéristiques psychologiques propres au Japon : capacité d'adaptation, confiance envers les personnes avec qui on a des relations suivies, orientation collective.

Ces deux types de théorie insistent sur la continuité, sur le fait que les relations de travail actuelles au Japon viennent du passé. Dans les deux cas, la transmission est directe et mécanique. Pas de mention des relations sociales, des conflits, de la façon dont le système s'est créé. Pour mesurer l'impact de la culture, il est essentiel d'analyser l'origine historique du système japonais de relations de travail, d'en examiner les sources, de voir les intérêts auxquels il correspond et les conflits que sa mise sur pied a occasionnés.

### b) Les sources historiques

#### – Au début du XXᵉ siècle

Les recherches historiques ont montré que des caractéristiques comme l'emploi à long terme ou la promotion à l'ancienneté, tout comme l'identification à l'entreprise et la loyauté, ne sont pas simplement des continuités de la période féodale. Ces éléments viennent des affrontements entre capital et travail, surtout dans la période d'implantation des industries lourdes autour de 1900 et dans la période de conflits de travail entre 1945 et 1954.

La politique industrielle du gouvernement japonais de Meiji (1868-1912), on l'a vu, avait pour but de favoriser l'implantation d'industries dans deux grands secteurs : le textile, dont la main-d'œuvre était en majeure partie féminine et qui comptait pour la grande majorité des exportations, et l'industrie lourde (machinerie, métallurgie, industrie chimique). Les exportations de textile servaient en réalité à payer pour les importations de matières premières et de machines nécessaires à l'industrie lourde, dont les produits étaient destinés en priorité aux forces armées. Comme le textile utilisait plus de main-d'œuvre que l'industrie lourde, plus forte en capital, les femmes ont compté pour plus de la moitié de la main-d'œuvre industrielle jusqu'à la poussée industrielle des années 1930.

La production manufacturière et industrielle de Meiji se faisait en majorité dans de petits ateliers. Il y avait bien quelques grandes usines, en particulier dans l'industrie lourde, mais la majeure partie de la main-d'œuvre industrielle, y compris dans la métallurgie et la fabrication mécanique, travaillait dans des ateliers de petite taille. Dans ces ateliers, les relations entre patrons — en général des artisans travaillant dans l'atelier, ou, dans le textile à la campagne, des propriétaires terriens ou des commerçants locaux embauchant des filles de la région — et leurs salariés étaient marquées par les obligations entre inférieurs et supérieurs caractéristiques des maisonnées agricoles et artisanales de la période Edo. On peut donc reconnaître l'impact des pratiques anciennes sur l'organisation du travail dans les petites entreprises. Mais qu'en était-il des grandes entreprises, auxquelles, selon les auteurs cités plus haut, le modèle idéal des relations de travail s'appliquerait ?

Jusqu'à la fin du XIXᵉ siècle, dans les grandes usines de l'industrie lourde, l'embauche se faisait non pas directement par les usines elles-mêmes, mais par des recruteurs privés ou encore par des chefs d'équipe, en général des artisans ou des travailleurs très qualifiés, qui constituaient des équipes de travail et qui louaient leurs services aux entreprises (Taira, 1970, p. 107-116 ; Gordon, 1985, chapitre 1). Ce système a rapidement posé des problèmes de stabilité de la main-d'œuvre : en effet, les équipes de travail sous la conduite de leur chef passaient d'une usine à l'autre, tentant de maximiser leurs revenus, surtout lorsqu'ils possédaient une formation et une compétence recherchées, ou bien les membres de l'équipe, après avoir acquis la compétence voulue, la quittaient et s'établissaient comme chefs de nouvelles équipes. De plus, ces équipes étaient portées à l'absentéisme (Gordon, 1985, p. 27-28). À cette époque, les grandes usines dans l'industrie lourde connaissaient donc de réels problèmes de recrutement, d'organisation et de stabilité de la main-d'œuvre, causés par l'embauche indirecte. Il est bien clair que, dans ces circonstances, l'esprit d'entreprise et l'esprit familial étendus à toute l'entreprise étaient faibles ou inexistants.

Dans les grandes usines de textile, il n'y avait pas formation d'équipes de travail. Mais l'embauche se faisait aussi par des recruteurs qui signaient des contrats avec les parents des ouvrières et qui recevaient une partie du salaire des nouvelles ouvrières comme commission pour leurs services. Ces recruteurs n'avaient pas de rôle à l'usine même. À l'usine, c'était le patron qui organisait le travail. Les mauvaises conditions de travail des premières usines ont tôt fait de décourager les travailleuses potentielles et, rapidement, un problème de recrutement s'est posé.

Les industriels, à la fois dans le textile et dans l'industrie lourde, ont alors eu recours au recrutement direct, sans intermédiaire, pour résoudre ce problème. Dans le textile, les patrons ont augmenté le contrôle sur les travailleuses grâce au système des dortoirs, bien gardés, dont les filles ne pouvaient sortir (voir plus loin pour plus de détails). Dans l'industrie lourde, les patrons s'entendirent pour ne pas embaucher un travailleur qui venait de quitter un emploi dans une autre industrie du même secteur et ils dressèrent des listes de travailleurs instables qu'ils se transmettaient les uns aux autres, tout cela dans le but de pénaliser la mobilité et de mieux contrôler les travailleurs qualifiés.

Les problèmes de main-d'œuvre sont aussi devenus objet de réflexion de la part de certains officiels du gouvernement à la fin du XIXe siècle (Garon, 1987, p. 18-23). Ces bureaucrates s'inquiétaient par ailleurs de la mise sur pied des premières organisations ouvrières et de la multiplication des grèves depuis 1880 (Bernier, 1988 a, p. 273-274). La réflexion des bureaucrates a mené, dès les années 1890, à une proposition de loi régissant les conditions de travail.

À partir de 1891, une discussion a commencé au sujet de la nécessité ou non d'une législation du travail. Ce sont des fonctionnaires du ministère de l'Agriculture et du Commerce qui, au départ, ont proposé la promulgation d'une telle loi, non parce qu'ils jugeaient que les conditions de travail au Japon étaient mauvaises et qu'il fallait absolument légiférer pour les améliorer, mais parce qu'ils croyaient qu'une loi du travail empêcherait le développement au Japon des nombreux problèmes sociaux et des luttes qui, liés au travail industriel, avaient marqué l'industrialisation en Occident.

Cette idée de promulguer une loi du travail fut très mal reçue par les hommes d'affaires. Selon eux, l'imposition de mesures de protection des travailleurs était prématurée, car l'industrie japonaise n'était pas aussi avancée que celle de l'Occident (Marshall, 1967, p. 53) ; de plus, selon eux, les coûts d'une telle loi seraient trop élevés et enlèveraient le caractère compétitif de l'industrie japonaise (Garon, 1987, p. 21). Il faut dire que l'industrie japonaise à cette époque en était à ses débuts, qu'elle avait peine à s'établir face à la concurrence étrangère, qu'elle était à court de capitaux et que son seul avantage se situait dans le faible coût de la main-d'œuvre.

Mais très rapidement, l'opposition des hommes d'affaires prit une coloration différente (pour cette section, voir Marshall, 1967, p. 53-62 ; Beillevaire, 1986 b, p. 245-248 ; Beillevaire, 1987, p. 37-38 ; Garon, 1987, p. 18-23 et 44-46). Les porte-parole des milieux d'affaires ont affirmé qu'une loi du travail entraînerait la destruction des relations harmonieuses qui, selon eux, avaient toujours existé au Japon entre les dirigeants d'entreprises et leurs salariés. Selon ce discours, le Japon n'avait pas besoin, comme les pays occidentaux, d'une loi du travail, car si, en Occident, l'appât du gain était le motif premier, autant du côté des patrons qui voulaient maximiser leurs profits que de celui des ouvriers qui recherchaient de meilleurs salaires, au Japon, les patrons étaient pleins de compassion pour leurs salariés et ceux-ci pleins de loyauté pour leur employeur. Toujours selon les porte-parole patronaux, il existerait au Japon un sentiment traditionnel d'affection entre patron et employés, sentiment à la base de l'harmo-nie des entreprises japonaises et dont l'origine se trouverait dans la relation qui, dans le Japon féodal, liait suzerains et vassaux ou maîtres et serviteurs (Marshall, 1967, p. 58).

Après 1900, la famille devint le motif premier des discours des hommes d'affaires sur la grande entreprise (Gordon, 1985, p. 66-67 ; voir aussi Sumiya et al., 1967, p. 163-164 ; Fruin, 1992, p. 67). Selon ce thème idéologique, l'entreprise serait le lieu de sentiments personnels et affectifs intenses, analogues à ceux présents dans la famille ; l'entre-prise serait de fait une grande famille, regroupant tous les employés sous l'autorité bienveillante du «chef de maison», c'est-à-dire le patron. Les employeurs n'hésitaient pas à dénoncer l'«égoïsme» des ouvriers qui réclamaient de meilleurs salaires et, ainsi, selon les porte-parole patronaux, oubliaient qu'ils devaient eux aussi se sacrifier pour le pays. Quant aux profits des employeurs, ils ne viendraient pas, selon ce discours, du désir des patrons de faire fortune : le profit serait un effet secondaire du sacrifice que les patrons consentaient pour la nation en mettant leur capital à son service. Certains idéo-logues avancèrent même que ceux qui recherchaient le profit feraient faillite : seule la recherche patriotique du développement national donnerait, comme sous-produit secondaire, l'obtention d'un profit. Sur le plan de l'idéologie, le profit devenait alors une conséquence du patriotisme et il était ainsi justifié par le lien qu'il entretenait avec les valeurs les plus nobles de la nation (Marshall, 1967, p. 39-40).

Cette idéologie de l'entreprise assimilée à la famille faisait partie d'un courant idéologique plus large, qui, d'une part, visait à la revalorisation des activités commerciales et des hommes d'affaires, très mal vus dans la période Edo, et, d'autre part, prônait le retour au patrimoine intellectuel national et le rejet du libéralisme occidental qui avait prévalu dans certains milieux entre 1868 et 1890 et qui était vu désormais comme dangereux. Ce «retour à la tradition» était fondé sur l'exaltation des «belles coutumes nationales» (Gordon, 1985, p. 66 ; voir aussi Sumiya et al., 1967, p. 164).

Que nous disent les sources historiques sur les conditions et les relations de travail dans les entreprises à cette époque, en comparaison de l'image patronale idyllique qui a justifié l'opposition à la législation du travail ? En réalité, les sources indiquent que les conditions de travail étaient effroyables[6]. Dans le textile, Tsurumi (1990, spécialement p. 67-91 et 132-154) montre comment le logement, la nourriture et les soins médicaux étaient inadéquats et comment les conditions de travail et le régime de travail (longues heures, peu de repos, punitions pour les erreurs, châtiments corporels) étaient durs, sans parler des viols et du harcèlement sexuel envers les femmes, la plupart de moins de 20 ans, qui y travaillaient. Les dortoirs pour les travailleuses étaient en général fermés et entourés d'une clôture : Sumiya (1955, p. 211-218) les a comparés à des maisons de détention, dont les femmes ne pouvaient sortir pour des périodes de plusieurs mois, de peur qu'elles ne reviennent pas (voir aussi Sumiya *et al.*, 1967, p. 95-100). Dans certains de ces dortoirs, les femmes qui travaillaient le jour laissaient leur lit à celles du quart de nuit. Les conditions de santé étaient effroyables, les épidémies nombreuses et la tuberculose endémique (Tsurumi, 1990, p. 169-172).

Dans l'industrie lourde, les conditions étaient tout aussi mauvaises que dans le textile, mais sans les dortoirs (Levine, 1958, p. 41). Dans le passage suivant, Gordon souligne comment les conditions de travail dans l'industrie lourde au début du siècle ont nui à l'acceptation par les ouvriers de l'idéologie patronale de l'entreprise comme grande famille :

> *The language and ideology of paternalism did not impress working men of this era for good reason ; the early glorification of beautiful customs of paternal care had little grounding in actual practice. It was rather the dissonance between the reality of long hours, insecure jobs, confiscatory «savings plans», and minuscule or nonexistent injury compensation, and the abstract presentation of an ideal, paternal labor-management relationship that impressed them.* (Gordon, 1985, p. 76.)

Les conditions s'améliorèrent après 1920 pour les travailleurs qualifiés, surtout à cause de la pénurie de ce genre de main-d'œuvre (Sumiya *et al.*, 1967, p. 20-22). Mais, pour la majeure partie des travailleurs, elles demeurèrent mauvaises. Voici ce qu'écrit Gordon au sujet des années 1920 :

> *The punitive work rules, the preoccupation with discipline and control, the prevalence of wage incentives, and the belief that «workers normally loaf» together complete our picture of the managerial image of labor. The worker was a donkey responsive to carrots and sticks : lazy, irresponsible, undependable, to be controlled by a tight web of punishment and rewards, output pay for good work, and fines for bad work.* (Gordon, 1985, p. 244.)

On est bien loin ici de l'image présentée par les idéologues patronaux. On peut donc en tirer la conclusion que, dans la majeure partie des grandes entreprises de l'industrie lourde et dans les usines plus petites du textile, le modèle familial n'existait pas dans la réalité des relations entre patronat et ouvriers. Loin d'être traités comme des membres du *ie*, comme l'affirmaient les défenseurs du modèle familial, les ouvriers et ouvrières étaient vus comme des personnes de rang inférieur, à exploiter au maximum. Ce traitement inférieur était d'ailleurs manifeste dans la séparation radicale qui existait à l'époque entre les ouvriers, jugés comme sales et paresseux, et les employés de bureau, plus proches des patrons (même si leur sécurité d'emploi n'était que légèrement supérieure à celle de la majorité des ouvriers).

La présentation des grandes entreprises comme de grandes familles, avec des relations affectives entre patrons et ouvriers, avait donc peu à voir avec la réalité de l'époque : il s'agissait d'un thème idéologique cher aux représentants patronaux, mais qui avait peu d'influence sur les ouvriers (et ce jusqu'à la fin de la Deuxième Guerre mondiale ; Gordon, 1985, p. 324). On peut se surprendre de la faiblesse de l'impact du modèle familial en milieu ouvrier, si l'on songe au fait que le *ie* était vu à l'époque comme le fondement juridique de la société, reconnu dans le Code civil, et qu'il constituait le mode prévalent d'organisation des ateliers d'artisans et des petits commerces. Mais la surprise disparaît quand on note que les ouvriers de cette période venaient en grande majorité de milieux urbains ou ruraux défavorisés (Taira, 1970, p. 126-127), précisément ceux qui ne pouvaient actualiser l'idéal du *ie* comme maisonnée continue sur plusieurs générations (voir Bernier, 1994 a). Autrement dit, il s'agissait là des milieux où l'expérience de ce type d'institution était la plus faible.

Cela ne signifie pas toutefois que la famille n'avait pas de place dans le monde économique avant 1945. Les grandes familles qui possédaient les entreprises, par exemple les Mitsui, fonctionnaient selon le modèle du *ie*, mais seulement dans le cadre de la famille elle-même : les salariés, depuis longtemps, n'étaient ni inclus parmi les membres de la maisonnée ni traités comme tels. Par ailleurs, dans le petit commerce, en agriculture et dans les petites entreprises artisanales, le *ie* a continué de fonctionner comme base de l'entreprise, même si les apprentis ou les salariés n'étaient plus, pour la grande majorité, inclus dans la maisonnée. Le cadre juridique de la maisonnée a donc continué de modeler certaines relations dans le domaine économique, mais il est faux de dire que les grandes entreprises étaient organisées selon ce modèle. Les grandes entreprises de l'époque étaient organisées autour de l'objectif premier, qui était de faire du profit en contrôlant la main-d'œuvre et en limitant les coûts.

– L'après-guerre

Les dix années qui suivent la fin de la Deuxième Guerre mondiale sont cruciales dans l'établissement du cadre institutionnel des grandes entreprises et dans la définition du système des relations de travail qui prévalent encore de nos jours au Japon. Il s'agit d'une période de libéralisation juridique, imposée par les autorités d'occupation (les Américains, comme on l'a vu, ont occupé militairement le Japon de 1945 à 1952) et conservée en bonne partie par les autorités japonaises après la fin de l'occupation. Parmi les réformes imposées par l'occupant, notons les modifications apportées au Code civil, l'une d'elles étant l'abolition du *ie* comme forme juridique. Le cadre familial ancien, sanctionné jusque-là par la loi, perdait ainsi son assise juridique[7]. Ce n'était pas un hasard : les Américains considéraient le *ie* comme une des institutions japonaises qui avaient contribué, par son caractère autoritaire, à l'établissement d'un régime dictatorial à partir de 1931 et qu'il fallait abolir.

Dans le domaine des relations de travail, la libéralisation juridique des syndicats, des partis de gauche, de l'action politique et de l'activité syndicale, ainsi que la purge de nombreux dirigeants d'entreprise mêlés à l'effort de guerre, ont mené, entre 1945 et 1948, à une modification importante, bien que temporaire, du rapport de force entre patrons et ouvriers, à l'avantage des ouvriers. En effet, l'armée d'occupation a légalisé l'organisation et l'activité des syndicats, contrôlées juridiquement par l'État jusqu'en 1945, tout comme elle a permis la renaissance du Parti communiste japonais qui, rapidement, a pris le contrôle de plusieurs nouveaux syndicats. Une bonne partie des ouvriers organisés ont opté pour des méthodes dures afin d'assurer le maintien des usines en activité et la sécurité d'emploi : grèves, occupations d'usines, séquestrations de patrons, gestion par les syndicats (Gordon, 1985, p. 339 et suiv.). Désorganisés par les purges de 1945-1946, les dirigeants de plusieurs grandes entreprises furent forcés de négocier avec les syndiqués de nouveaux contrats tout à l'avantage des salariés. Parmi les avantages obtenus par les syndiqués, signalons la reconnaissance officielle des syndicats comme représentants des salariés dans les négociations, la disparition de la distinction de statut entre ouvriers et employés de bureau, la sécurité d'emploi pour les salariés réguliers et les hausses successives du salaire de base (essentiels dans une période d'inflation rapide). Les syndiqués de certaines entreprises ont négocié pour obtenir un mode de calcul du salaire fondé sur les besoins familiaux réels de chaque salarié, mais les patrons ont refusé et des ententes ont été conclues pour que le salaire comprenne une partie fondée sur l'ancienneté dans l'entreprise et sur l'âge de chaque salarié (vus comme mesures indirectes des besoins), le reste étant fondé sur la scolarité à l'entrée, sur le rang dans l'entreprise et sur la productivité. Par ailleurs, dans plusieurs grandes entreprises, les syndicats ont forcé les patrons à participer avec les syndiqués à des comités paritaires de gestion avec pouvoirs décisionnels sur les finances, sur l'administration, sur la planification de la production, sur l'allocation de la main-d'œuvre et sur les salaires.

Les gains syndicaux de 1946-1948 ont considérablement modifié les rapports de force dans les entreprises. Mais les organisations patronales n'acceptaient pas les nouvelles conditions. Dès 1946, les dirigeants d'entreprise ont organisé la riposte, dans le but de rétablir les «droits patronaux». Choisissant des usines particulièrement propices à leur action, les nouvelles organisations patronales (Nikkeiren, Keizai Dôyûkai), appuyées par le gouvernement japonais et, après 1948, par les autorités américaines de l'occupation, ont encouragé la formation de «seconds syndicats», dont les dirigeants, fortement anticommunistes, étaient souvent des cadres de l'entreprise payés par la direction à cette fin (pour un bon exemple, celui de Nissan, voir Cusumano, 1985, p. 156 et suiv.). Ces seconds syndicats furent souvent formés en période de grève.

Dès la formation de ces seconds syndicats, les directions d'entreprises ont négocié avec eux. Ces négociations ont mené à des modifications majeures dans les conditions de travail : abolition des comités paritaires de gestion, baisse des échelles de salaires, licenciements, etc. De plus, les négociations avec les seconds syndicats, surtout en période de grève, ont entraîné l'exclusion des dirigeants des premiers syndicats qui furent simplement congédiés. Par la suite, les entreprises ont invité certains parmi les anciens travailleurs à revenir au travail, mais à la condition de se joindre au second syndicat. Dans une période de difficultés économiques intenses, où le chômage signifiait la misère et la famine, les ouvriers rappelés n'avaient pas vraiment le choix d'accepter ou de refuser. De cette façon, les directions d'entreprises ont réussi à se débarrasser des syndicats et ouvriers militants et d'une bonne partie de la main-d'œuvre régulière. Aux réguliers en nombre restreint, elles ont assuré la sécurité d'emploi, et elles ont recruté des temporaires sans sécurité d'emploi pour combler leurs besoins supplémentaires en main-d'œuvre.

Cette stratégie a reçu l'appui des autorités américaines d'occupation, de plus en plus troublées par le développement de syndicats d'allégeance communiste. Depuis 1945, les Américains faisaient face à l'URSS qui, en Europe, tentait de créer une zone sous contrôle soviétique ; ils étaient donc plus que méfiants envers les communistes, et ce d'autant plus que le Parti communiste chinois se renforçait et menaçait le régime nationaliste de Chiang Kai-shek, allié des États-Unis. Les dirigeants américains voulaient éviter que le mouvement communiste se développe aussi au Japon. Pour cela, ils ont commencé par dénoncer les comités paritaires de gestion (qui, selon eux, empiétaient sur les prérogatives normales du patronat) et le rôle du Parti communiste dans les syndicats (printemps 1946). Puis ils ont limité le droit de grève : interdiction de la grève générale prévue pour février 1947, suggestion au gouvernement japonais (qui s'empressa de le faire) d'abolir le droit de grève pour les employés du secteur public, regroupés dans des syndicats militants (1948). De plus, avec l'appui de l'American Federation of Labor, très anticommuniste, ils ont encouragé la formation de syndicats modérés, c'est-à-dire de «seconds syndicats», prêts à collaborer avec le patronat. Enfin, après 1948, les dirigeants américains ont voulu limiter les coûts de l'occupation ; à cette fin, ils ont favorisé la reprise de l'industrie japonaise, en particulier en limitant l'action des syndicats et en renforçant les organisations patronales. Cette politique faisait partie d'une nouvelle stratégie internationale qui voyait le Japon comme allié contre le communisme, stratégie qui s'est renforcée après la prise du pouvoir par le Parti communiste en Chine.

Le système actuel de relations de travail et la structure des grandes entreprises, comprenant les syndicats d'entreprise, la collaboration entre directions et syndicats, la sécurité d'emploi pour les réguliers (en nombre restreint), le salaire partiellement calculé en fonction de l'ancienneté, sont le résultat de la contre-offensive patronale, appuyée par les autorités de l'occupation et par le gouvernement japonais, qui débuta en 1946 et dura jusqu'en 1954. Le système d'organisation industrielle qui existe depuis lors est donc le résultat d'une lutte du patronat et de ses organisations contre les syndicats militants, véritable lutte de classes qui se déroula pendant plusieurs années. Le patronat sortit vainqueur de cette lutte, mais il dut faire des compromis. En effet, la victoire patronale a commencé à se préciser au moment où la guerre de Corée éclatait, c'est-à-dire à un moment où les entreprises devaient assurer une production continue pour pouvoir profiter des contrats de l'armée américaine. Pour éviter les problèmes de relations de travail, plusieurs entreprises ont reconnu la sécurité d'emploi pour les réguliers et accepté la définition d'une seule hiérarchie pour l'usine et le bureau. Ce compromis s'est vite trouvé renforcé par la haute croissance (1955-1973), qui a assuré de l'emploi à une proportion de plus en plus grande de la main-d'œuvre potentielle (pour atteindre le plein emploi autour de 1965) et une forte hausse de revenu pour tous. De fait, la haute croissance a constitué un des facteurs majeurs du maintien de la stabilité du système japonais de relations de travail dans les dernières décennies.

C'est dans le contexte du rétablissement des droits et privilèges patronaux que l'insistance sur l'unité de l'entreprise, présentée comme le centre de l'identification de ses membres, est apparue. De fait, les éléments sur lesquels insistent les tenants du modèle idéal des relations de travail s'expliquent par le compromis qui s'est construit autour de 1950 entre les syndicats et les entreprises, un compromis qui a repris en les redéfinissant certains gains syndicaux de 1946-1948. Voulant contrer les nouvelles centrales syndicales militantes créées juste après la guerre, qui étaient devenues des foyers d'identification «de classe», ce qui était jugé dangereux, les organisations patronales ont favorisé la création de syndicats maison et ont établi plusieurs mesures visant à renforcer l'identification des salariés à l'entreprise.

Une de ces mesures, qui existe encore à l'heure actuelle, est l'embauche prioritaire de nouveaux diplômés (voir le chapitre 6). Parmi les autres mesures, citons l'uniforme particulier à l'entreprise, et l'hymne de l'entreprise que les salariés chantent en chœur à certaines occasions. Il faut aussi mentionner le système dit d'emploi à vie, qui est en fait un système de pénalisation de la mobilité des travailleurs. Amplifiant sur les mesures établies dans les années 1920 pour les travailleurs qualifiés (voir plus haut), les grandes entreprises ont décidé de ne pas embaucher de personnes ayant travaillé plus que deux ou trois ans dans une autre grande entreprise, de peur, dit-on, qu'elles n'aient intériorisé les usages de leur première entreprise. Les directions des entreprises jugent d'ailleurs qu'une personne qui change d'emploi après la période initiale d'adaptation et de formation est instable et donc non fiable. Les ouvriers ou employés qui quittent une entreprise après deux ou trois ans ne peuvent trouver d'emploi dans une entreprise équivalente : ils doivent chercher dans les PME, ce qui veut dire qu'ils n'ont pas la possibilité d'avoir la sécurité d'emploi, que leur salaire baisse, que les possibilités d'augmentation future diminuent et que leurs conditions de travail se détériorent. Il est bien clair, dans ces conditions, qu'il est préférable pour un salarié de rester dans la même entreprise.

La pénalisation de la mobilité est assortie, du côté des aspects positifs, de la possibilité théorique de promotion pour tous les salariés réguliers dans l'entreprise : c'est là une conséquence de l'abolition de la distinction essentielle entre ouvriers et employés (tous peuvent monter dans la hiérarchie) ainsi que de la séparation nette entre réguliers et non-réguliers (qui sont exclus des promotions). Or, la promotion est fondée essentiellement sur la performance au travail, mesurée par la productivité et par l'initiative, et non, comme certains le disent (Nakane, 1974, p. 52-53), sur l'ancienneté, qui, avec l'âge et avec la loyauté à l'entreprise, est une condition nécessaire pour accéder à certains postes, mais sans constituer pour autant un critère suffisant. Étant donné la pénalisation de la mobilité, tout salarié qui reste dans l'entreprise après la période initiale de formation a intérêt à remplir les conditions de promotion s'il veut que son salaire s'améliore (Aoki, 1988, p. 58). Notons en terminant que les diplômés d'université, embauchés comme cadres, ont beaucoup plus de chances de promotion que les diplômés du secondaire, embauchés comme ouvriers. Examinons maintenant plus en détail la sécurité d'emploi et le système de promotion tels qu'ils fonctionnent dans les grandes entreprises actuelles.

## La sécurité d'emploi

Ce que l'on appelle habituellement le système d'emploi à vie a deux aspects, selon que l'on se place du point de vue de l'entreprise ou de celui des salariés. Soulignons encore une fois que nous parlons ici exclusivement des grandes entreprises. Du point de vue de l'entreprise, celle-ci est prête à accorder la sécurité d'emploi à tous ses salariés réguliers (*kaishain*), c'est-à-dire ceux qui ont terminé avec succès la période initiale de probation ou de formation, qui dure environ deux ans. Pendant cette période de probation, l'entreprise peut congédier qui elle veut, sans justification. Mais dès que le statut de régulier est donné à un salarié, il devient membre du syndicat. Or, la seule demande syndicale qui est présentement non négociable, sauf circonstances vraiment exceptionnelles, c'est la sécurité d'emploi pour les réguliers (au moins jusque dans la cinquantaine ; voir plus loin). La sécurité d'emploi est ce que les entreprises donnent en échange de la paix syndicale.

En période difficile, les entreprises éliminent tout d'abord les non-réguliers, puis elles suppriment les heures supplémentaires. Pour diminuer leurs coûts, elles diminuent ou éliminent les primes (voir plus loin). Si les difficultés se prolongent, surtout si on est dans un secteur en déclin, l'entreprise tentera de négocier des mises à pied. Les syndicats sont en général disposés à permettre aux entreprises de mettre à la retraite anticipée des travailleurs de plus de 45 ou 50 ans, souvent à condition de leur trouver un emploi (moins bien payé) ailleurs. Mais il arrive un moment où les syndicats refusent toute autre mise à pied. C'est ce qui s'est passé dans divers chantiers de construction navale à la fin des années 1970.

Les retraites anticipées sont plus facilement acceptables pour les syndicats, même dans les secteurs de pointe, à condition que la compagnie les justifie. La retraite de cadres à partir des chefs et chefs de section adjoints (inclus) n'est pas du ressort du syndicat : il s'agit d'administrateurs, dont le rang les place hors du syndicat. C'est de leurs membres, c'est-à-dire les chefs d'équipe et les réguliers, que les syndicats s'occupent. Dans ces cas, toute mise à pied et toute retraite anticipée est négociée. Dans le cas des retraites anticipées, soulignons qu'elles forcent les personnes qui en sont victimes à se trouver un autre emploi : les pensions d'entreprises sont des montants forfaitaires équivalant en général à deux ou trois ans de salaire, ce qui est insuffisant pour survivre. En général, les très grandes entreprises assignent les personnes qu'elles mettent prématurément à la retraite à des postes dans les filiales ou chez les sous-traitants, mais ces postes comportent des salaires inférieurs à celui du poste original et des avantages sociaux réduits.

Du point de vue des salariés, il y a une certaine mobilité de la main-d'œuvre des grandes entreprises[8], surtout pendant la période de probation. En fait, les taux de mobilité pendant les deux premières années sur le marché du travail se comparent à ceux des travailleurs occidentaux au même point dans leur carrière. Dès que le statut de travailleur régulier est obtenu, cependant, ces taux baissent, et ils continuent de le faire par la suite. La raison majeure de cette baisse de la mobilité après la période initiale est que les grandes entreprises, comme on l'a vu, hésitent à embaucher une personne qui a passé plus de deux ans dans une autre entreprise équivalente. Les grandes entreprises préfèrent embaucher des personnes fraîchement diplômées des écoles secondaires ou des universités, qu'elles désirent former non seulement techniquement, mais aussi «moralement». Quant aux salariés, cette pénalisation de la mobilité les force à tenter de faire carrière dans leur entreprise, ce qui est effectivement possible depuis la mise sur pied d'un système de promotion à l'interne, surtout depuis 1945.

## La promotion à l'interne

Les grandes entreprises japonaises ne font à peu près jamais appel à l'extérieur pour combler un poste dans la hiérarchie de l'entreprise (la seule exception est cette pratique que l'on appelle *amakudari*, c'est-à-dire l'incorporation dans la haute administration des entreprises de fonctionnaires à la retraite, ceci, comme on l'a vu plus haut, dans le but de s'assurer de bonnes relations avec le ministère duquel ces fonctionnaires proviennent). Ayant une main-d'œuvre qu'elles ont formée et à laquelle elles assurent la sécurité d'emploi, les entreprises, sauf exceptions très rares dans les secteurs en forte expansion, comblent les postes de leur hiérarchie en donnant des promotions aux membres se trouvant déjà dans l'entreprise. La promotion à l'interne est un facteur de maintien du moral des salariés : leur efficacité et leur enthousiasme leur donnent des chances de monter dans la hiérarchie.

On lit souvent au sujet des promotions au Japon qu'elles sont fonction de l'ancienneté plutôt que de la compétence des personnes. On dit aussi que les entreprises conservent à leur service des personnes non productives, parce qu'elles ont la permanence. En réalité, le système japonais de promotion est fondé, comme en Occident, sur la performance. L'ancienneté est effectivement la base du calcul du salaire de base dans la majorité des grandes entreprises : le salaire de base suit la courbe des années de service dans l'entreprise. Mais à ce salaire de base, qui compte en général pour environ 50 % de la rémunération totale, s'ajoutent toujours trois autres éléments, ayant plus ou moins d'importance selon les entreprises : une prime liée au niveau d'éducation, une prime liée au rang dans la hiérarchie de l'entreprise, et une prime liée à l'efficacité de l'individu dans sa tâche, efficacité évaluée par le supérieur immédiat. En plus, le salaire annuel comprend des primes semi-annuelles ou trimestrielles, équivalant à environ cinq ou six mois de salaire, calculées selon le salaire total (primes d'efficacité comprises). Le fait que le salaire total ne suit pas strictement l'ancienneté est visible dans la courbe des salaires selon l'âge : il est plus élevé pour les hommes de 45-49 ans que pour ceux de 50-54 et de 55-59.

Quant à la promotion, l'ancienneté y joue bien un rôle, mais ce n'est pas le seul critère. Si l'ancienneté est une condition nécessaire, elle n'est pas le critère majeur. Le critère principal de promotion, c'est l'évaluation individuelle des salariés, faite annuellement par le supérieur immédiat. Très rapidement, le service du personnel des entreprises identifie les plus doués (en particulier ceux qui peuvent jouer un rôle de leader dans un système qui valorise le compromis et la capacité de soutirer le meilleur de chacun, ou bien ceux qui font le plus d'efforts pour l'entreprise) et leur donne de l'avancement plus rapide. Cet avancement, accompagné d'une prime, est la condition pour les promotions ultérieures. Il se crée donc rapidement une promotion différentielle fondée sur les capacités individuelles mesurées par les supérieurs. Point intéressant, des relations privilégiées s'établissent entre certains supérieurs et quelques-uns de leurs subordonnés auxquels ils donnent de bonnes évaluations en échange de leur loyauté et de leur appui. Il se crée donc dans plusieurs entreprises des réseaux, fondés sur les relations de protection, qui contrecarrent partiellement le système de promotion au mérite.

Le système des promotions comporte donc des caractéristiques intéressantes. Premièrement, les grandes entreprises ont établi une structure unique pour tous les réguliers, aussi bien les ouvriers que les employés de bureau, une structure qui permet à tous de faire carrière dans l'entreprise. Les entreprises japonaises ouvrent donc à leurs ouvriers, aussi bien qu'à leurs cadres, des possibilités de carrière : c'est là un élément important dans la motivation des ouvriers japonais, motivation qui est elle-même un des éléments qui expliquent leur productivité. Répétons toutefois que les ouvriers ont beaucoup moins de chance de promotion que les cadres.

Deuxièmement, ce système de promotion se fait sur une base individuelle, ce qui signifie qu'il est fondé sur la concurrence interne entre individus. Or, comme on le verra dans la section suivante, il n'y a pas en général de tâches individuelles dans les grandes entreprises japonaises, mais des tâches de groupe. Les individus ne peuvent donc pas se distinguer par leur productivité individuelle, mais à l'intérieur d'une équipe. Dans cette équipe, certaines performances pourront être évaluées sur une base individuelle, par exemple le nombre de suggestions faites pour améliorer la production. Mais la majorité le sera à travers le travail d'équipe. Sur ce point, il est bon de souligner qu'un des critères d'évaluation est la capacité de travailler en groupe. Les individus se font donc concurrence en essayant de prouver qu'ils coopèrent mieux que les autres au travail commun. De cette façon, les entreprises japonaises ont réussi à harmoniser les intérêts collectifs (coopération dans les tâches collectives) et l'émulation entre individus, maximisant aussi bien l'effet collectif que la volonté individuelle de monter dans la hiérarchie. Le fait d'avoir agencé la concurrence et la collaboration dans un système cohérent n'est pas la moindre des réussites institutionnelles des grandes entreprises japonaises. Notons cependant que l'efficacité de ce système est tempérée dans certaines entreprises par l'existence de réseaux de relations individuelles sur lesquels se fondent de nombreuses promotions : l'appartenance à un réseau sera dans certains cas plus important que l'appartenance à l'entreprise et pourra mener à la mise sur pied de groupes concurrents, à des factions, ce qui nuira à l'efficacité maximale de l'entreprise.

### Une carrière typique

La carrière typique est la suivante : dans les dix premières années, les jeunes salariés travaillent à la base, dans le bureau ou dans l'usine, changeant d'équipe de travail à tous les deux ou trois ans (mais pas partout ; voir plus loin), mais avec sélection des plus doués (ou de ceux qui ont établi les meilleures relations) comme chef de groupe de travail. Après dix ans, la promotion différentielle s'accentue : certains sont choisis comme chef d'équipe ou comme chef de section adjoint, alors que les autres demeurent à la base. Autour de 35 ans, les plus rapides deviennent chef de section (les autres entre 35 et 40 ans). Ceux dont la carrière est la plus rapide deviendront chef de service autour de 40 ans et, s'ils sont chanceux, accéderont aux échelons de la direction vers 45 ans (gérant d'usine, directeur d'exploitation, etc.). Seuls les membres de la direction peuvent rester en poste après la retraite. Pour les autres, la retraite s'échelonne de 50 à 60 ans, selon leur poste. Les non-promus peuvent, de dépit, quitter l'entreprise avant leur retraite.

### 5. La division des tâches

### Les tâches collectives

Dans la majorité des grandes entreprises japonaises, les tâches sont définies pour des équipes regroupant en général entre cinq et douze personnes. À l'intérieur des équipes, c'est le chef d'équipe qui assigne les tâches quotidiennes, avec l'accord des personnes. Même dans les chaînes de montage, qui sont divisées en tâches parcellaires, le procès de travail au Japon est organisé selon les équipes. Ce qui permet ce système, c'est le fait que le salaire de l'employé est déterminé non pas selon la tâche qu'il accomplit, mais selon son ancienneté et l'évaluation de son supérieur.

Les avantages d'une telle définition collective des tâches sont, d'une part, la possibilité d'intégrer toute nouvelle personne sans perte de productivité, les anciens pouvant à la fois continuer d'assurer la production et initier le nouveau au travail associé à la tâche, et, d'autre part, la possibilité pour tous de changer de poste de travail et donc de briser la monotonie. Cette définition des tâches permet aussi la consultation et facilite la mise sur pied de méthodes nouvelles de travail, associées aux systèmes automatisés. Au Japon, on n'a pas eu besoin de système d'enrichissement des tâches, on n'a eu qu'à adapter un peu le système qui existait déjà.

Dans plusieurs grandes entreprises (et dans certains ministères), la définition de tâches collectives a aussi eu pour résultat le partage du travail sans trop se soucier du rang. Autrement dit, la hiérarchie formelle, dont on a vu qu'elle incluait tout le monde, ne définit pas une tâche individuelle. Les opérations réelles de l'entreprise sont confiées à des équipes et le travail dans les équipes ne suit pas nécessairement la hiérarchie. Chaque personne est donc fortement identifiée à son poste, mais pas à une tâche précise. En effet, les groupes participent activement à tous les aspects du travail, les membres pouvant donner leur opinion aussi bien que le chef d'équipe ou le chef de section. Généralement, un supérieur n'hésitera pas à solliciter l'opinion d'un subordonné ni à se ranger à cette opinion, puisque, d'une part, le groupe bénéficiera de toute amélioration au travail (bien que la personne se trouvant à l'origine de l'amélioration obtienne personnellement reconnaissance de ce fait) et que, d'autre part, une des qualités recherchées chez les cadres est justement la capacité de susciter le meilleur chez les subordonnés. Un supérieur obtient donc un certain crédit du fait que ses subordonnés suggèrent des façons d'améliorer le travail.

Ceci a deux effets : premièrement, il y a une diffusion de la responsabilité, car chaque personne se sent responsable pour l'équipe et pour la section dont elle fait partie. Deuxièmement, cette diffusion s'accompagne d'une affirmation plus faible de l'autorité, car, ce qui compte, c'est le poste occupé, et non l'autorité qu'on exerce personnellement. Ce qui veut dire que la personne en position d'autorité n'a pas à exercer son droit d'autorité pour que sa place soit reconnue : elle peut déléguer. Et la délégation ne mène pas à un affaiblissement de sa position, car c'est le groupe qui obtient les félicitations à la suite de l'action de quiconque. Si un subordonné prend une bonne initiative, cela apparaît dans son dossier, à la suite de la recommandation de son supérieur, mais le supérieur reçoit le crédit d'avoir suscité cette initiative de la part de son subordonné.

L'entreprise japonaise a donc paradoxalement une forte hiérarchie, mais souvent une autorité faible. En fait, ce n'est pas que l'autorité soit faible, mais c'est son exercice qui devient inutile, étant donné la responsabilité dévolue à chaque membre d'une équipe.

### La rotation des tâches et le décloisonnement du travail

#### a) La rotation des tâches

Dans la majorité des grandes entreprises japonaises, les ouvriers et les employés sont mutés d'une section à une autre régulièrement (à tous les deux, trois ou quatre ans). De plus, dans ces sections, ils peuvent changer d'équipe de travail. En général, on laisse les salariés environ un ou deux ans dans une équipe pour qu'ils forment vraiment une unité. Mais on ne veut pas les laisser trop longtemps à un poste donné de peur qu'ils se spécialisent trop et qu'ils perdent leur polyvalence, et de peur qu'ils forment une équipe de travail dont le contrôle échappe à la direction.

La rotation des tâches favorise la polyvalence, ce qui est avantageux pour l'employeur qui peut compter sur des salariés capables de remplir plusieurs tâches différentes. Elle entraîne aussi la possibilité pour les travailleurs de changer fréquemment de travail, donc de varier les tâches. Comme pour les autres caractéristiques du travail au Japon, la rotation est plus fréquente et systématique dans les très grandes entreprises que dans les entreprises de moindre taille et elle est inexistante dans les plus petites.

#### b) Le décloisonnement

Le décloisonnement du travail signifie que les différentes personnes œuvrant dans une entreprise à différents échelons et dans divers postes ont entre elles des liens formels et informels qui les mettent souvent en contact et qui permettent à chacun de connaître le travail des autres (au moins de certains autres). Ce décloisonnement est particulièrement fort dans les unités de production, où les personnes assignées à des tâches administratives ou à des tâches de conception sont constamment en relation avec les personnes assignées à des tâches productives. Par exemple, dans les entreprises de production au Japon, les ingénieurs passent beaucoup de temps en usine, consultant les chefs d'atelier, les contremaîtres ou même les ouvriers à la base sur la façon dont le travail est organisé et sur les améliorations qui pourraient y être apportées. Souvent, les ingénieurs, au début de leur carrière, ont même dû passer quelques mois en usine et effectuer des tâches manuelles. La philosophie sur laquelle s'appuie ce système est que tous les salariés réguliers sont considérés comme faisant partie d'une organisation unique, avec liens entre les échelons et les services, et avec une hiérarchie unique.

Un aspect important de ce décloisonnement est la possibilité pour les salariés à la base, y compris les ouvriers de la production, de faire des suggestions pour l'amélioration des méthodes de travail. La grande majorité des grandes entreprises japonaises ont un système formel de suggestions, avec primes soit pour l'ensemble des suggestions (acceptées ou non), soit pour les suggestions réellement adoptées. Dans certaines entreprises, la prime est liée à l'évaluation du montant d'argent épargné à la suite de l'amélioration à la productivité que la suggestion a entraînée.

### Conclusion

S'il existe un schéma organisationnel de base dans les entreprises japonaises, toutes les entreprises ne peuvent l'adopter totalement et toutes n'ont pas les mêmes relations avec les salariés. La distinction la plus importante est fondée sur la taille des entreprises : les grandes entreprises ont la structure complète, leurs salariés réguliers ont la sécurité d'emploi et des possibilités de promotion. Dans les PME, certains échelons de la hiérarchie ne sont pas présents ; par ailleurs, les PME ne peuvent donner la sécurité d'emploi et leurs salariés, en particulier les ouvriers, ont très peu de possibilités de promotion. C'est la même chose si l'on considère la rotation interne d'une tâche à l'autre et le décloisonnement : il y a plus de rotation et de décloisonnement dans les très grandes entreprises que dans les moyennes et les petites. La rotation et le décloisonnement allant avec la qualification des travailleurs, on peut en tirer la conclusion que les travailleurs des grandes entreprises ont davantage tendance à acquérir une formation et une compétence poussées que ceux des PME, ce qui est confirmé par les études sur l'automatisation qui montrent que la déqualification du travail associée à la polarisation des tâches qui accompagne l'automatisation industrielle est beaucoup plus forte dans les PME que dans les grandes entreprises. Dans ces dernières, on observe la propension beaucoup plus forte à donner la formation nécessaire aux salariés (en particulier les ouvriers) afin qu'ils puissent s'acquitter de tâches très qualifiées, y compris des tâches de programmation. Les grandes entreprises sont aussi celles qui ont un accès prioritaire aux jeunes diplômés des bonnes écoles et universités : c'est là l'objet de la première section du chapitre 6, qui contient une analyse des stratégies des entreprises.

Mais avant d'aborder ce point, il nous faut discuter de la question de l'affaiblissement ou non du système de sécurité d'emploi au Japon depuis les années 1980. En effet, plusieurs analystes, et plus particulièrement Beck et Beck (1994), ont affirmé que le système dit d'emploi à vie était en train de disparaître des grandes entreprises japonaises, du moins en ce qui a trait aux diplômés des universités embauchés pour faire carrière comme cadres. Cette affirmation est fondée sur un certain nombre de statistiques qui démontrent une augmentation du nombre et de la proportion de personnes embauchées par les grandes entreprises en milieu de carrière dans les années 1980.

Sur ce point, il faut noter que la deuxième moitié des années 1980 a constitué une période exceptionnelle ; cette période fut marquée, premièrement, par l'expansion rapide des maisons de courtage, des industries de haute technologie et des laboratoires de recherche qui ont dû recruter non seulement parmi les nouveaux diplômés, mais aussi embaucher des personnes en milieu de carrière pour combler les postes ouverts ; cette période fut marquée, deuxièmement, par l'embauche massive des jeunes diplômés par toutes les grandes entreprises qui prévoyaient une pénurie de cette main-d'œuvre fortement valorisée, ce qui a signifié un marché favorisant les employés, qui ont ainsi pu profiter à leur choix de la sécurité d'emploi ou de la mobilité sans pénalité ; troisièmement, cette période fut marquée par l'inclusion dans le personnel régulier des grandes entreprises de personnes qui, ayant déjà travaillé ailleurs, ont été embauchées initialement comme temporaires mais que les entreprises, en manque de jeunes diplômés, ont décidé de garder sur une base permanente.

Ce sont ces conditions exceptionnelles qui ont disparu avec la récession des années 1990. Il faudra un certain nombre d'années, peut-être jusqu'à la fin du siècle, pour que le marché du travail favorable aux employés réapparaisse. Depuis 1990, les arguments utilisés pour prédire la fin de l'emploi à vie sont différents : ces arguments viennent surtout des patrons qui font valoir que ce système nuit à la flexibilité en garantissant l'emploi à tous les réguliers, quelle que soit la conjoncture. Notons que ce type de raisonnement n'est pas nouveau : il avait déjà été invoqué lors des deux crises du pétrole du début des années 1970 et 1980. Dans ces deux occasions antérieures, les critiques du système avaient entraîné non pas sa disparition, mais la diminution du nombre et de la proportion des salariés réguliers dans la main-d'œuvre totale des grandes entreprises. Tout semble indiquer que les doléances des patrons dans les années 1990 vont mener aux mêmes effets, soit le réajustement du système, mais non sa disparition.

Quant à la mobilité volontaire des cadres, elle a fortement diminué depuis le début de la récession. Dans une période difficile marquée par les diminutions de personnel, les restrictions sévères à l'embauche, la baisse de l'activité et les restrictions à l'investissement, il serait risqué pour les cadres de quitter leur emploi. D'ailleurs, plusieurs des entreprises qui avaient beaucoup embauché dans les années 1980 ont fortement réduit leur main-d'œuvre : c'est le cas entre autres des maisons de courtage qui ont vu leur chiffre d'affaires chuter avec la baisse de l'indice boursier. Les occasions de changer d'emploi en milieu de carrière ont à peu près complètement disparu.

On peut être d'accord avec Beck et Beck (1994) sur les effets négatifs de la mobilité en milieu de carrière sur le système d'emploi à vie. Si cette tendance, qui a disparu au cours de la récession des années 1990, devait revenir, ce qui est probable pour la fin du siècle si la croissance reprend de façon soutenue, on pourra s'attendre à l'augmentation de la mobilité. Mais cette augmentation ne signifiera pas automatiquement la fin de l'emploi à vie. Malgré les doléances actuelles des patrons, ce système leur est trop utile pour qu'ils l'éliminent. Quant aux employés, il y en aura toujours qui refuseront de quitter leur emploi, qui valoriseront la stabilité et il y en aura que les autres entreprises ne seront pas intéressées à embaucher. Le système dit d'emploi à vie, qui a subi des ajustements à cause de la récession des années 1991-1994, ajustements qui ont entraîné la baisse de l'embauche et la diminution du nombre des salariés réguliers dans les grandes entreprises, se maintiendra probablement tel quel pendant quelques années, mais, si la croissance reprend, il y aura inévitablement une nouvelle vague d'embauche, qui mènera à une plus grande mobilité, donc à la diminution de la proportion des salariés qui passeront toute leur carrière dans une seule entreprise. Mais cela ne devrait pas signifier la disparition du système de sécurité d'emploi comme tel, même si on peut s'attendre qu'il s'affaiblira graduellement.

**Notes**

1. En réalité, la politique japonaise a été dominée presque entièrement par les partis conservateurs depuis 1945, car, de 1945 à 1955, ce sont les deux partis qui, par leur fusion en 1955, ont formé le Parti libéral-démocrate (PLD), qui ont contrôlé le gouvernement, sauf pendant dix mois de gouvernement socialiste minoritaire de mai 1947 à mars 1948, et encore une fois entre juillet 1993 et mai 1994. Depuis mai 1994, le PLD est membre d'une coalition avec le Parti social-démocrate.

2. La remilitarisation advint, mais de façon modérée si on la compare à la période précédente, dès les années d'occupation, sous l'instigation des Américains qui, confrontés au communisme en Europe et en Chine, avaient bien regretté d'avoir inscrit dans la nouvelle Constitution japonaise que le Japon renonçait à jamais à constituer une armée, et qui permirent au gouvernement japonais de créer une «force d'autodéfense».

3. En ville, l'électorat traditionnel du PLD se trouvait chez les professionnels et les petits commerçants, qui, comme on l'a vu au chapitre 2, étaient favorisés par la politique fiscale. Mais la hausse du niveau de vie a fait qu'une proportion de plus en plus grande de la population salariée a transféré son vote au PLD, ce qui a compensé pour la perte d'une partie du vote rural.

4. Dans les années 1960, les entreprises d'import-export (*sôgôshôsha*) ont joué un rôle crucial, assurant en priorité la vente des marchandises des entreprises du groupe (mais non exclusivement). Ces entreprises se spécialisaient dans les échanges de matières premières et de produits de l'industrie lourde, c'est-à-dire de produits lourds et encombrants. Les entreprises de commerce ont eu quelques difficultés à se réorienter lorsque la production japonaise s'est éloignée de ce type de produit pour se concentrer sur la haute technologie. Les *sôgôshôsha* ont néanmoins continué de jouer un rôle essentiel, soit celui de la cueillette de renseignements, qui a assuré et assure encore la connaissance des marchés potentiels.

5. Jusqu'au début des années 1980, plusieurs entreprises mettaient les femmes à pied à 25 ans, sous prétexte que c'était l'âge de se marier et d'avoir des enfants, donc de s'occuper à plein temps de leur famille ; au début des années 1980, cette pratique a été jugée non constitutionnelle par la Cour suprême, mais la coutume persiste souvent, à travers les pressions des dirigeants des entreprises ou des pairs sur les femmes.

6. Notons que, sur ce point, le Japon n'a pas fait exception, les conditions de travail dans les premières phases de l'industrialisation en Occident ayant été tout aussi mauvaises.

7. Notons toutefois que le modèle de la maisonnée continue encore de nos jours à modeler les relations dans les petits ateliers ; à ce sujet, voir Kondo (1990).

8. Notons que les taux de mobilité dans les PME sont élevés mais diminuent avec l'âge.

# Chapitre 6

# Le fonctionnement et la stratégie
des grandes entreprises

## 1. L'entrée dans les grandes entreprises

### Une main-d'œuvre de jeunes diplômés

Depuis les années 1950, les grandes entreprises essaient par tous les moyens d'embaucher de jeunes diplômés sortant des écoles secondaires (12e année), des collèges à cycle court (deux ans après le secondaire), des collèges techniques (trois ans après le secondaire) ou des universités (quatre ans après le secondaire). Les grandes entreprises essaient de les embaucher dès leur sortie de l'école : pour les universitaires, les postes prévus sont des postes de cadres inférieurs, pour les diplômés de collèges et d'écoles secondaires les postes prévus sont des postes d'ouvriers, d'employés et de techniciens. Plus les entreprises sont proches du sommet de la hiérarchie des entreprises, plus elles ont la capacité d'embaucher des jeunes diplômés des meilleures écoles ou universités.

Les raisons de cette pratique d'embauche prioritaire de jeunes diplômés sont, premièrement, le fait que les grandes entreprises veulent une main-d'œuvre qui n'a pas d'expérience du travail d'usine, qui n'aura pas tendance, par conséquent, à entrer dans des syndicats militants ; deuxièmement, le fait que ces entreprises veulent former elles-mêmes leur main-d'œuvre, à la fois moralement et techniquement (voir «La formation»), pour qu'elle s'insère sans difficulté dans le système de l'entreprise.

Les PME n'ont jamais pu adopter en entier ce système d'embauche, mais plusieurs tentent quand même de trouver quelques jeunes diplômés de bonnes écoles, pour hausser le prestige de l'entreprise. En général, toutefois, les PME doivent embaucher soit des jeunes sortant d'écoles médiocres, soit des jeunes qui ont quitté l'école, ou encore des personnes ayant déjà travaillé ailleurs et qui ont donc quelques années d'expérience dans le monde du travail. L'avantage pour les PME de cette dernière source de main-d'œuvre, c'est qu'il s'agit de salariés déjà formés. Le désavantage, c'est que la majorité de ces travailleurs ont déjà quitté un ou deux emplois et qu'il s'agit donc d'une main-d'œuvre moins stable et quelquefois plus difficile à contrôler. Depuis 1985 environ, les plus petites parmi les PME, comme on l'a vu au chapitre 4, ont eu recours aux travailleurs étrangers.

**Tableau 6.1**
**Nombre de jeunes hommes entrant pour la première fois**
**sur le marché du travail, 1970-1991 (en milliers)**

| Année | Nombre | Année | Nombre |
|-------|--------|-------|--------|
| 1970 | 562 | 1975 | 367 |
| 1980 | 431 | 1985 | 465 |
| 1990 | 511 | 1991 | 503 |

Source : Statistics Bureau, Prime Minister's Office, *Japan's Statistical Yearbook*, 1987, p. 80, 1992, p. 80, 1993, p. 94.

Dans les années 1980, même les grandes entreprises ont connu des difficultés à recruter leur main-d'œuvre exclusivement parmi les jeunes hommes fraîchement diplômés. En effet, le taux de natalité a fortement baissé depuis 1950, moment de l'élargissement aux ouvriers et aux employés du système d'embauche à la sortie de l'école (voir le tableau 4.17) ; par ailleurs, les jeunes vont de plus en plus longtemps à l'école (voir le tableau 4.18). Ce deux tendances conjuguées ont produit une courbe irrégulière du nombre de jeunes hommes entrant pour la première fois sur le marché du travail depuis 1970, avec un creux en 1975 (s'expliquant en partie par la mauvaise conjoncture attribuable à la crise du pétrole), puis une hausse jusqu'en 1990, enfin de nouveau une baisse en 1991 (voir le tableau 6.1 ; on prévoit de nouvelles baisses à partir de 1995). Il y avait néanmoins en 1991, pour ce qui est des jeunes hommes entrant sur le marché du travail, environ 59 000 jeunes hommes de moins qu'en 1970, soit une baisse de 11 %. Notons finalement qu'en 1990, il y avait en moyenne trois fois plus d'offres d'emploi que de jeunes diplômés des écoles secondaires entrant sur le marché du travail. Depuis 1991, avec la récession, les offres d'emploi ont considérablement diminué, ce qui a entraîné, pour plusieurs diplômés même des bonnes écoles, des difficultés à se trouver un emploi dans une entreprise bien classée. Il faut toutefois prévoir que, avec la reprise, la pénurie de main-d'œuvre jeune réapparaisse autour de 1996 ou 1997.

Malgré cette baisse de la main-d'œuvre potentielle, les grandes entreprises tentent toujours d'embaucher des jeunes diplômés, même si, comme on l'a vu au chapitre 4, plusieurs d'entre elles, dans les années 1980, ont été forcées d'avoir recours à de nouvelles stratégies pour combler les postes vacants : embauche des femmes, mise à la retraite plus tardive, embauche de travailleurs ayant déjà travaillé ailleurs, tout d'abord comme temporaires, mais avec la possibilité après quelques années de devenir permanents.

Toutes les grandes entreprises embauchent les jeunes sortant de l'école en même temps : au milieu de leur dernière année scolaire, c'est-à-dire vers octobre et novembre, l'année scolaire au Japon allant du début d'avril à la fin de février. Tous entrent en même temps le 1er avril. Pour comprendre l'intégration des nouveaux dans la grande entreprise, il faut examiner trois questions : la sélection, la cérémonie d'entrée et la formation.

## La sélection

Étant donné la propension des grandes entreprises à embaucher des jeunes qu'elles entendent former et auxquels elles veulent donner le statut de régulier (donc en garder la majorité pour plusieurs années), la sélection des jeunes recrues est cruciale. C'est pourquoi le processus de sélection fait partie des opérations jugées comme très importantes et que les plus hauts dirigeants de l'entreprise y participent.

La première étape de la sélection est l'envoi de la documentation pertinente sur l'entreprise aux écoles ou universités dans lesquelles l'entreprise veut recruter. En général, les étudiants commencent à consulter cette documentation dès le début de leur dernière année scolaire, c'est-à-dire en avril. Plusieurs envoient dès ce moment une demande d'emploi dans les entreprises qu'ils ont choisies. Légalement, les entreprises ne devraient pas solliciter des demandes d'emploi ni offrir des entrevues à des jeunes demandeurs avant novembre. Mais en fait, plusieurs jeunes profitent des vacances estivales (juillet et août) pour visiter des entreprises et, dans certaines, ils pourront passer une entrevue avec un des dirigeants du service du personnel. Si l'entrevue se passe bien, ils pourront rencontrer le PDG ou un des vice-présidents de l'entreprise, qui leur dira confidentiellement s'ils ont obtenu un poste ou non[1].

À partir d'octobre, le processus de sélection s'accélère. Les jeunes savent que c'est important d'avoir fait parvenir leur demande d'emploi avant le début d'octobre. Une première sélection est faite parmi les demandeurs d'emploi qui n'ont pas visité l'entreprise pendant l'été. Puis les personnes sélectionnées sont convoquées à une entrevue, en général avec le directeur du service du personnel. Si cette entrevue se passe bien, le demandeur d'emploi sera convoqué le jour même ou dans les jours qui suivent à une entrevue avec un des vice-présidents ou un des administrateurs de l'entreprise. Au cours de cette entrevue, le dirigeant de l'entreprise, s'il est satisfait, informera le jeune que l'entreprise est intéressée par ses services.

Il s'agit là d'un quasi-contrat, que l'entreprise s'engage à respecter, à condition qu'aucune difficulté cachée ne se révèle. Parmi ces difficultés possibles, il y a la présence de maladie mentale ou de maladie congénitale dans la famille, l'appartenance à un groupe minoritaire (Coréen, Chinois, *burakumin*), le fait d'avoir des parents divorcés ou séparés, l'appartenance à un groupe ou à une association politique (même non contestataire, de peur que le jeune ne se dévoue pas entièrement à son travail), le fait d'avoir un parent décédé (ce qui forcerait le jeune à s'occuper du parent survivant et donc de moins se consacrer à son travail) ou bien le fait d'être fils aîné (on pense qu'il devra à l'avenir s'occuper de ses parents, donc qu'il ne pourra pas encore une fois se consacrer entièrement à son travail).

Évidemment, plus on descend dans la hiérarchie des entreprises, moins ces difficultés sont prises en compte. Mais dans les entreprises les plus prestigieuses, qui peuvent se permettre de choisir qui elles veulent, ces critères sont appliqués strictement. Certaines entreprises font même affaire avec des détectives privés pour enquêter sur la situation de tous les jeunes que l'on veut embaucher.

La dernière étape, qui, dans les plus grandes entreprises, s'avère être une formalité, est un examen écrit. Pour éviter qu'un jeune se présente à plusieurs examens dans des entreprises d'un même secteur, les entreprises s'entendent pour faire l'examen le même jour.

Le soin extrême dans la sélection des jeunes diplômés révèle les qualités que les employeurs désirent chez une jeune recrue : la capacité d'adaptation au travail d'équipe, le fait de ne pas avoir d'autres préoccupations que son travail (sauf des hobbies ou des sports, qui sont bien vus), l'appartenance à la «race» japonaise, le fait de venir d'une famille sans problème, l'absence de militantisme de quelque sorte que ce soit. Fait paradoxal, les entreprises, qui s'efforcent de choisir des individus malléables et obéissants, parce qu'elles veulent éviter les problèmes, se plaignent du manque d'originalité des jeunes. En fait, les jeunes savent ce qu'il faut dire, et ils savent que l'originalité n'est pas valorisée dans les entrevues. D'ailleurs, il existe au Japon de nombreuses publications qui vous disent comment répondre aux questions, ce qui fait que les jeunes donnent des réponses semblables et, par conséquent, que le travail de sélection est difficile.

La sélection faite, les jeunes sélectionnés sont avertis qu'ils doivent se présenter dans l'entreprise le 1er avril, date d'entrée dans les entreprises au Japon.

## La cérémonie d'entrée

Toutes les grandes entreprises marquent l'arrivée des nouveaux par une grande cérémonie, qui a généralement lieu le 1er avril. Cette cérémonie suit à peu près partout le même cheminement : discours du PDG, qui explique la philosophie de l'entreprise et qui exhorte les nouveaux à se dévouer pour leur nouvel employeur ; discours d'un représentant du service du personnel, qui explique comment l'entreprise fonctionne, qui assure les nouveaux de la collaboration des anciens et qui les exhorte lui aussi à bien travailler ; discours d'un représentant des parents des nouveaux qui demande à l'entreprise de bien prendre soin des nouveaux et qui confie les nouveaux à leur «nouvelle famille» : il dit que c'est maintenant l'entreprise qui est chargée des enfants que les parents maintenant lui confient ; allocution d'un représentant des nouveaux qui vient dire que ses confrères acceptent d'entrer dans la grande famille de l'entreprise et qu'ils s'engagent à bien travailler pour l'entreprise. Puis on chante l'hymne de l'entreprise, et le tout se termine par un banquet.

Ce type de cérémonie marque solennellement le passage à un état social nouveau pour les personnes nouvellement embauchées. Plusieurs des discours comportent un passage dans lequel il est dit que l'entrée dans l'entreprise marque pour le jeune le passage au monde adulte et l'acceptation des responsabilités qui l'accompagnent. Mais cette cérémonie a surtout une signification pour l'incorporation à l'entreprise. Ce genre de cérémonie a été créé juste après la guerre, au moment où les entreprises ont tenté de briser les syndicats militants. La cérémonie d'entrée, en insistant sur l'entreprise, sur son identité et sur le devoir des employés, avait pour objectif de contrer l'identification syndicale par l'affirmation de l'identification corporative (voir Bernier, 1995). Cette tactique a réussi, avec l'aide du gouvernement et celle de l'armée américaine d'occupation.

### La formation

*a) Les écoles préparent à la formation en entreprise*

Les entreprises japonaises ne s'attendent pas à recevoir des écoles une main-d'œuvre prête immédiatement à travailler. Ce à quoi elles s'attendent, c'est que les jeunes diplômés aient acquis à l'école une bonne formation de base en japonais, en mathématiques et en informatique. En fait, cette formation de base est très poussée : en mathématiques, par exemple, les écoles secondaires japonaises ont un niveau équivalent à environ la deuxième année d'université du Québec.

Pour ce qui est des universitaires, on s'attend qu'ils aient une formation un peu plus spécialisée, en particulier dans le cas des ingénieurs. Mais les entreprises prévoient même dans ce cas donner une formation complémentaire en usine. En effet, le niveau des universités japonaises est plus faible que celui des nôtres. Ce qui compte dans le système japonais, c'est d'avoir accès à une université prestigieuse : si quelqu'un réussit à y entrer, son avenir est assuré, car les cours sont réputés faciles et à peu près tout le monde passe les examens. C'est la sélection à l'entrée dans une bonne université qui est stricte : il faut passer des examens d'entrée extrêmement difficiles, avec des taux d'échec de près de 90 % dans les meilleures universités, ce qui exige donc un travail ardu, surtout dans la dernière année du secondaire (mais souvent avant). Les jeunes qui veulent accéder aux meilleures universités doivent ajouter à leur scolarité régulière des cours complémentaires dans des écoles préparatoires, dont les cours se donnent le soir, les fins de semaine et l'été (voir la section sur le système d'éducation au chapitre 7). Les jeunes ont donc une très longue semaine d'étude, ce qui les prépare aux longues semaines de travail en entreprise.

Les entreprises ont commencé à se plaindre des insuffisances du système universitaire qui, selon leurs dirigeants, ne s'occupent pas de faire travailler les étudiants et qui donnent, par conséquent, une formation très peu poussée, y compris dans les secteurs plus techniques. Mais en fait, les qualités que les entreprises recherchent chez les nouveaux sont davantage la capacité de travailler longtemps et en groupe, un type de formation que l'école secondaire donne. L'université mesure la capacité de passer les examens d'entrée, ce qui peut être vu comme une mesure de la capacité de travailler longtemps et sous pression.

### b) La période initiale de formation

Juste après leur entrée dans l'entreprise le 1$^{er}$ avril, les nouveaux commencent à recevoir une formation formelle qui comporte deux aspects. Le premier aspect est l'apprentissage du fonctionnement de l'entreprise : structure formelle, contenu de chaque bureau ou usine, division des tâches, technologies. Il s'agit donc d'un apprentissage fonctionnel lié aux caractéristiques institutionnelles et techniques de l'entreprise. C'est dans le cadre de cette formation que certains nouveaux reçoivent une formation proprement technique qui les destinera à des tâches particulières.

Le second aspect de la formation est «moral». L'importance donnée à cet aspect varie d'une entreprise à l'autre, mais il est toujours présent. La formation morale porte sur les attitudes ou les comportements appropriés à l'entreprise : il porte en fait sur l'esprit de l'entreprise. Dans certaines entreprises, cette formation a pour but d'humilier le nouveau pour qu'il accepte qu'il ne connaît rien et que son insertion dans l'entreprise dépend donc de son humilité vis-à-vis de ceux qui savent et de sa détermination à apprendre. Certaines entreprises font appel aux casernes des Forces d'autodéfense du Japon. Dans les casernes, les recrues doivent suivre l'entraînement militaire et cet entraînement, comme dans plusieurs autres pays, comporte des humiliations qui ont pour objectif de briser les défenses psychologiques des recrues. D'autres font appel à des temples bouddhistes zen, qui utilisent les techniques de méditation aux mêmes fins. Mais toutes les grandes entreprises n'utilisent pas ces techniques extrêmes. La plupart se contentent de donner un enseignement poussé sur les usages internes de l'entreprise.

*c) La formation en usine*

Si la formation initiale se fait surtout dans des centres de formation spécialisés de l'entreprise, le complément de formation, en début de carrière et plusieurs fois par la suite (à chaque changement d'équipe de travail ou de section), se fait dans l'usine, par la formation «sur le tas» (*on-the-job training* ; les entreprises japonaises utilisent les trois lettres de cette expression anglaise, OJT, pour désigner ce type de formation). En fait, toute insertion d'un nouveau membre dans une équipe de travail est l'occasion d'un tel type de formation : les anciens continuent de faire leur travail et le nouveau les observe, tout en faisant une partie, la plus simple, du travail assigné à l'équipe. En même temps, les anciens lui disent comment faire et lui donnent des conseils. De cette façon, le nouveau est inséré dans une équipe et il apprend à y travailler sans que la productivité de l'équipe soit fortement affectée. La capacité de montrer à un nouveau à bien travailler est vue comme une qualité pour un salarié et peut être prise en considération par un supérieur dans son évaluation de ce même salarié.

Ce processus de formation en usine recommence à chaque fois qu'une nouvelle personne est déplacée, que ce soit au début de sa carrière ou plus tard. Il s'agit donc d'une caractéristique essentielle des grandes entreprises japonaises, une caractéristique qui est liée à la définition des tâches sur une base collective et qui donne à ces entreprises à la fois de la flexibilité dans l'utilisation de la main-d'œuvre et une méthode de formation des salariés à peu près sans perte de productivité.

## 2. La prise de décision

### Une décision par consultation et non par consensus

On dit souvent que les décisions dans les entreprises japonaises sont prises par consensus ; ce n'est pas tout à fait exact. Souvent aussi, on dit que les décisions sont prises de bas en haut. Ce n'est pas du tout exact. Au sujet des décisions prises de bas en haut, on a vu qu'il y avait bien un système de suggestion par les gens à la base. Ces suggestions sont transmises aux échelons plus élevés et examinées. Elles peuvent être acceptées, après discussion. Ces suggestions touchent en général de petits points, liés au travail immédiat. Pour les décisions plus importantes, les suggestions viennent presque toujours des cadres moyens ou supérieurs. Dans le cas d'une décision stratégique, comme celle de se lancer dans un nouveau secteur, la proposition vient en général de la haute direction.

Les décisions à tous les niveaux dans les grandes entreprises sont prises après discussion, sauf dans les entreprises où le président-fondateur est encore en place : dans ce cas, il prend lui-même plusieurs décisions, souvent sans consultation. Selon la nature de la proposition, diverses personnes sont consultées. Dans le cas d'une décision stratégique, la direction et les chefs de service et d'atelier seulement seront consultés. Après consultation, la décision est prise par la direction (souvent, par le président lui-même).

Le cas des décisions importantes mais ne touchant pas l'orientation générale de l'entreprise est plus complexe. Prenons l'exemple de l'automatisation de certains procédés ou d'un atelier. En général, une proposition à cet effet est faite informellement par une personne du service des méthodes ou du service de production touché. Après discussion informelle (*nemawashi*), on en arrive à une proposition écrite. Cette proposition circule horizontalement parmi les chefs de service, vers le haut vers les chefs d'atelier et les vice-présidents, vers le bas, vers certains chefs de sections, dans le cas des sections touchées, même certains contremaîtres. Toutes ces personnes peuvent faire des commentaires écrits et apposer leur sceau (système *ringisei*). La proposition revient à son point de départ. Elle est alors discutée en groupe restreint, et mène soit à l'abandon, soit à la formulation d'une proposition plus précise. On peut ainsi faire jusqu'à quatre ou cinq propositions successives et consulter plusieurs personnes.

Dans certaines entreprises, l'avis du syndicat n'est pas officiellement sollicité : il s'agit des entreprises dans lesquelles la direction est forte, où la rotation des tâches est systématique et où le syndicat est vu comme un outil de la direction. Mais ce n'est pas le cas dans toutes les entreprises. Dans certaines, les décisions au sujet de l'automatisation, par exemple, doivent être approuvées par le syndicat, qui exige des précisions sur les procédés à automatiser, sur les nouveaux systèmes, sur leurs effets sur les tâches et sur la qualification, sur le choix des personnes qui travailleront sur ces systèmes, sur le sort des travailleurs qui seront déplacés, sur la formation qui sera nécessaire pour utiliser ces systèmes. Dans ces cas, le syndicat est partie prenante de la décision et toute décision prise sans son assentiment serait impossible.

La majorité des décisions touchant la production, y compris celles touchant à l'automatisation, sont prises après consultation des personnes effectuant les activités que l'on veut modifier. Autrement dit, l'avis des personnes qui connaissent directement les tâches à modifier, c'est-à-dire les ouvriers, est sollicité. Les ouvriers ne prennent pas part au processus de prise de décision comme tel, mais leur avis peut être pris en compte.

Après toutes ces dicussions, les personnes habilitées à prendre la décision le font, en général en comité, à l'unanimité. Il se peut que certaines personnes aient des réserves, mais après de longues discussions, elles doivent se ranger à l'opinion majoritaire et l'approuver. Il y a donc beaucoup de discussions avant la prise de décision : souvent, les décisions importantes prennent plus d'un an. Mais dès qu'une décision est prise, tout le monde doit se rallier à cette décision. Dans la plupart des cas, plusieurs personnes ont pu donner leur opinion ; la proposition initiale a souvent été modifiée en profondeur. Il se peut qu'il y ait encore des personnes en désaccord avec la décision. Mais une fois la décision prise, ils doivent s'y plier et travailler aussi fort que les autres à sa mise en place rapide.

Ce processus exige une longue période de discussion pour prendre la décision, mais une courte période pour la mettre à exécution. Le processus initial a pour but de connaître tous les points de vue et de soulever tous les problèmes possibles avant la prise de décision. Ceci fait, tout le monde sait à quoi s'en tenir et tout le monde collabore à la mise en place de la décision.

### La participation des salariés à la base

On l'a vu, les salariés des grandes entreprises, les employés de bureau mais surtout les ouvriers de la production sont encouragés à faire des suggestions pour améliorer le travail et la productivité. Certaines de ces suggestions sont approuvées, d'autres sont mises de côté comme impossibles à réaliser ou inefficaces. Certaines entreprises japonaises sont reconnues pour le nombre de ces suggestions : quelques travailleurs en font plusieurs chaque semaine. Il faut dire que le nombre de suggestions est souvent considéré comme un indice de loyauté envers l'entreprise et de zèle au travail, deux des critères de promotion. Le fait de faire des suggestions ne vient donc pas seulement du dévouement envers l'entreprise, mais aussi de la volonté de maximiser ses gains et d'accélérer sa carrière.

On a aussi vu comment les ouvriers dans certaines entreprises sont consultés au cours du processus de prise de certaines décisions touchant la production. Dans ces cas, on peut leur demander leur avis sur la possibilité ou non de transformer tel aspect de leur travail et, si oui, quels seraient les points qu'il ne faudrait pas négliger. Ou bien on peut leur demander quelles seraient les difficultés dans le maniement des matières ou des pièces nécessaires à leur tâche.

Dans ces cas, il est bien clair que l'avis des ouvriers porte essentiellement non pas sur la décision comme telle, mais plutôt sur les modalités de son application. Mais sur ce point, on reconnaît la compétence de l'ouvrier, on reconnaît que son expérience de travail, qu'il s'agisse d'une expérience avec une machine ou avec la matière, est cruciale pour la planification de modifications aux méthodes de travail. Les ingénieurs ont ici un rôle essentiel de liaison entre les ouvriers et la direction : leur compétence technique leur permet de comprendre les propos des ouvriers et leur compétence en gestion leur permet de transmettre ces propos de façon claire à la direction. L'*input* des ouvriers est particulièrement important dans l'amélioration des procédés de production, condition nécessaire à l'augmentation de la productivité.

### 3. Les améliorations à la productivité

*Les améliorations mineures*

Un des aspects les plus impressionnants des grandes entreprises japonaises du point de vue des améliorations à la productivité est le recours constant à l'apport des salariés travaillant à la base. Autrement dit, les dirigeants des entreprises pensent qu'une bonne partie des gains de productivité ne vient pas des améliorations à grande échelle (comme l'automatisation), qui sont spectaculaires, mais bien des petits changements mineurs qui s'accumulent. Ces petits changements viennent précisément des salariés travaillant à la base. De là l'importance des suggestions et de la consultation de ces salariés.

Dans les usines, les dirigeants encouragent les ouvriers à améliorer le rendement, soit en modifiant les gestes liés à la tâche, soit en modifiant les machines. La majeure partie de ces modifications sont minuscules : éviter tel geste, se tourner à droite en premier plutôt qu'à gauche, utiliser la main gauche pour telle partie de la tâche, remplacer un boulon par un autre type de boulon, etc. Ces petites modifications s'ajoutent les unes aux autres et finissent par entraîner des gains de productivité importants. C'est là ce qu'on a appelé le *kaizen*, qui signifie tout simplement amélioration.

À travers des pratiques comme celles qu'on vient de mentionner, les dirigeants des entreprises japonaises maintiennent un intérêt constant pour les gains de productivité et en donnent la responsabilité à tous. L'amélioration de la production est donc un souci permanent, et les modifications aux procédés, qu'elles soient mineures ou majeures, se font continuellement. Il y a ainsi un climat de changement, de modification continuelle, qui facilite les transformations majeures.

### Les améliorations majeures

Les améliorations majeures, touchant un grand nombre de tâches, de procédés ou de machines, sont en général proposées par les services de la planification ou des méthodes de production, ou par les dirigeants ou les ingénieurs d'une usine. Dans ces cas, les procédés de production doivent être modifiés en profondeur, soit par transformation de l'organisation de la production sans modification des machines, soit par modification des procédés mécaniques, ce qui se fait de plus en plus par l'automatisation à l'aide de l'électronique.

Ce qu'il est intéressant de souligner à ce sujet, c'est que les améliorations les plus révolutionnaires et les plus efficaces des procédés de production ont été non pas des transformations des procédés mécaniques, mais des modifications à la philosophie ou à la conception des procédés. En effet, on le verra plus loin (section portant sur l'exemple de Toyota), les améliorations les plus importantes mises de l'avant par les entreprises japonaises ont été le renversement de la chaîne de montage, le système *kanban* et le système *just in time*, tous inventés chez Toyota. Ces inventions ont été accompagnées de modifications aux machines, comme par exemple la simplification des procédés de remplacement des matrices ou des gabarits de certaines machines-outils[2], mais le renversement de la chaîne de montage, le *kanban* et le «juste-à-temps» portent toutes sur l'organisation et la conception des procédés de production plutôt que sur la mécanique.

Il ne faut toutefois pas minimiser l'importance des changements technologiques. Les entreprises japonaises se sont efforcées de trouver des procédés et des machines toujours plus performants. C'est d'ailleurs dans le cadre des changements technologiques effectués afin d'améliorer la productivité que l'automatisation a lieu dans la majeure partie des cas. Dans les entreprises japonaises, la technologie est vue comme transitoire. Cette vision de la technologie est intégrée à la façon dont les usines sont organisées : en effet, la plupart des grandes entreprises japonaises préfèrent fixer les machines de façon non permanente, par des boulons plutôt que dans le béton, parce qu'elles s'attendent à changer les procédés de production dans un avenir relativement proche. De plus, elles préfèrent louer plutôt qu'acheter les machines, ce qui facilite les décisions au moment des changements techniques.

La forme la plus récente de changement dans l'équipement industriel est sans aucun doute l'automatisation à l'aide de l'électronique. Comme il s'agit d'un aspect sur lequel beaucoup de choses, positives ou négatives, ont été écrites et sur lequel j'ai fait des recherches plus poussées, il m'a semblé qu'il serait utile d'en faire une présentation plus détaillée : c'est là l'objet de la section 4 de ce chapitre.

### Les cercles de contrôle de la qualité

#### a) Une importation des États-Unis

L'idée de définir des méthodes particulières pour tester la qualité de la production est née aux États-Unis juste après la Première Guerre mondiale. Jugeant que l'inspection à la main de toute la production par un ouvrier ou un contremaître prenait trop de temps, des ingénieurs ont essayé d'utiliser des méthodes statistiques, en particulier des tests sur des échantillons de produits choisis au hasard, tests dont les résultats étaient présentés sous forme d'histogrammes permettant de mesurer si les erreurs étaient attribuables au hasard ou à des erreurs des travailleurs, de fonctionnement des machines ou de définition des méthodes de production.

Dans les années 1920 et 1930, les méthodes statistiques utilisées dans ces tests sont devenues très compliquées et seuls des ingénieurs ou des techniciens formés à leur utilisation pouvaient s'en servir. Certaines entreprises adoptèrent tout de même les tests de qualité et établirent des équipes de spécialistes pour les appliquer. À cette époque, aux États-Unis, le contrôle de la qualité était l'affaire des ingénieurs et excluait les ouvriers et les contremaîtres, qui n'avaient pas les connaissances nécessaires en statistique pour faire les tests.

Mais deux spécialistes américains du contrôle de la qualité, William E. Deming et J. M. Juran, avaient déjà commencé à insister sur le fait que le contrôle de la qualité, pour être vraiment efficace, devait inclure les contremaîtres et les ouvriers. Pour cela, ils proposaient de simplifier les méthodes statistiques de base et de les enseigner aux contremaîtres et aux ouvriers pour qu'ils puissent effectuer le contrôle de la qualité eux-mêmes. Deming et Juran voulaient donc diviser le contrôle en deux secteurs : un premier secteur, utilisant les méthodes statistiques complexes, qui serait l'affaire des spécialistes, et l'autre secteur, avec des méthodes simplifiées, qui serait du ressort des ouvriers et des contremaîtres, avec la possibilité d'obtenir de l'aide de la part des spécialistes.

Les suggestions de Deming et de Juran eurent peu d'écho aux États-Unis, mais elles suscitèrent beaucoup d'intérêt au Japon après 1945. L'idée d'incorporer les contremaîtres et les ouvriers au contrôle de la qualité a commencé à se développer au Japon dans les années 1950. Mais ce n'est vraiment qu'à la fin des années 1960 et au début des années 1970, avec l'adoption du concept de qualité totale, inventé lui aussi aux États-Unis, que les cercles de contrôle de la qualité sont devenus un outil presque obligatoire des entreprises qui visaient à une compétitivité maximale.

Les entreprises japonaises ont adopté les idées de Juran et de Deming en incorporant les ouvriers au processus de contrôle de la qualité et en leur enseignant des méthodes statistiques de base pour qu'ils puissent eux-mêmes faire des tests. L'idée de mobiliser tout le personnel dans la poursuite de la qualité est en fait la base de la notion de qualité totale. Les entreprises ont aussi maintenu un certain nombre de spécialistes du contrôle statistique de la qualité pour régler les problèmes les plus compliqués, pour enseigner les méthodes de base aux ouvriers et, au besoin, les assister dans la solution de problèmes particuliers.

En plus de l'incorporation des ouvriers au processus, ce qui est particulier au contrôle de la qualité au Japon réside premièrement dans la mobilisation de tous, tant les employés de bureau que les ouvriers (mais tout de même surtout les ouvriers, puisque la rentabilité des entreprises de production dépend de la productivité en usine, là où se crée la valeur ajoutée, et que la notion de qualité totale s'applique en premier lieu dans la production), dans l'effort pour augmenter la qualité et, deuxièmement, dans le fait de regrouper les salariés à la base dans des groupes qui, par l'utilisation de méthodes statistiques plus ou moins compliquées, verraient au contrôle de la qualité.

L'établissement des cercles de contrôle de la qualité s'est donc accéléré après 1965. Contrairement à ce que certains ont dit, les cercles ont rarement été mis sur pied volontairement par les ouvriers. Dans la majorité des cas, leur création a été imposée ou fortement encouragée par la direction, par exemple en réservant les promotions à ceux qui faisaient partie de tels cercles.

Avec le temps, avec l'amélioration de l'enseignement des mathématiques dans les écoles et avec un enseignement plus développé des méthodes statistiques dans les entreprises, les ouvriers de certaines usines en viennent à faire des tests statistiques auparavant réservés aux ingénieurs ou aux techniciens. Ils en viennent donc à être relativement autonomes, sauf lorsque des problèmes très spéciaux se posent, auquel cas on demande l'aide des spécialistes.

Les cercles de contrôle de la qualité comprennent en général les membres des équipes de travail. Autrement dit, ces cercles sont définis sur la même base que les tâches dans l'entreprise. Étant membres d'une équipe de travail, les participants au cercle de contrôle de la qualité se connaissent déjà, ils savent ce que chacun peut faire et ils sont habitués à discuter entre eux. En fait, certains spécialistes de l'industrie japonaise, et spécialement Cole (1979, p. 160-166), sont d'avis que les cercles de contrôle de la qualité ont davantage comme fonctions essentielles le maintien de l'intérêt et de la loyauté des ouvriers, le renforcement des équipes de travail et l'incorporation plus facile des nouveaux membres de l'équipe de travail, que l'amélioration de la qualité comme telle.

Les cercles de contrôle de la qualité se fondant sur les équipes de travail comprennent entre cinq et quinze membres. Selon les entreprises, leurs rencontres, qui durent entre une heure et trois heures, qui se déroulent en dehors des heures de travail et pour lesquelles les participants ne sont pas rémunérés, sont régulières ou irrégulières. Dans ce dernier cas, les groupes se rencontrent quand un problème se pose et ils poursuivent les rencontres, à raison de deux ou trois par semaine, tant que le problème n'est pas réglé. Souvent, c'est la direction qui définit le problème et qui demande au groupe de le résoudre.

La notion de qualité totale, en plus de la mobilisation de tous les salariés, comprend aussi l'idée que tous les ouvriers doivent vérifier la qualité au moment où la production se fait, ce qui veut dire que le contrôle de la qualité en est venu à être inclus directement dans le procès de production. Dans certains cas, les ouvriers ont obtenu le droit d'arrêter ou de ralentir le processus de production s'ils jugeaient qu'une erreur majeure était en train d'être commise.

L'incorporation du contrôle de la qualité dans le processus de production a permis aux entreprises japonaises de diminuer leurs coûts d'entretien et de réparation des erreurs en faisant en sorte que ce soit les ouvriers qui accomplissent ces tâches. Il ne s'agit pas là d'une fonction des cercles de contrôle de la qualité comme tels, mais bien d'une fonction des ouvriers pris individuellement ou des équipes de travail. De ce point de vue, il faut toutefois l'admettre : les équipes de travail étant la base des cercles, ceux-ci ont eu de cette façon un effet sur la qualité.

La notion de qualité totale n'aurait pas pu être adoptée si les grandes entreprises n'avaient pas forcé les filiales ou les sous-traitants à fournir des pièces qui ne comportaient pas de défaut. Pour en arriver là, les grandes entreprises ont forcé leurs fournisseurs à adopter les mêmes techniques de contrôle de la qualité et ont fourni l'aide technique nécessaire pour ce faire. Elles ont ainsi créé un vaste réseau d'entreprises interreliées pour lesquelles les slogans de qualité totale et d'absence d'erreurs sont devenus une réalité.

### L'exemple de Toyota[3]

#### a) Le renversement de la direction de la chaîne de montage

Juste après la guerre, Toyota était une entreprise de fabrication de camions, utilisant les techniques américaines de production, c'est-à-dire la chaîne de montage telle que définie par Ford aux États-Unis. Ce qui veut dire que la chaîne de montage était définie par la suite des opérations, donc par l'enchaînement des opérations, et ce à partir du début de la chaîne. Cela voulait dire que chaque travailleur sur la chaîne avait près de lui un certain nombre de pièces venant de procédés complémentaires de production. Le nombre de pièces était déterminé non par les besoins immédiats du processus de production, mais par les besoins qui pourraient se manifester si jamais des problèmes de production de la pièce se produisaient. Le fait d'avoir une réserve de pièces permettrait alors à la production de continuer même en l'absence de nouvelles pièces. Dans ce système, il était préférable d'avoir en main des stocks importants si l'on voulait maintenir la production même en cas de problèmes d'approvisionnement.

Cette façon de procéder était donc fondée sur la présence, près des postes de travail, d'une réserve encombrante de pièces et aussi sur l'accumulation de produits à moitié finis à plusieurs endroits sur la chaîne, ce qui entraînait une occupation peu efficace de l'espace. De plus, cette façon de fonctionner permettait l'envoi vers l'avant de pièces ou de produits défectueux, laissant aux inspecteurs en fin de chaîne le soin de les voir et de les corriger. Tout cela entraînait des coûts importants.

Chez Toyota, on eut tout d'abord l'idée de renverser conceptuellement la direction de la chaîne. Évidemment, le produit a continué à aller dans le même sens, mais on a conçu le processus de production à partir du produit fini, donc à partir de la fin, et on a conçu les opérations de l'ensemble de la chaîne en fonction des opérations suivantes. Ainsi, au lieu de planifier la chaîne en suivant ses opérations du début à la fin, chaque opération étant définie par celle qui la précède, on est parti de la fin et on a défini les opérations par rapport aux opérations suivantes. Dans ce système, chaque opération détermine ce que l'opération antérieure doit fournir, ce qui veut dire qu'un travailleur dans une opération reçoit juste le nombre de pièces dont il a besoin pour l'opération en cours (avec peut-être un nombre très restreint de pièces de réserve).

C'est le renversement de la direction conceptuelle de la chaîne qui a permis la mise sur pied du système *just in time*. En effet, c'est à partir des besoins d'une opération que le nombre de pièces requises est défini ; ainsi, si on veut réduire les inventaires au maximum, il faut que les pièces nécessaires arrivent juste au moment où on en a besoin. Pour que ce système fonctionne, il a fallu graduellement l'étendre d'une usine à l'autre, incluant à un certain moment tous les fournisseurs, y compris les filiales et les sous-traitants. Il a donc fallu créer un véritable système intégré de production, incluant toutes les opérations liées à la production du produit fini.

Ces premières modifications — tout à fait essentielles — au procédé de production d'une automobile se sont faites sans l'aide des ordinateurs ou de l'automatisation. Au départ, même la gestion de ce système a été effectuée à la main, à l'aide du système dit *kanban*. Ce système, qui s'applique à toutes les pièces nécessaires pour fabriquer une voiture, est relativement simple : pour chaque opération incorporant des pièces nouvelles, on calcule le nombre optimum de pièces nécessaires, c'est-à-dire le nombre de pièces qui assurera le maintien de la production tout en occupant un espace le plus restreint possible. On émet alors un certain nombre de marqueurs (tous ayant un chiffre particulier, ce qui permet l'identification rapide) équivalant au nombre de lots de pièces nécessaires pour chaque opération. Dans les premières années du système, ces marqueurs étaient des morceaux de papier. Par la suite, on les a remplacés par des pièces de métal (puis beaucoup plus tard, par des pièces de métal codifiées électroniquement et, enfin, par un système entièrement informatisé). Pour chaque sorte de pièces, il n'y a qu'un nombre limité de marqueurs, qui définit le nombre optimum de lots de pièces.

Le marqueur reste avec le lot tant que toutes les pièces du lot ne sont pas utilisées. Dès qu'un lot est terminé, le marqueur est enlevé et envoyé à la section de l'usine, à l'usine ou à la filiale qui produit ce genre de pièce, et c'est là le signe qu'un nouveau lot est nécessaire et doit être envoyé immédiatement. Le marqueur sert de cette façon à contrôler le volume de pièces présentes dans l'usine d'assemblage. Pour éviter l'accumulation de pièces dans les sections, usines ou filiales qui fabriquent les pièces, il faut que leur production soit tout à fait coordonnée avec la production du produit fini. Pendant long-temps, cette coordination s'est faite sans l'aide de l'informatique, strictement avec des systèmes manuels. Ce n'est que dans les années 1980 que ce système a été informatisé.

En plus d'un avantage du point de vue de la diminution des inventaires — donc diminution des espaces et des coûts, sans parler des accidents causés par des pièces en grand nombre qui traînent partout —, le système des marqueurs permet d'identifier rapidement les lots défectueux, de les retirer de la chaîne et de les renvoyer au lieu de leur production. Le système *kanban*, associé au système de qualité totale, permet donc l'augmentation de la qualité durant le processus même de production et non à la fin.

## b) Les améliorations à l'équipement et à son utilisation

En même temps que Toyota développait des méthodes nouvelles de production, fondées sur le renversement de la chaîne, sur le «juste-à-temps» et sur le système *kanban*, ses ingénieurs se sont efforcés de trouver des moyens d'améliorer la productivité en modifiant l'équi-pement et son utilisation. En fait, les méthodes nouvelles de produc-tion sont inséparables de ces améliorations.

Les premiers efforts pour améliorer la productivité, qui précé-dèrent le renversement de la direction de la chaîne de montage, furent fondés sur des méthodes traditionnelles inspirées du taylorisme : tenter de diminuer le temps des opérations par des mesures très précises de chacune des opérations et de chacun des gestes et par un examen très minutieux du fonctionnement des machines. À la suite de ces mesures et examens, les ingénieurs préparèrent des « feuilles d'opération », qui expliquaient clairement et en détail la façon de faire une opération, en en définissant tous les gestes. À la suite de cette redéfinition de chacune des opérations, qui permit de réduire le temps pour plusieurs d'entre elles, les ingénieurs s'efforcèrent de recombiner les opérations selon l'ordre le plus logique possible afin de diminuer le nombre de travailleurs nécessaires.

En même temps, ils s'efforcèrent de trouver des moyens de modifier le fonctionnement de certaines machines, en particulier les machines-outils utilisées pour l'usinage du métal de certaines pièces (presses pour les portes, etc.). Dans une première étape, les ingénieurs éliminèrent la nécessité pour les travailleurs de tenir continuellement des poignées sur les machines en inventant des systèmes hydrauliques qui tenaient automatiquement le métal en place et actionnaient les machines de façon automatique. Ceci permit d'augmenter le nombre de machines par travailleur.

Dans une seconde étape, on développa tout un système pour diminuer le temps de changement des matrices des machines-outils. Cette amélioration était nécessaire parce que Toyota produisait à l'époque un nombre limité de produits divers. À la même époque, aux États-Unis, l'industrie automobile produisait en très grande quantité un nombre moins élevé de modèles, ce qui faisait que les matrices devaient être changées moins souvent, rendant ainsi non nécessaire la diminution du temps de changement de matrice. Chez Toyota, pour faciliter ce changement et ainsi diminuer le temps nécessaire pour le faire, on standardisa toutes les matrices pour qu'elles s'emboîtent de façon complète et parfaite dans les machines (un peu comme une cassette). Puis, pour tenir les matrices en place, on élimina les vis et les boulons pour les remplacer par des attaches ou des pattes de fixation ou de serrage (*clamp* ou *fastener* en anglais).

On inventa aussi un système de matrices qui se posent sur la pièce à usiner avant de les placer sur les machines, ce qui permit de préparer le travail à faire pendant que la machine fonctionne avec une autre matrice. Enfin, on mécanisa le remplacement des matrices les plus lourdes en prévoyant des leviers hydrauliques adaptés à ces matrices. Mais lorsqu'on se rendit compte que le temps que les grosses machines exigeaient pour le changement des matrices était beaucoup plus long que pour de petites ou moyennes machines, on tenta d'éliminer le plus possible ces grosses machines.

De cette façon, Toyota diminua le temps moyen de préparation des presses de plus de deux heures en 1955 à moins de dix minutes en

1971, alors que les entreprises américaines et européennes ont continué de prendre deux heures et plus jusque dans les années 1980. Cette amélioration impressionnante a donné un énorme avantage à Toyota lorsque le marché de l'automobile s'est diversifié et même personnalisé.

### c) Les pression sur les travailleurs

Les améliorations chez Toyota ont entraîné l'augmentation des cadences et l'accélération du rythme de travail. En général, les travailleurs doivent travailler à un rythme que plusieurs considèrent excessif. De plus, pour éviter d'avoir trop de travailleurs réguliers au cas où une récession frapperait l'industrie, Toyota a décidé d'embaucher moins de réguliers que ce qui était nécessaire et de compenser par l'augmentation des heures supplémentaires (payées au tarif normal pour les ouvriers seulement) et par l'augmentation des non-réguliers. Du côté positif, les travailleurs ont obtenu le droit d'arrêter les machines, mais les arrêts sont exceptionnels.

Les pressions sur les réguliers ont été rendues possibles, premièrement, par le fait que Toyota paie les meilleurs salaires de l'industrie automobile japonaise, et ce depuis 1953, et deuxièmement, par le fait que Toyota est situé hors des grands centres, dans une région où l'entreprise et ses filiales et sous-traitants sont de loin les employeurs les plus importants. Toyota a donc réussi à contrôler toute l'économie de la région.

Pour ce qui est du contrôle de la main-d'œuvre, Toyota recrute dans la région où l'entreprise est située, donc dans une région assez fortement rurale avec des villes dirigées par l'entreprise (Toyota, Kariya, Toyohashi). Or, la main-d'œuvre venant de ce genre de milieu est traditionnellement plus docile. De ce fait, Toyota a réussi à créer une atmosphère plus familiale que Nissan, dont la majorité des usines sont situées dans la région de Tokyo. Cette atmosphère familiale, qui vient aussi de la présence de la famille Toyoda, à qui appartient l'entreprise, peut prendre un caractère pesant : par exemple, le service du personnel compile pour chaque salarié un volumineux dossier contenant des informations non seulement sur la productivité, les absences ou l'attitude au travail, mais aussi des renseignements sur sa famille, sur sa vie familiale, sur ses relations avec ses proches, ces aspects de sa vie ayant un impact sur sa productivité et sur son entrain au travail.

## 4. L'automatisation industrielle

### Le contexte

#### a) Le problème

Le Japon est le premier pays au monde pour les systèmes industriels automatisés à l'aide de la microélectronique (Aomi, 1984, p. 82 ; McMillan, 1988, p. 25 ; Nihon sangyô robotto kôgyôkai, 1991 a, p. 20). Ces systèmes sont, en ordre plus ou moins strict de complexité grandissante, les machines-outils à commande numérique, les différents types de robots programmables, les systèmes automatiques de manutention, les centres d'usinage (qui combinent des machines à usiner le métal et souvent des systèmes de manutention automatique sous contrôle d'un ordinateur), les systèmes de conception et de fabrication assistées par ordinateur (CFAO), les ateliers flexibles (systèmes complexes de machines-outils ou de robots et de systèmes de manutention automatique sous contrôle d'un ordinateur) et les systèmes de fabrication intégrée par ordinateur (CIM : *computer-integrated manufacturing*, qui combine l'administration informatisée des commandes et de la production, la conception par ordinateur, un système automatisé de manutention et d'entreposage des pièces et des produits, et un atelier flexible, tout cela en réseau informatique avec les clients et les fournisseurs ; voir Fuji Denki, 1990).

Ces systèmes, qui combinent tous des machines de production et des ordinateurs, n'ont pas les mêmes caractéristiques. Certains (machines-outils, certains robots) sont rattachés à des ordinateurs simples et ne permettent que des ajustements mineurs de leur utilisation — et ne nécessitent donc que des changements peu complexes de programmes — alors que d'autres (par exemple les ateliers flexibles) peuvent servir à la production de plusieurs types de produits et exigent par conséquent une programmation complexe des opérations de production à partir d'ordinateurs puissants. L'automatisation actuelle se fait souvent simplement en ajoutant un ordinateur à des systèmes mécaniques automatisés ; dans ces cas, l'automatisation par l'électronique ne modifie pas en profondeur les processus de travail visés.

L'automatisation à l'aide de l'électronique n'est en fait que la plus récente étape du procès d'automatisation mécanique qui a commencé avec la révolution industrielle. En effet, depuis le XIXe siècle, les industriels ont tenté d'augmenter la productivité de leurs

usines en remplaçant le travail humain par des machines plus perfec-
tionnées, dont le fonctionnement se fait automatiquement (grâce à des
sources d'énergie continue), indépendamment de tout apport des
travailleurs, sauf en surveillant et en alimentant les machines.

Les études sur l'automatisation à l'aide de la microélectronique
ont tendance à adopter soit une vue pessimiste, insistant sur ses
conséquences négatives, comme la perte d'emplois et la déqualification (voir Braverman, 1974), soit une vue optimiste. La plupart des
spécialistes japonais ont tendance à vanter les mérites de l'automatisation (voir par exemple Koike, 1983 ; Ikegami, 1985, chap. 4 ; pour
des visions contraires, voir Aomi, 1984 ; Kitamura, 1985). Il est
important de ne pas adopter *a priori* l'une ou l'autre de ces vues, mais
de fonder ses positions sur un examen détaillé du fonctionnement de
l'automatisation.

L'analyse qui suit est fondée sur des données d'origines
diverses. Il y a tout d'abord des enquêtes personnelles en milieu
industriel[4] ; puis des entrevues avec des ouvriers[5] et des dirigeants
syndicaux ; enfin des rapports d'enquêtes faites par des chercheurs
japonais[6]. L'ensemble de ces données ne nous donne malheureusement pas une image tout à fait sûre et complète du sujet, mais il nous
fournit assez de matière pour formuler des conclusions partielles au
sujet des conséquences de l'automatisation sur l'emploi (voir plus loin
la section «Les conséquences de l'automatisation de l'emploi»), sur la
définition des tâches (voir section «Les conséquences de l'automatisation sur les procédés et les tâches») et sur la qualification des
employés (voir section «Les effets de l'automatisation sur la qualification des travailleurs») au Japon.

### b) Le contexte d'introduction de l'automatisation au Japon

– La conjoncture

L'automatisation a connu son plus fort développement au Japon dans
les années 1980, et surtout entre 1985 et 1990, moment où les grandes
entreprises entrevoyaient une croissance rapide et soutenue de l'économie. Les efforts pour automatiser, justifiés par la concurrence sur le
marché international, ont considérablement diminué avec la récession
des années 1990, qui a mené à une contraction de la demande
mondiale. Depuis 1990, les entreprises japonaises ont fortement réduit
les investissements, y compris ceux consacrés à l'automatisation des

procédés de production. La présentation qui suit s'applique donc surtout aux années 1980. Mais il est à prévoir que, la croissance reprenant, les grandes entreprises japonaises amorceront bientôt de nouveau une période d'investissements dans les équipements industriels, y compris dans les systèmes automatisés. Si cela se produit, les facteurs et les conséquences qui sont apparus dans les années 1980 devraient refaire surface après 1995. Un examen de l'automatisation et de ses conséquences n'est donc pas invalidé par les restrictions aux investisements productifs dans les années 1991-1994.

– Les motifs de l'automatisation

Les raisons pour lesquelles les entreprises japonaises ont automatisé leurs procédés de production sont diverses, mais la plus importante est sans aucun doute la recherche d'une productivité accrue. Dans l'enquête du MITI, 68,9 % des entreprises de l'échantillon donnent la volonté d'augmenter la productivité comme une des raisons majeures de l'automatisation, les autres raisons invoquées fréquemment étant la volonté de réduire les coûts (72,5 %) et la diminution du travail (49,8 %), qui correspondent aussi à des augmentations de productivité (MITI, 1984, p. 47). Dans les entreprises que j'ai visitées, quatre (Nissan, OMRON, Matsushita et Fuji Denki) ont automatisé pour des raisons de productivité. Dans le cas de l'autre entreprise visitée (Shimadzu), la direction visait surtout à diminuer les tâches dangereuses, tout comme Matsushita, du moins partiellement, dans le cas de l'automatisation des tâches touchant aux lasers. Un cadre de OMRON a aussi mentionné la pénurie de main-d'œuvre jeune, qui force les entreprises à trouver des moyens pour y faire face. Chez Fuji Denki, enfin, la nécessité de s'adapter rapidement aux changements du marché a été invoquée pour justifier l'automatisation.

– L'importance de la planification

L'efficacité relative de l'automatisation au Japon vient d'une excellente planification. Selon Koike (communication personnelle), l'automatisation au Japon fonctionne bien dans plus des deux tiers des cas. Cela veut dire qu'il y a des échecs (qui peuvent être extrêmement coûteux) mais qu'ils sont beaucoup moins nombreux que les succès. Le succès dépend du choix des systèmes appropriés et de leur intégration à l'ensemble des procédés de production. Souvent, l'automatisation suit une période plus ou moins longue de rationalisation de la production, mais à l'intérieur des paramètres de la technologie mécanique. Le meilleur exemple d'une rationalisation poussée précédant l'automatisation se trouve sans aucun doute chez Toyota, dont les ingénieurs ont inventé bien avant la robotisation les méthodes de production qui, par la suite, se sont généralisées dans une bonne partie des grandes usines japonaises : renversement de la direction de la chaîne de montage, système *kanban*, *kaizen*, «juste-à-temps», etc. (Cusumano, 1985, chap. 5 ; voir plus haut).

Dans les usines que j'ai visitées, les expériences d'automatisation ont toutes été positives, mais elles ont été le fruit d'une planification très poussée. À l'usine de Shimadzu, l'automatisation a fait l'objet de discussions intenses pendant environ deux ans, y compris des négociations avec le syndicat (affilié à Denki Rôren). Un des dirigeants de cette entreprise a affirmé que, sans l'assentiment du syndicat, la direction n'aurait pas procédé à l'automatisation. Un dirigeant de OMRON a fait la même affirmation. Dans les cas où l'entreprise fabrique elle-même son équipement automatisé, comme c'est le cas chez OMRON, Matsushita et Fuji Denki, la planification est plus facile, car les entreprises peuvent concevoir elles-mêmes des équipements liés directement à des besoins précis. Dans le cas d'achat de systèmes faits ailleurs (comme chez Shimadzu), des relations suivies avec le manufacturier sont essentielles, car la majorité des systèmes doivent être faits sur mesure, pour des usages définis, ce qui nécessite une communication parfaite entre l'entreprise qui achète et le fabricant.

– Les facteurs du succès de l'automatisation

Le fait que le Japon se situe au premier rang au monde pour ce qui est des systèmes automatisés à la fin des années 1980 s'explique par un ensemble de facteurs qui ont joué conjointement.

Le premier de ces facteurs, d'ordre conjoncturel, est le fait que le Japon a connu une croissance continue (bien que plus faible qu'auparavant) de 1975 à 1990.

Le second facteur, lié au premier, est le faible taux de chômage : avec un taux officiel se situant autour de 2 %, il y a eu peu de résistance à l'automatisation comme source potentielle de chômage.

En troisième lieu, certaines caractéristiques du système industriel japonais ont facilité l'automatisation. Par exemple, la forte concurrence entre les entreprises les a poussées à essayer de trouver des moyens, dont l'automatisation, pour augmenter la productivité afin d'obtenir un avantage compétitif. Par ailleurs, les facilités de crédit permises par le système financier ont assuré aux entreprises un financement assez disponible, à condition que leurs plans d'automatisation soient approuvés par les banques.

Quatrièmement, les mesures gouvernementales ont aussi contribué à l'automatisation. La politique industrielle des années 1970, qui insistait sur les nouvelles technologies, incluait dans celles-ci les applications industrielles de l'informatique (robotique, logiciels d'application à l'automatisation industrielle, etc.). Par ailleurs, les politiques visant à développer la recherche et le développement (exemption d'impôt, etc.) se sont aussi appliquées à l'automatisation. Mentionnons enfin le développement de l'informatique dans le curriculum des écoles, permettant ainsi de développer une main-d'œuvre potentielle formée aux ordinateurs et donc prête à apprendre ce qui était nécessaire pour faire fonctionner les machines automatisées.

Cinquièmement, certaines caractéristiques du fonctionnement des grandes entreprises ont aussi un rôle dans la prolifération des systèmes automatisés (voir Bernier, 1979, 1985, 1994 a). Les employés dits réguliers, qui sont les seuls à profiter de la protection des syndicats (les temporaires, comme on l'a vu, sont exclus du syndicat), étant assurés de la sécurité d'emploi, il n'y a pas pour eux de danger de mise à pied liée à l'automatisation (sauf la retraite anticipée des plus âgés, mal défendus par les syndicats). Par ailleurs, le destin des réguliers étant lié à celui de leur entreprise, ils ont tendance à approuver tout ce qui aidera l'entreprise à progresser, y compris l'automatisation. De plus, la pratique répandue de consulter les employés au moment de changements technologiques assure que les intéressés seront avertis avant le fait des plans d'automatisation et qu'ils pourront souvent donner leur avis (dans la majorité des cas à travers le syndicat). Enfin, la définition de tâches d'équipe et la rotation des tâches peuvent servir à la fois de moyen à l'entreprise pour faciliter l'introduction des nouvelles machines (en mutant les récalcitrants ou en permettant l'insertion facile des nouveaux dans des équipes déjà constituées) et de moyen de formation.

### Les conséquences de l'automatisation sur l'emploi

#### a) Les conséquences quantitatives

Entre 1975, année que l'on peut prendre plus ou moins comme le début de l'implantation de l'automatisation industrielle à l'aide de la microélectronique au Japon, et 1990, année qui marque l'avènement de la récession des années 1990, le taux de chômage au Japon est demeuré stable autour de 2 %. Ce qui veut dire que, sur le plan macroéconomique, il n'y a aucune indication que l'automatisation industrielle ait causé du chômage. Le fait que le chômage n'a pas augmenté au Japon ne signifie pas que l'automatisation n'a pas eu cet effet dans d'autres pays, ni que l'automatisation au Japon n'a pas entraîné de chômage ailleurs (voir par exemple l'effet sur l'industrie automobile américaine de la hausse des importations des voitures japonaises). Les données dont nous disposons ne nous permettent que de soulever le problème des conséquences internationales de l'automatisation. Ce qui est clair, toutefois, c'est que l'automatisation, du moins jusqu'en 1990, n'a pas créé de chômage au Japon.

Les raisons de ce fait sont multiples, mais la plus importante est probablement que la production japonaise, tout en se maintenant aux plus hauts niveaux dans une bonne partie des secteurs de l'industrie lourde et dans celle des produits électroniques de consommation, s'est développée dans de nouveaux secteurs, dont la production des systèmes automatisés (pour lesquels les industries japonaises ont une nette avance) et des logiciels qui leur sont nécessaires. Une autre raison se trouve dans le fait que les entreprises japonaises ont continué d'exporter, ce qui leur a permis de continuer de vendre leur production en augmentation.

L'automatisation, globalement, n'a pas fait augmenter le chômage, mais elle a quelquefois mené à une diminution de la main-d'œuvre dans les usines qui automatisent leurs procédés de production. Koike note en effet que le quart des entreprises de son échantillon qui automatisent subissent une baisse de leur main-d'œuvre totale (Koike, 1983, p. 49). Le même auteur (*idem*, p. 49, 198 et 226) ainsi que les rédacteurs de l'étude du MITI (1984, p. 15) notent cependant que plus de 40 % des entreprises qui automatisent connaissent une hausse de leur main-d'œuvre totale, malgré une baisse du nombre de travailleurs dans les opérations qui ont subi l'automatisation (et près du tiers des entreprises de l'échantillon de Koike ne connaissent ni hausse ni baisse ; *idem*, p. 49). L'étude de NIRA estime par ailleurs que l'automatisation entre 1985 et 1990 aura fait disparaître directement 71 000 emplois, mais que cette perte serait compensée partiellement par la création de 48 00 emplois liés à la production de robots ou d'autres systèmes automatisés (NIRA, 1988, p. 4). L'absence de chômage viendrait donc surtout d'une expansion dans des secteurs qui ne sont pas liés directement à la production de systèmes automatisés.

La tendance à la diminution du nombre d'ouvriers dans les opérations directement touchées par l'automatisation (Koike, 1983, p. 7 ; MITI, 1984, p. 15, 26 ; NIRA, 1988, p. 22) n'a pas de quoi surprendre, puisque l'automatisation a souvent pour objectif de faire diminuer la main-d'œuvre (voir plus haut). Ce qui est plus intéressant, c'est que la baisse du nombre des ouvriers dans ces opérations est en général compensée par une hausse de la main-d'œuvre totale dans les entreprises qui automatisent. Selon Koike (1983, p. 6 ; voir aussi MITI, 1984, p. 22, 25), cette tendance s'expliquerait par le fait que les entreprises qui automatisent obtiennent souvent de l'automatisation des avantages (hausse du chiffre de vente, augmentation des profits) qui leur permettent une expansion dans de nouveaux secteurs, ce qui fait plus que compenser pour la perte d'emplois dans les opérations automatisées.

S'il n'y a pas, dans la majorité des cas, de perte d'emploi comme telle, il y a tout de même des déplacements de travailleurs à la suite de l'automatisation. L'enquête du MITI, qui, soulignons-le, porte exclusivement sur les grandes entreprises, signale les points suivants : premièrement, 48,4 % des entreprises de l'échantillon ont vu des tâches ouvrières disparaître à cause de l'automatisation (MITI, 1984, p. 25) ; deuxièmement, dans environ 3 % des entreprises, certains des ouvriers touchés par l'automatisation ont perdu leur emploi (on peut supposer que cela s'est fait surtout à travers les retraites anticipées ; MITI, 1984, p. 103) ; troisièmement, les pertes d'emploi sont plus fortes dans les entreprises de 300 à 999 employés que dans celles de plus de 1 000 salariés (MITI, 1984, p. 103) ; et, quatrièmement, dans 44 % des entreprises, les travailleurs dans les opérations touchées ont été déplacés ailleurs dans l'entreprise (34 % du total) ou bien dans des filiales ou chez des sous-traitants (10 % du total) (MITI, 1984, p. 25).

Ce que les enquêtes ne nous disent pas, cependant, c'est le nombre d'ouvriers déplacés dans les cas où la main-d'œuvre attachée aux opérations automatisées ne diminue pas. Car, en fait, l'absence de diminution de la main-d'œuvre totale attachée aux procédés qui ont été automatisés peut s'accompagner du remplacement de certains ouvriers par d'autres. Ce fut le cas dans une des usines visitées (dans quatre usines, il y a eu des déplacements, mais à la suite d'une diminution du nombre d'ouvriers) : à l'usine de Shimadzu, l'automatisation de six petits procédés qui employaient 30 travailleurs (dont trois femmes) n'a entraîné la disparition d'aucun emploi (il y a encore 30 personnes travaillant dans ces procédés), mais le remplacement de deux femmes et de trois hommes plus âgés par des jeunes hommes ayant une formation technique. Une femme a choisi de rester à son poste et l'entreprise lui a donné le même type de formation qu'à ses compagnons masculins. Il y a donc eu cinq déplacements sur 30 personnes (16 % du total).

À l'usine OMRON, l'automatisation (à l'aide de robots programmables à séquence fixe) du montage des relais électroniques a mené au remplacement de toutes les opératrices, au nombre de 36, qui auparavant faisaient ce travail à la main, par deux équipes de huit jeunes hommes (une pour le quart de jour, l'autre pour le soir), la plupart frais émoulus de lycées techniques ou de collèges professionnels. Du point de vue de la production, ce changement technologique a mené à une forte augmentation de production (entre deux et trois fois plus) avec moins de la moitié de la main-d'œuvre, soit une augmentation de productivité d'environ 500 %. Les 36 femmes qui ont été remplacées ont été replacées à l'intérieur de l'entreprise.

À l'usine de Matsushita, l'automatisation du montage des lecteurs de disques au laser a entraîné des déplacements, surtout de femmes, mais leur nombre n'a pas été précisé. À l'usine de Fuji Denki, l'automatisation de plusieurs procédés, y compris celle de tout un atelier consacré à la fabrication de commutateurs magnétiques pour l'industrie, a entraîné la baisse du nombre total des employés dans cette usine de 4 000 environ en 1965 à 1 560 réguliers (et une centaine de temporaires, surtout des femmes préposées à l'assemblage à la main de certaines pièces) en 1990. La plupart des emplois qui ont disparu étaient consacrés au montage à la main de divers équipements électriques, emplois féminins remplacés par des emplois masculins hautement qualifiés. La majorité des personnes déplacées ont été replacées ailleurs dans l'entreprise, mais plusieurs femmes (le nombre exact ou même approximatif n'a pu être précisé), qui ne faisaient pas partie des employés réguliers, ont été renvoyées.

Ces exemples ne sont pas assez nombreux pour nous donner une idée exacte des déplacements ou des mises à pied à la suite de l'automatisation, mais ils nous indiquent que les changements, dans les cas où l'automatisation entraîne l'élimination de postes, peuvent être extrêmement importants, affectant probablement une proportion plus forte de travailleurs que celle indiquée par les chiffres mentionnés plus haut (par exemple, on peut raisonnablement penser que les 3 % des cas où des personnes ont été mises à pied excluent les cas où seulement des non-réguliers sont renvoyés). L'enquête du MITI indique que les secteurs dans lesquels les effets sur l'emploi ont été les plus importants sont ceux dans lesquels l'automatisation a commencé tôt (MITI, 1984, p. 100) et ceux pour lesquels l'automatisation mécanique, précédant l'automatisation avec l'électronique, avait été forte (MITI, 1984, p. 100 ; Kansai Productivity Center, 1985, p. 2).

*b) Les catégories d'ouvriers affectés*

L'automatisation n'affecte pas toutes les catégories d'ouvriers de la même façon. Au sujet des catégories d'âge, les données des différentes enquêtes ne concordent pas toujours. Dans l'enquête du MITI, les catégories d'âge les plus affectées par les déplacements dus à l'automatisation sont les 30-39 ans (40,4 % des déplacements) et les 40-49 ans (26,9 % des déplacements) (MITI, 1984, p. 105). Pour cette dernière catégorie d'âge, c'est l'introduction de MOCN qui entraîne le plus de déplacements (*idem*, p. 106), ce qui signifie que des ouvriers travaillant sur des machines-outils conventionnelles, c'est-à-dire très qualifiés ou moyennement qualifiés, âgés de plus de 40 ans, ayant souvent acquis leur qualification sur une longue période, sont fortement affectés par l'automatisation. On reviendra sur ce point dans la section sur la qualification. Les rédacteurs de la même étude notent que les ouvriers les plus âgés ont plus de difficultés d'adaptation à l'automatisation que leurs cadets (*idem*, p. 17).

L'enquête de Denki Rôren (1983, p. 104 et suiv.), limitée aux secteurs des produits électriques et électroniques, signale des changements mineurs dans la structure de l'âge de la main-d'œuvre ouvrière à la suite de l'automatisation électronique. Certaines usines, particulièrement dans le matériel électrique lourd, notent une augmentation de la proportion des travailleurs de plus de 45 ans à la suite de l'automatisation (18,3 % des usines de ce secteur dans l'échantillon, contre 10,9 % qui signalent une baisse). Koike (1983, p. 207, tableau 1-10) signale une baisse de l'âge moyen des travailleurs dans seulement 8,9 % des entreprises ayant introduit des systèmes automatisés, contre 3,7 % qui notent une hausse de l'âge moyen. Toutefois, les travailleurs répondant à l'enquête du Kansai Productivity Center sont d'avis que l'automatisation entraînera des problèmes pour les ouvriers âgés (9,2 % pensent qu'ils seront exclus des entreprises, 38,2 % pensent qu'ils seront transférés dans des opérations non automatisées ; Kansai Productivity Center, 1985, p. 271, tableau 23). L'évaluation des conséquences de l'automatisation sur les catégories de travailleurs les plus âgés varie donc selon les enquêtes et aussi selon les entreprises, mais il semble qu'une tendance indiquée par l'enquête nationale du MITI, c'est-à-dire le déplacement de travailleurs plus âgés à la suite de l'introduction de machines automatisées, soit assez répandue.

On trouve le même type de divergence dans les conclusions sur les effets de l'automatisation sur les femmes. Selon l'enquête du MITI, les femmes sont plus affectées par l'automatisation que les hommes âgés, en partie parce qu'elles sont concentrées dans les emplois moins qualifiés, particulièrement touchés par l'automatisation (MITI, 1984, p. 117-118). Le déplacement des femmes à la suite de l'automatisation est particulièrement visible dans des secteurs comme le matériel électrique et électronique et les instruments de précision où les opérations de montage, auparavant faites à la main, sont de plus en plus effectuées par des robots (MITI, 1984, p. 119-120 ; voir aussi Denki Rôren, 1983, p. 76, figure 4-2). L'enquête de Denki Rôren signale une baisse de 56,3 % de la proportion des femmes à la suite d'une automatisation poussée (1983, p. 104, tableau 4-9), et cette baisse est la plus forte dans le sous-secteur des composantes électroniques (*idem*, p. 104, tableau 4-8). Ces conclusions concordent avec les exemples cités plus haut : Fuji Denki, qui fabrique du matériel électrique lourd et des composantes électroniques, a procédé à une automatisation poussée, avec perte importante d'emplois pour les femmes ; Matsushita et OMRON ont automatisé des procédés de montage de pièces électroniques, avec les mêmes conséquences. On peut donc en tirer la conclusion que, dans l'industrie électrique et électronique, plus l'automatisation est poussée, plus les femmes sont exclues des emplois.

Les données de Koike ne concordent pas avec ces conclusions. Selon son enquête, l'introduction de machines automatisées, en général, n'entraîne pas de changements dans le nombre de femmes (44,7 % des usines) et la majorité des usines où des changements sont survenus signale plutôt une hausse du nombre de femmes (30,1 %) qu'une baisse (20,3 %) (Koike, 1983, p. 198, tableau 1-2-1). Les résultats d'une autre enquête vont dans le même sens : le nombre d'ouvriers à temps partiel (pour l'immense majorité, des femmes) aurait tendance à augmenter, mais seulement dans certaines opérations de montage automatisé (NIRA, 1988, p. 20).

Ces disparités peuvent dépendre des échantillons. Mais il n'en demeure pas moins que, quelles que soient ses conséquences sur le niveau général d'emploi, la majorité des enquêtes indiquent que l'automatisation entraîne une baisse du nombre de femmes travaillant dans les opérations automatisées et cette conclusion est corroborée par la recherche sur le terrain. Cette tendance s'explique partiellement par la propension des directions d'entreprises (et souvent des femmes elles-mêmes, dont la formation technique est plus faible que celle des hommes) à penser que les femmes ne pourraient pas apprendre à faire fonctionner les nouvelles machines. Mais il ne s'agit là que d'une tendance et non d'une pratique à caractère universel : chez OMRON, l'automatisation d'un ensemble de procédés de manutention et de production de produits métalliques à l'aide d'un centre d'usinage en 1984 a mené au déplacement de six travailleurs, tous des hommes, remplacés par deux techniciens, dont une femme, travaillant sur ordinateur. Cet exemple nous montre une contre-tendance qui, advenant que l'enseignement technique s'améliore pour les femmes, pourra peut-être s'amplifier. De fait, dans la situation des années 1980, caractérisée par la pénurie de jeunes hommes prêts à travailler et par une politique d'immigration très restrictive, la propension des grandes entreprises à embaucher des jeunes a profité à quelques jeunes femmes qui ont été recrutées pour travailler sur des machines automatisées. Cette tendance, qui commençait à s'amplifier à la fin des années 1980, s'est amenuisée avec la récession des années 1990-1994. Mais il est à prévoir que la reprise économique qui s'annonce à la fin de 1994 entraînera à plus ou moins brève échéance une hausse de l'embauche de femmes sur des machines automatisées — après une période initiale d'ajustement pendant laquelle seront embauchés en priorité les jeunes hommes qui, pendant la récession, ont eu de la difficulté à se trouver des emplois intéressants.

L'automatisation affecte fortement les travailleurs non qualifiés, les temporaires et les travailleurs à temps partiel (dont la majorité sont des femmes). L'enquête du MITI signale une proportion plus grande d'entreprises ayant connu des baisses (plutôt que des hausses) du nombre de non-qualifiés dans cinq secteurs (sidérurgie, métaux non ferreux, matériel électrique et électronique, matériel de transport, instruments de précision) des huit secteurs touchés par l'enquête (MITI, 1984, p. 118). Quant aux temporaires et aux travailleurs à temps partiel, il y a eu baisse de leur nombre dans sept secteurs (sidérurgie, métaux non ferreux, matériel électrique et électronique, matériel de transport, machinerie, produits métalliques et automobile ; seule la production d'instruments de précision a une proportion plus forte d'entreprises ayant connu une hausse que de celles ayant connu une baisse ; MITI, 1984, p. 119). Ces conclusions sont corroborées par Denki Rôren (1983, p. 105, tableau 4-12), mais contredites en partie par l'enquête de NIRA (1988, p. 20 ; voir plus haut).

*c) Conclusion*

Ces données sur le niveau d'emploi, bien que parfois elles ne concordent pas d'une étude à l'autre, nous permettent tout de même d'en arriver à quelques conclusions partielles. On peut dire, en effet, que l'automatisation au Japon n'a pas affecté fortement le niveau général d'emploi. On peut dire aussi que les entreprises qui automatisent leurs procédés de production augmentent souvent leur nombre total d'employés, ce qui signifie qu'elles obtiennent de l'automatisation des avantages qu'elles utilisent pour élargir le champ de leurs activités.

Mais l'automatisation n'affecte pas tous les travailleurs de la même façon. En général, l'automatisation affecte négativement les catégories de travailleurs les moins protégés dans le système actuel de relations de travail (Bernier, 1979 ; 1985 ; 1994 a) ou les moins formés techniquement : les femmes, les travailleurs âgés (même les ouvriers qualifiés), les temporaires et les travailleurs à temps partiel. En général, du moins dans les grandes entreprises, les travailleurs déplacés ne perdent pas leur emploi (sauf pour les temporaires, qui ne jouissent pas de l'«emploi à vie», et les travailleurs mis à la retraite anticipée) et sont affectés à d'autres tâches appropriées à leur niveau de qualification. Une dernière conclusion : plus une opération est diversifiée, c'est-à-dire plus elle comprend de tâches différentes, moins l'automatisation entraîne de baisse des effectifs (MITI, 1984, p. 102), ce qui est corroboré par l'exemple de Shimadzu, usine dans laquelle les opérations de fabrication de matériel médical (tables à rayon X, machines automatiques d'analyse de laboratoire, etc.) sont extrêmement complexes.

### Les conséquences de l'automatisation sur les procédés et les tâches

#### a) L'automatisation et le procès de travail

L'automatisation affecte nécessairement l'organisation du travail en usine. En effet, l'automatisation transforme le travail manuel ou le travail sur des machines conventionnelles en travail sur des machines associées à un ordinateur. Aomi (1982, p. 28-29), Cavestro et Mercier (1988, p. 309) et Kitamura (1985, p. 93-101) ont défini les paramètres généraux des modifications de la production venant de l'automatisation.

> Il est clair que la micro-électronique introduit dans les entreprises japonaises des transformations importantes au sein de l'organisation du travail. Elle fait apparaître des fonctions et des activités nouvelles en amont des tâches de production et de surveillance des machines. Les tâches de programmation ont une place tout à fait centrale dans l'organisation du travail associé à la micro-électronique. [...] Le nombre

de tâches augmente avec les équipements automatisés (machines-outils à commande numérique, centres d'usinage, ateliers flexibles, robots). La programmation se situe à l'interface de la fonction des méthodes et de la fabrication. Avec les MOCN, les centres d'usinage et les ateliers flexibles, la programmation est une activité entièrement nouvelle qui consiste à définir, à l'aide d'un programme, tous les déplacements d'outils et de matière. (Cavestro et Mercier, 1988, p. 308-309.)

Voyons plus en détail ce que l'automatisation signifie pour le procès de travail. Premièrement, et c'est là le but de l'automatisation, les opérations de production comme telles sont maintenant laissées aux machines, sans contrôle direct de l'ouvrier sur la matière et sur le fonctionnement de la machine. Dans le cas des machines-outils et même dans celui de certaines opérations de montage, cela signifie la disparition de l'habileté, de la dextérité manuelle obtenue à la suite de nombreuses années de travail.

Deuxièmement, la diminution des tâches mettant en contact avec la matière s'accompagne d'une augmentation du travail de surveillance (des machines ou d'appareils électroniques de mesure du fonctionnement des machines) et du travail associé au contrôle de l'information à l'aide de l'informatique (Aomi, 1984, p. 89). En effet, les opérations sur la matière sont maintenant laissées aux machines qui suivent les indications transmises par un ordinateur, programmé à cette fin. Il reste évidemment des opérations matérielles sur les machines : entretien, réparations, etc. Mais les opérations matérielles liées directement à la production disparaissent.

Troisièmement, comme le soulignent Cavestro et Mercier (voir citation plus haut), dans les systèmes automatisés, le travail qui précède la production comme telle augmente (surtout le travail de programmation) et ce travail se distingue de moins en moins de celui des ingénieurs des méthodes.

Quatrièmement, certains systèmes, par exemple les centres d'usinage, les ateliers flexibles et les systèmes CIM, combinent dans un seul système automatisé des opérations diverses, auparavant faites par des ouvriers de formation et de compétences très différentes. On a déjà mentionné un exemple de cette transformation : celui d'un centre d'usinage chez OMRON, qui combine maintenant sous contrôle d'un ordinateur des opérations auparavant faites sur différentes machines-outils demandant des compétences particulières et des opérations de manutention auparavant assurées par des travailleurs non qualifiés.

Cinquièmement, si les machines automatisées fonctionnent avec des programmes, donc avec des informations qui proviennent de l'extérieur du processus productif, les ordinateurs associés à la production permettent la rétroaction (*feedback*), c'est-à-dire le traitement des données provenant de la production (retards, défauts, etc.) pour ajuster ou corriger le processus productif, soit automatiquement, soit avec l'aide d'un programmeur qui fait les corrections requises. De cette façon, les tâches de contrôle de la qualité deviennent de plus en plus incorporées aux machines (MITI, 1984, p. 89). Il y a bien entendu des formes de rétroaction dans le travail traditionnel, mais qui font appel au travailleur lui-même qui, avec ses connaissances et son expérience, pose des jugements sur les problèmes de la machine et tente de trouver des solutions. Avec l'automatisation à l'aide de la micro-électronique, la rétroaction devient automatique, inscrite dans le programme.

### b) Les conséquences sur le travail

L'automatisation élimine le travail manuel pour le remplacer par un travail moins directement lié à la matière (MITI, 1984, p. 17, 75 ; Aomi, 1984, p. 83). Koike (1983, p. 7, 15, 58) et Itô (1985, p. 29-31, 38) en tirent la conclusion que le travail devient ainsi plus intellectuel (voir aussi Ikegami, 1985, p. 105, 107). Les rédacteurs d'un autre rapport parlent de l'«humanisation» du travail à l'aide de l'automatisation (Nihon sangyô robotto kôgyôkai, 1991 a, p. 35) et mentionnent la tendance de l'économie japonaise à la transformation de tâches de production en travail de «cols blancs» (*idem* ; aussi MITI, 1984, p. 30).

Aomi (1984, p. 83), Kitamura (1985, p. 114) et les rédacteurs du rapport de l'enquête du Kansai Productivity Center (1985, p. 3) soulignent cependant la possibilité que l'automatisation à l'aide de l'électronique crée une nouvelle polarisation des tâches, les techniciens contrôlant les opérations les plus qualifiées (programmation, ajustements et changements dans les procédés, prévention et diagnostic des problèmes, réparations), et les ouvriers étant relégués aux opérations de surveillance de routine. En fait, il est bien clair que le travail dans son ensemble s'intellectualise avec l'automatisation, mais ce fait ne mène pas automatiquement à la hausse de la qualification du travail des ouvriers qui surveillent les machines automatisées. Si on admet pour le moment que l'automatisation de la production donne à la fois aussi bien la possibilité d'augmenter la qualification des ouvriers, en leur permettant d'acquérir la formation nécessaire à des opérations comme la programmation et la réparation des machines électroniques, que celle de déqualifier leur travail en les reléguant à des opérations de surveillance, on peut conclure provisoirement que c'est la façon d'utiliser les machines automatisées plutôt que la technologie elle-même qui mène à la qualification ou à la déqualification du travail de production. Il reste à examiner comment l'automatisation industrielle est utilisée au Japon et quelles en sont les conséquences sur la répartition des tâches.

La première conclusion que l'on peut tirer des enquêtes à ce sujet, c'est que la quantité de travail des ouvriers n'a pas tendance à augmenter avec l'automatisation. Dans l'enquête du MITI, 50,7 % des usines dont les représentants ont répondu au questionnaire ont dit que l'automatisation avait entraîné une baisse de la quantité de travail (MITI, 1984, p. 14) et en particulier du travail manuel (*idem*, p. 93). Par ailleurs, selon la même source, le nombre d'usines ayant déclaré une baisse dans la difficulté des tâches à la suite de l'automatisation est plus du double de celui où on note une hausse (*idem*, p. 18). Il faut comparer ces conclusions, obtenues de source patronale, avec celles de Denki Rôren, fondées sur une enquête auprès des travailleurs : 26,4 % des répondants signalent une diminution quantitative de la tâche à la suite de l'automatisation, contre 23,5 % qui indiquent une augmentation (Denki Rôren, 1983, p. 88-89). La même enquête signale paradoxalement une tendance à la hausse des heures supplémentaires à la suite de l'automatisation (23,9 % des répondants, contre 7 % qui signalent une baisse ; la tendance suit le degré d'automatisation, car, dans les cas d'automatisation systématique, 40 % des répondants notent une hausse ; Denki Rôren, 1983, p. 123, tableau 5-26).

L'automatisation n'entraîne pas toujours une modification majeure du déroulement des opérations de production. C'est du moins ce qu'on peut tirer des enquêtes de Koike (1983, p. 214, tableau 1-20) et du MITI (1984, p. 17, 87). En général, tout en modifiant la nature du travail à faire, l'automatisation ne transforme pas trop l'enchaînement des opérations. Ceci s'explique par la nature de l'automatisation au début des années 1980 qui portait souvent sur des processus limités, imbriqués dans une série d'opérations dont la majorité n'était pas modifiée. Évidemment, plus l'automatisation est poussée, plus le processus même de production est transformé.

### c) L'élimination de certaines tâches

Comme on l'a vu plus haut, l'enquête du MITI indique que, dans environ la moitié des entreprises de l'échantillon (48,7 %), l'automa-tisation rend certaines tâches antérieures inutiles, ce qui entraîne le déplacement de certains travailleurs. On a aussi vu que l'automatisation des opérations les plus complexes entraîne moins de baisse de main-d'œuvre que les opérations plus simples. Concrètement, les types d'opérations les plus affectés par l'automatisation récente sont, pour les travailleurs de 40 ans et plus, la transformation première et secondaire des métaux (fonte, raffinage, forge, presse) et l'expédition ; pour les jeunes, ce sont le montage, la vérification, la peinture et la manutention (MITI, 1984, p. 106). Il faut noter que les opérations affectées sont chez les jeunes, du moins en général, moins qualifiées que chez les travailleurs de plus de 40 ans. Plus l'automatisation est systématique, c'est-à-dire plus le nombre d'opérations qu'elle affecte est élevé, plus elle rend inutiles des tâches d'ouvriers qualifiés, en particulier sur machines-outils (*idem*, p. 109).

*d) Les nouvelles tâches créées par l'automatisation*

L'automatisation industrielle à l'aide de l'électronique est fondée sur l'introduction de machines nouvelles, liées à des ordinateurs. Cette introduction, comme on l'a vu, transforme le travail d'usine pour en faire un travail assez semblable au travail de bureau. Les nouvelles tâches liées à l'automatisation électronique touchent tout d'abord à la programmation. En général, le système et le logiciel de base sont préparés par le manufacturier de la machine (qui est souvent l'utilisateur), mais la définition du logiciel d'application et ses modifications (correction des erreurs, modification pour une production différente) sont accomplies à l'interne. En effet, comme l'indiquent les enquêtes, plus de 80 % des tâches de programmation après l'introduction des machines sont faites par le personnel des usines, c'est-à-dire par les ingénieurs, les techniciens-programmeurs, les contremaîtres, les travailleurs préposés à l'entretien des machines ou les ouvriers de la production (Itô, 1985, p. 32, tableau 4 ; Koike, 1983, p. 60, figure 1-16, p. 209, tableau 1-13 ; Cavestro et Mercier, 1988, p. 311-312, tableau 10). Koike signale que plus de 60 % des usines de son échantillon n'ont pas engagé de nouveau personnel pour s'occuper des tâches de programmation. Il indique aussi que la tendance à dépendre du personnel déjà en place est plus faible dans les grandes entreprises que dans les petites (la moitié des grandes entreprises ayant engagé des nouveaux techniciens pour la programmation, contre seulement le quart pour les PME ; Koike, 1983, p. 213, tableau 1-18).

Un autre type de tâche créée par l'automatisation électronique est la surveillance : surveillance des écrans qui indiquent comment la machine fonctionne, surveillance de la machine et de son produit. Koike (1983, p. 55, figure 1-10) note l'augmentation des tâches de surveillance dans plus de la moitié des usines de son échantillon (moins de 20 % notant une diminution). En fait, ce genre de tâche existe aussi pour les machines conventionnelles, mais, en général, il subit une hausse avec les systèmes automatisés, couvrant dans certains cas la majeure partie de la tâche. La surveillance en tant que telle exige une qualification, mais limitée, de la part du travailleur. La qualification augmente si le travailleur doit aussi s'occuper du diagnostic des problèmes, de la définition ou des modifications du programme d'application ou de la réparation des machines.

Les tâches de diagnostic des problèmes et de réparation des machines sont présentes dans tous les systèmes de production, mais l'automatisation électronique en modifie le contenu. En effet, l'introduction de systèmes automatisés rend nécessaire l'apprentissage non seulement de la mécanique, mais encore de l'électronique, l'autre composante de ces systèmes que les Japonais se plaisent à appeler «mécatroniques» pour désigner la combinaison de la mécanique et de l'électronique.

### Les effets de l'automatisation sur la qualification des travailleurs

#### a) La définition de la qualification[6]

Certains auteurs, en particulier au Japon, ont soutenu que l'automatisation entraînait quasi automatiquement un accroissement de la qualification des travailleurs (Koike, 1983, p. 7, 1984a ; Ikegami, 1985, p. 105-109), une conclusion fondée sur une approche intuitive et non sur une définition explicite de la qualification. Ces auteurs ont avancé comme conséquences de l'automatisation actuelle la diversification des tâches des ouvriers (qui se traduirait par la polyvalence des travailleurs) et l'amélioration du caractère intellectuel du travail. Ces deux conséquences touchent à des aspects importants de la qualification : l'une à la capacité d'accomplir plusieurs tâches différentes, sur une machine ou sur différentes machines (dans ce dernier cas, les auteurs vantent la pratique japonaise de la rotation systématique des tâches), l'autre au fait que le travail manuel est remplacé par du travail qui nécessite moins de dépense d'énergie physique et une plus grande utilisation des facultés mentales.

Mais la qualification ne se limite pas à ces aspects. En effet, la qualification recouvre un ensemble d'éléments, souvent difficiles à mesurer. Le premier est la dextérité manuelle, acquise la majorité du temps au travail, mais qui peut être le résultat partiel de cours formels. La dextérité manuelle comporte un aspect mental : l'apprentissage de gestes précis et complexes, faits dans un certain ordre et avec précision, comme sur une machine-outil ou sur une machine à coudre, demande une grande coordination du cerveau et de la main, obtenue à la suite de plusieurs heures d'apprentissage et de perfectionnement. La dextérité manuelle est souvent ignorée comme élément de la qualification dans les études japonaises sur l'automatisation, mais elle en est un aspect essentiel.

Le second élément de la qualification est la connaissance, donc l'aspect intellectuel proprement dit. C'est ici qu'il faut classer les connaissances particulières, comme la capacité d'utiliser les ordinateurs ou la capacité de les programmer, qui demandent une certaine dextérité manuelle minimale mais qui requièrent surtout l'acquisition de certaines compétences intellectuelles. Cette acquisition dépend de la formation, dont une bonne partie doit se faire à travers l'enseignement formel. Cet élément, tout comme le premier, a trait à ce qui est acquis par les travailleurs, à ce qui est incorporé à leur organisme.

Les deux autres éléments de la qualification touchent à la capacité qu'ont les travailleurs d'utiliser leur dextérité ou leurs connaissances. Le troisième élément fait référence à la dextérité ou aux connaissances qu'une tâche en particulier exige pour son exécution. Un ouvrier peut bien posséder toutes sortes de compétences, s'il est astreint à un simple travail de surveillance d'écrans cathodiques, on peut dire que son travail est peu qualifié, même si le travailleur lui-même est très qualifié. Autrement dit, il ne suffit pas de mesurer les capacités d'un travailleur pour porter un jugement sur la qualification de son travail. Le quatrième élément a trait au contrôle sur la conception du travail et sur son exécution. Cet élément n'est pas facile à mesurer. Le contrôle fait référence à l'autonomie dans la définition du contenu et du rythme de son propre travail, au jugement porté sur le travail en cours et à la capacité d'agir de façon autonome à partir de ce jugement, enfin à la connaissance du lien d'une tâche particulière avec le procès de travail dans sa totalité. Les divers éléments du contrôle peuvent s'opposer : par exemple, la rotation obligatoire entraîne la perte du contrôle par le travailleur de la définition de son propre travail, mais elle peut mener à une meilleure compréhension de l'ensemble du procès de travail.

C'est à partir de ces quatre éléments de la qualification qu'il nous faut juger de l'impact de l'automatisation à l'aide de l'électronique sur la qualification au Japon. Les données ne nous permettent pas toujours de saisir adéquatement toutes les conséquences de l'automatisation sur la qualification, mais la définition en quatre points permet au moins de circonscrire le problème avec plus de précision.

### b) Les conséquences sur la dextérité manuelle et sur les connaissances

L'automatisation modifie souvent la qualification nécessaire au fonctionnement des nouvelles machines. Même si de nombreuses tâches peu qualifiées du point de vue de la dextérité et des connaissances (manutention, montage, etc.) disparaissent avec l'automatisation, il arrive que des travailleurs de plus de 40 ans, très qualifiés du point de vue de la dextérité manuelle et de la connaissance des matériaux, voient leur qualification devenir inutile (MITI, 1984, p. 13, 47). Selon l'enquête du MITI, l'ancienne qualification des tâches transformées par l'automatisation est maintenue en entier dans seulement 41,6 % des entreprises ayant connu l'automatisation (mais seulement 4,4 % signalent la disparition totale des anciennes qualifications) (MITI, 1984, p. 13). La même enquête signale néanmoins que seulement 2,9 % des travailleurs déplacés à cause de l'automatisation sont très qualifiés, les autres étant qualifiés (69,5 %) ou sans qualification (23,6 %) (*idem*).

Les nouvelles qualifications nécessaires pour faire fonctionner les systèmes automatisés sont surtout de nature intellectuelle : connaissance de l'informatique (MITI, 1984, p. 14), connaissance du processus de production (*idem*, p. 75), rapidité de jugement et sens de la mécanique pour diagnostiquer les problèmes (*idem*, p. 16, 75). Ces qualifications peuvent se répartir de diverses façons entre les catégories de travailleurs, y compris en donnant à des ingénieurs toutes les tâches qui demandent de la formation et en reléguant les ouvriers aux tâches les plus faciles et monotones de surveillance des machines. Autrement dit, comme on l'a vu, la technologie automatisée ne définit pas de façon stricte la répartition des tâches et la qualification des différentes catégories d'employés.

### c) La répartition des tâches entre catégories d'employés

L'automatisation électronique a permis aux petites entreprises de s'automatiser, ce qui était presque impossible avec les systèmes d'automatisation mécanique des années 1950-1960 (MITI, 1984, p. 30). En effet, l'automatisation électronique peut se faire à plus petite échelle, plus graduellement et à un moindre coût initial, ce qui facilite son introduction dans les PME. Cette forme d'automatisation s'est aussi étendue à tous les secteurs industriels. Mais l'automatisation entraîne-t-elle les mêmes conséquences dans les petites et les grandes entreprises ?

On a vu plus haut que, selon les résultats de l'enquête de Koike, les PME avaient moins recours que les grandes entreprises à du nouveau personnel pour remplir les tâches de programmation (1983, p. 213, tableau 1-18). Notons toutefois un problème à ce sujet : l'étude de Koike, tout comme les autres enquêtes, ne donne pas de précision sur le niveau de difficulté des tâches de programmation effectuées. Koike tire néanmoins de ses données la conclusion que le travail dans les PME devient, à la suite de l'automatisation, encore plus qualifié que dans les grandes entreprises (Koike, 1983, p. 7). Les données de l'enquête citée par Cavestro et Mercier (1988, p. 311) confirment partiellement cette conclusion : les ouvriers des petites entreprises de moins de 100 salariés participent plus à la programmation à la fois au moment de l'introduction des systèmes automatisés (dans 9,4 % des entreprises de cette taille dans l'échantillon, contre 2,9 % pour les entreprises de plus de 1 000 salariés) et dans leur utilisation courante (17,1 % contre 12,7 %). Cependant, ces auteurs, après examen de plusieurs variables (en particulier le faible rôle des ouvriers des PME dans les réparations et le contrôle de la qualité, et le fait que, dans les grandes entreprises, avec le temps, les ouvriers en arrivent à faire plus souvent que dans les PME des tâches de programmation complexes ; Cavestro et Mercier, 1988, p. 309-312), en arrivent à la conclusion que la polarisation entre grandes et petites entreprises augmente avec l'automatisation électronique et que «l'élargissement des compétences a une amplitude moins élevée dans les PME que dans les grandes entreprises» (*idem*, p. 328). Autrement dit, les opérateurs dans les grandes entreprises ont un plus grand nombre de tâches différentes à remplir, ils ont donc une plus grande possibilité d'utiliser leurs connaissances.

Nous pouvons donc conclure des données présentées que, au Japon, les ouvriers travaillant à la base ont tendance à participer non seulement aux tâches de surveillance des machines, mais encore, et cela est surtout vrai des grandes entreprises, à certaines opérations liées à la programmation (corrections et modifications aux logiciels d'application, probablement aussi, quelquefois, changements de programmes) et à l'entretien (diagnostic des problèmes, modifications dans les procédés, réparations mineures). Les résultats des enquêtes démontrent aussi que les tâches des ouvriers des grandes entreprises ont tendance à se diversifier plus que celles des ouvriers des PME. Cependant il y a, dans environ le quart des grandes entreprises, une catégorie d'ouvriers qui est peu présente dans les PME : les ouvriers de l'entretien qui souvent font aussi des tâches de programmation. Lorsqu'ils sont présents, la tendance est à la diminution de la qualification des tâches effectuées par les ouvriers réguliers.

Dans le processus d'introduction et de fonctionnement des machines automatisées, la tendance au Japon, dans les PME et dans les grandes entreprises, mais plus fortement dans ces dernières, est de transférer plusieurs tâches qualifiées des ingénieurs ou techniciens (de l'extérieur ou de l'entreprise) vers les ouvriers de la base, souvent en passant par les contremaîtres (MITI, 1984, p. 62, 88 ; Itô, 1985, p. 29-31 ; Koike, 1983, p. 57-60). Le rôle des contremaîtres se modifie : ils consacrent moins de temps à la surveillance des ouvriers, au contrôle de la qualité (incorporé aux machines) et à la planification de la production (tâche que se partagent les ingénieurs de méthodes et les ouvriers), mais leur rôle augmente dans la formation des ouvriers au fonctionnement des systèmes automatisés, dans la programmation et dans l'entretien des machines (MITI, 1984, p. 88-89 ; Cavestro et Mercier, 1988, p. 111-112, tableaux 9 et 10 ; Itô, 1985, p. 33, tableaux 5 et 6 ; Denki Rôren, p. 120-121, tableau 5-21). En fait, l'ancien rôle de supervision des contremaîtres disparaît, ou à tout le moins diminue, pour être remplacé par des tâches de formation des ouvriers et des tâches qualifiées de production.

*d) La formation*

L'automatisation crée de nouvelles tâches, oblige les travailleurs à acquérir de nouvelles connaissances et, de ce fait, rend la formation nécessaire. L'enquête du MITI et celle de Koike signalent l'importance de cette formation, l'une indiquant qu'elle est donnée dans 90 % des cas d'automatisation dans l'échantillon (MITI, 1984, p. 24), l'autre dans 86 % (Koike, 1983, p. 212, tableau 1-16). Le fait de recevoir une formation formelle quant aux systèmes automatisés est d'ailleurs une des raisons qui font que l'automatisation est acceptée par la majorité (68 %) des ouvriers (MITI, 1984, p. 58). En général, les entreprises (69,9 % d'entre elles dans l'enquête du MITI, p. 58) forment quelques-uns de leurs employés, surtout des jeunes déjà qualifiés (dans 63,3 % des cas), des contremaîtres ou des cadres (57,8 % des cas), ou des ouvriers de la base (50,9 % des cas) qui par la suite transmettent leurs connaissances aux autres. Dans la majorité des cas sont exclus de cette formation première les employés de moins de trois ans d'expérience et les employés de plus de 40 ans (*idem*, p. 64-65).

La formation est donnée de différentes façons. Une bonne partie des usines qui automatisent font appel aux fabricants des systèmes automatisés pour donner la formation nécessaire, soit chez le fabricant (64,2 % des cas selon MITI, 1984, p. 24 ; 71,5 % selon Koike, 1983, p. 212, tableau 1-16 ; 31 % selon Denki Rôren, 1983, p. 113, tableau 5-7 ; 76 % selon Cavestro et Mercier, 1988, p. 326, tableau 20 ; ces mêmes références valent pour toutes les données mentionnées dans ce paragraphe), soit dans l'entreprise, mais par du personnel du fabricant (39,5 % selon MITI ; 68,2 % selon Cavestro et Mercier). La formation en entreprise prend souvent la forme de formation au travail (OJT : *on-the-job training*) (54,5 % des entreprises selon MITI ; 52,3 % selon Denki Rôren ; 40,4 % au moment de l'introduction des machines et 53,3 % au moment de l'enquête selon Cavestro et Mercier), en général en participant à des essais du matériel (*test run*) (44,2 % selon MITI ; 38,9 % selon Cavestro et Mercier). Certaines entreprises donnent aussi des cours formels dans des centres de formation (22,1 % des entreprises de l'échantillon de Cavestro et Mercier ; 12,3 % selon Denki Rôren ; 27,8 % selon MITI). Les ouvriers eux-mêmes prennent souvent des cours hors de l'entreprise, à leurs frais et en dehors des heures de travail, ou bien se donnent cette formation par l'étude à la maison (31,7 % selon Cavestro et Mercier ; 11,3 % selon MITI). Au sujet du contenu de la formation formelle, Koike (1983, p. 212, tableau 1-16) nous dit qu'elle porte sur l'apprentissage de la programmation appliquée aux machines automatisées (76,4 % des entreprises), sur la connaissance technique des machines (13 %) et sur l'apprentissage de l'utilisation d'ordinateurs (12,6 % des entreprises).

La formation au travail se fait souvent par la rotation des tâches. En effet, dans plusieurs entreprises, en particulier les plus grandes, comme on l'a vu, la pratique courante est de muter les ouvriers d'un poste à un autre ou d'un atelier à un autre, et ce afin d'obtenir une main-d'œuvre polyvalente. Dans l'enquête du MITI, c'est 68,4 % des entreprises participantes qui ont dit avoir utilisé la rotation à cette fin (MITI, 1984, p. 85). En comparaison, 29,5 % des usines ont dit vouloir favoriser la spécialisation plutôt que la poly-valence, et ce surtout dans les secteurs des produits métalliques, du matériel électrique et électronique et du matériel de transport et dans des opérations comme le montage, l'usinage du métal et l'emballage (*idem*).

À ce sujet, les cadres de quatre des entreprises qui ont fait l'objet de visites ont insisté sur la nécessité de la formation. Dans trois cas (Matsushita, OMRON, Fuji Denki), les systèmes automatisés ont été fabriqués par l'entreprise elle-même, ce qui veut dire que toute la formation a été donnée dans l'entreprise avec du personnel de l'entreprise. Dans le cas de OMRON, comme on l'a vu plus haut, de nouveaux travailleurs, diplômés des lycées et collèges techniques, ont été embauchés pour certaines opérations sur robots, mais même ces travailleurs ont suivi des cours au centre de formation de l'entreprise. Chez Shimadzu, les systèmes automatisés ont été achetés d'un fabricant qui a donné la formation de base à des ingénieurs de production et de méthodes de Shimadzu. Ces ingénieurs, appuyés par du personnel du fabricant, ont ensuite assuré la formation des ouvriers choisis, dans le cadre de cours formels dispensés pendant six mois au centre de formation de l'entreprise. La direction de Shimadzu a aussi utilisé deux travailleurs qualifiés travaillant auparavant sur des machines-outils et déplacés par l'automatisation pour donner aux autres ouvriers des cours sur la transformation de la matière dans les opérations automatisées. Dans les cinq entreprises visitées, les cours ont été complétés par la formation au travail.

Quant à la polyvalence ou la spécialisation, il faut noter que seul Matsushita utilisait les rotations sytématiques avant l'automatisation et continue à l'utiliser comme moyen d'augmenter la polyvalence. Dans les autres entreprises, la rotation était beaucoup plus faible et, avec l'automatisation, la spécialisation des ouvriers, concentrée sur un seul système ou une seule machine, continue d'être la règle. Mais étant donné la complexité des machines et le grand nombre de tâches assumées par les ouvriers sur ces machines (surveillance, diagnostic des problèmes, reprogrammation, réparation), on ne peut considérer cette spécialisation comme indiquant un travail moins qualifié que dans le cas de la polyvalence. La polyvalence donne certainement la possibilité de changer plus facilement de tâche, mais elle peut aussi indiquer une connaissance moins poussée de certains procédés compliqués. Il reste à noter que cette tendance à la polyvalence chez Matsushita, la plus grande, et de loin, parmi les trois usines avec ses 10 000 employés à Moriguchi seulement (environ 70 000 en tout), comparés à 12 260 pour Fuji Denki (dont 1 560 à Fukiage), 5 600 pour OMRON (dont près de 1 500 à l'usine de Kusatsu) et un peu plus de 3 600 chez Shimadzu, concorde bien avec les données statistiques qui indiquent une augmentation de la rotation et de la polyvalence à mesure que l'on monte dans l'échelle des entreprises (MITI, 1984, p. 85).

*e) Conclusion*

L'examen des données au sujet de la qualification du personnel nous révèle qu'il n'y a pas de tendance unique et inévitable à l'augmentation ou à la diminution de la qualification à la suite de l'automatisation. En général, si l'automatisation actuelle rend nécessaire la connaissance de l'informatique, cette connaissance s'accompagne souvent de la perte de dextérité manuelle. De plus, l'informatique peut être monopolisée par des ingénieurs, ce qui signifie que le travail des opérateurs peut se déqualifier. On a vu toutefois que, au Japon, la déqualification systématique accompagne rarement l'automatisation. Dans la grande majorité des cas, surtout dans les grandes entreprises, l'apprentissage de l'utilisation des ordinateurs et surtout l'apprentissage de certaines tâches de programmation (qu'il s'agirait néanmoins de mieux préciser) sont importants. On peut donc dire que, au Japon, l'automatisation industrielle va généralement de pair avec l'augmentation de l'aspect intellectuel de la qualification des employés, et ceci vaut pour les cadres, les responsables d'ateliers et une bonne partie des ouvriers. Il faut noter toutefois que, dans le cas des ouvriers, cette augmentation s'applique surtout aux entreprises de 200 employés ou plus. Dans les PME, l'automatisation a moins tendance à mener à l'utilisation de nouvelles connaissances par les ouvriers. En effet, plusieurs des tâches les plus qualifiées y sont laissées à des techniciens ou à des ingénieurs (voir Itô, 1985, p. 33, tableau 6). On doit noter aussi que les systèmes les plus avancés permettent une moindre participation des ouvriers à la programmation. D'ailleurs, sur ce point, Denki Rôren signale que plus la systématisation des systèmes automatisés est forte, plus la polarisation des tâches entre ingénieurs et ouvriers augmente (Denki Rôren, 1983, p. 122, tableau 5-24).

Il faut néanmoins signaler l'effort fait par les entreprises pour former leur personnel, y compris leur personnel de base. Évidemment, cette formation leur rapporte quelque chose, mais il est tout de même remarquable que les entreprises japonaises fassent autant confiance à leur personnel pour assimiler des connaissances très poussées. Il y a bien des cas, comme chez OMRON ou chez Fuji Denki, où l'automatisation mène à l'embauche de nouveaux techniciens pour remplacer des ouvriers (surtout des ouvrières) en place. Mais en règle générale, les grandes entreprises japonaises s'efforcent de former leurs ouvriers. Cet effort s'accorde bien avec la sécurité d'emploi. En effet, les grandes entreprises japonaises s'efforcent de conserver leur main-d'œuvre le plus longtemps possible (du moins, jusque dans la quarantaine) en pénalisant les déplacements et en récompensant l'effort fait pour l'entreprise. De cette façon, les administrateurs des entreprises jugent la formation rentable, même si elle s'étend sur plusieurs mois : ils n'ont pas peur de perdre les ouvriers que l'on vient de former. La formation contrecarre la déqualification et elle démontre que, lorsqu'on leur en donne la chance, certains travailleurs peuvent et veulent apprendre à utiliser des techniques compliquées.

## Discussion

L'automatisation au Japon se fait dans un contexte variable et donne des résultats différents selon l'échelle de l'entreprise, les systèmes utilisés, les secteurs industriels, les processus et les opérations affectés, et les traditions spécifiques de chaque entreprise. Mais en règle générale, on peut dire que l'automatisation n'a pas entraîné au Japon même de chômage important, qu'elle a modifié les processus de travail, mais souvent de façon limitée (c'est-à-dire limitée à des processus restreints englobés dans un ensemble de processus faits selon les anciennes méthodes ; les systèmes les plus complexes ont évidemment entraîné des conséquences plus importantes, mais, s'ils sont en augmentation, ils sont encore en minorité), et qu'elle n'a pas entraîné de déqualification en masse de la main-d'œuvre. Il y a bien sûr des cas atypiques d'automatisation qui entraînent des mises à pied importantes, des modifications en profondeur des processus de travail et la polarisation des tâches entre ingénieurs et techniciens s'occupant des tâches qualifiées, d'une part, et les ouvriers s'occupant des tâches non qualifiées, d'autre part. Mais ce n'est là que l'exception, du moins jusqu'à maintenant, et ces cas sont caractéristiques surtout des PME. On peut donc dire que les conclusions de Braverman (1974) sur la déqualification et la polarisation du travail à la suite de l'automatisation s'avèrent inexactes dans la majorité des cas, du moins au Japon[7].

Mais il faut néanmoins souligner que certaines catégories de salariés sont plus affectées que d'autres par le processus d'automatisation : les travailleurs plus âgés, les femmes, les temporaires et les travailleurs à temps partiel (dont la majorité, au Japon comme en Occident, sont des femmes). Il y a donc une variation des conséquences de l'automatisation selon les catégories de salariés. Paradoxalement, les résultats d'une des enquêtes indiquent que les travailleurs âgés désirent l'automatisation plus que les jeunes (Kansai Productivity Center, 1985, p. 148), ce qui est néanmoins contredit par les résultats d'autres études : par exemple, l'enquête du MITI signale que les ouvriers de plus de 40 ans ont plus de difficulté à s'adapter à l'automatisation que ceux de moins de 40 ans et que ce sont les jeunes qui possèdent entre trois et cinq ans d'expérience qui sont les plus favorables à l'automatisation et à la formation qui l'accompagne (MITI, 1984, p. 78-79). Quant aux femmes, elles sont moins favorables à l'automatisation (*idem*, p. 29 ; Denki Rôren, 1983, p. 129, figure 1).

Ce qui est remarquable, toutefois, c'est la forte proportion des ouvriers qui sont favorables à l'automatisation (63 % des hommes selon Denki Rôren, 1983, p. 129, figure 1), surtout les 25-35 ans. Les motifs qui poussent les travailleurs à accepter l'automatisation sont la volonté de maintenir ou d'augmenter le niveau de qualification des tâches, le souhait que l'automatisation améliore le caractère compétitif de l'entreprise et que les salaires ainsi augmentent, la volonté de s'améliorer soi-même et la possibilité d'augmenter sa qualification personnelle et de faire carrière (MITI, 1984, p. 76-78).

Le niveau élevé d'acceptation de l'automatisation par les ouvriers (même s'il y a des catégories qui y sont beaucoup moins favorables) s'explique partiellement par certains aspects de l'organisation du travail et des relations de travail au Japon, en particulier la sécurité d'emploi pour les réguliers dans les grandes entreprises et la possibilité d'améliorer sa qualification et de faire carrière à l'intérieur de l'entreprise. Si ces caractéristiques des entreprises japonaises se maintiennent, il est à prévoir que l'automatisation se remettra à progresser au Japon dans la deuxième moitié des années 1990 et qu'elle donnera aux entreprises japonaises un avantage sur le marché international. Cependant, il est difficile de mesurer pour l'instant l'impact de certains problèmes structurels (la pénurie de main-d'œuvre jeune, la moindre acceptation par les jeunes des longues heures de travail, et l'impossibilité de donner des promotions à tous ceux qui se sont dévoués pour les entreprises et qui en méritent) et conjoncturels (la récession qui dure depuis plus de trois ans a entraîné des problèmes de rentabilité, de capacités productives faiblement utilisées et de surnombre du personnel dans certaines grandes entreprises ; comme on peut le voir, les problèmes conjoncturels ont tendance à amenuiser à court terme certains des problèmes structurels) qui se posent maintenant aux entreprises japonaises. Les problèmes conjoncturels sont en train de s'estomper graduellement avec la reprise économique qui a débuté en 1994. Quant aux problèmes structurels, seul l'avenir nous dira comment ils vont affecter les relations de travail, la production et le succès de l'automatisation.

## 5. La stratégie des entreprises sur les marchés extérieurs

### Une stratégie nationale des entreprises japonaises pour envahir le monde ?

Pauli et Wright, dans un livre provocant (1991), ont voulu décrire *la* stratégie des entreprises financières japonaises sur les marchés étrangers. Ils ont parlé d'assaut japonais sur la finance (c'est d'ailleurs le titre du livre) et ont décrit la stratégie des entreprises financières japonaises comme «stratégie des termites» (chap. 9). Ils ont aussi fait de cette stratégie le prototype de celle des entreprises japonaises dans tous les secteurs, l'appliquant aussi aux technologies de l'information (chap. 9) et à l'automobile (appendice intitulé «Le territoire des termites : la stratégie japonaise pour la domination mondiale de l'industrie automobile»).

> La Stratégie des Termites n'implique pas de plan d'ensemble détaillé, ni de chef d'orchestre unique pour en coordonner les étapes. Pourtant, de la même façon que les termites, bien qu'aveugles, sont pourtant capables d'œuvrer avec diligence vers un même objectif, les sociétés japonaises de services financiers vont toutes vers le même but, chacune d'elles cherchant à maximiser ses forces et à minimiser ses faiblesses [...]. (Pauli et Wright, 1991, p. 117-118.)

Ces auteurs décrivent la stratégie japonaise de la façon suivante. Les entreprises japonaises choisissent un sous-secteur qui leur permettrait une entrée sans trop de problèmes sur un ou des marchés étrangers. Dans le cas de l'automobile, ce furent, dès les années 1960, les petites voitures à bon marché. Dans les technologies de l'information, comme on l'analysera plus loin, ce secteur fut celui des circuits intégrés servant de mémoire dans les ordinateurs (puces de mémoire).

Pour en arriver à établir la stratégie, les entreprises définissent tous les sous-secteurs d'un secteur industriel dont on veut favoriser le développement et les exportations (par exemple, dans le secteur des industries de l'information, les sous-secteurs sont les gros ordinateurs, les ordinateurs personnels, le logiciel, les composantes électroniques de base, c'est-à-dire les circuits intégrés, les microprocesseurs, les puces, etc.). Puis, on choisit un sous-sous-secteur qui, après analyse, comporte les caractéristiques nécessaires à l'expansion : potentiel élevé de croissance future, possibilité de faire la concurrence par les prix, concurrence étrangère insuffisante pour bloquer l'entrée des produits japonais, utilisation des capacités productives établies après une compétition interne intense, compétition qui, sur un marché interne protégé par diverses mesures, a permis de développer la qualité du produit et de diminuer les prix.

Alors les entreprises japonaises envahissent soudainement les marchés visés dans les secteurs choisis en exportant des produits en grande quantité et à bas prix. En même temps, elles entrent dans des *joint ventures* avec les compétiteurs étrangers dans les sous-secteurs où ces compétiteurs sont plus avancés technologiquement, ceci, afin de contrôler le marché japonais de ces produits. Ces entreprises conjointes permettent aux Japonais d'acquérir la technologie dans ces secteurs et de monopoliser le marché japonais.

Très rapidement, les entreprises japonaises sont accusées de *dumping*. Alors elles en arrivent à des ententes politiques qui leur permettent de monter les prix, ce qui hausse les profits sans diminuer la part du marché. Les profits en surplus peuvent alors être utilisés pour investir dans la production directe dans les autres pays, en particulier en prenant le contrôle d'entreprises en difficulté.

Que penser de cette description d'une stratégie japonaise unique et coordonnée sans l'être ? Il ne fait pas de doute que les entreprises japonaises, tant dans l'automobile que dans les technologies de l'information et dans la finance, tentent de maximiser leurs forces et de minimiser leurs faiblesses, mais quelle entreprise, aux États-Unis ou en Europe, agit autrement si elle veut être compétitive ? De ce point de vue, la stratégie que ces auteurs décrivent s'appliquent à toute entreprise qui entre efficacement sur les marchés étrangers.

Par ailleurs, l'idée qu'il y a une stratégie nationale qui n'est pas coordonnée mais qui fonctionnerait néanmoins comme telle, ainsi que la théorie d'une espèce de complot japonais pour envahir le monde, sont nettement exagérées. De ce point de vue, le livre de Pauli et Wright fait partie de cette littérature «épouvantail» qui pullule au sujet du Japon, spécialement, mais non exclusivement, en français, et dans laquelle on parle de menace, d'étreinte, d'assaut, d'attaque, etc. Selon ces écrits, le Japon aurait une stratégie nationale pour envahir pacifiquement le monde par ses produits. Il s'agit là d'ouvrages à succès qui jouent sur les peurs légitimes des Européens et des Américains, mais qui leur donnent une explication fausse qui risque d'avoir des effets dangereux au moment des discussions au sujet du commerce international.

Dans chacun des cas présentés par les auteurs, les faits peuvent s'expliquer sans faire appel à une stratégie nationale. Aussi bien dans l'automobile que dans l'informatique et dans les finances, les entreprises japonaises de ces secteurs n'ont pas toutes agi de la même façon : certaines ont effectivement adopté une stratégie, mais il s'agissait dans ces cas d'une stratégie d'entreprises particulières et non d'une stratégie nationale, qui leur a permis d'entrer efficacement sur des marchés étrangers et de faire concurrence aux entreprises locales. D'autres entreprises n'ont pas réussi, soit par défaut d'essayer, soit par manque d'une stratégie efficace. Dans les secteurs de l'automobile et dans celui des circuits intégrés, la stratégie de certaines entreprises, dont les techniques de production se sont considérablement améliorées dans la période précédant la poussée à l'étranger, a finalement mené des entreprises étrangères — surtout américaines — à la ruine ou presque. Il est vrai que les hausses de productivité ont au départ été liées à la protection du marché japonais et il est aussi vrai que l'entrée sur les marchés étrangers a entraîné des difficultés pour les entreprises locales. Pauli et Wright soutiennent que ces deux éléments sont liés dans une stratégie nationale unique, et c'est là que leur raisonnement s'effondre. Il n'est pas nécessaire d'avoir une stratégie d'assaut sur les marchés étrangers pour protéger ses propres industries. Par ailleurs, on peut vouloir vendre sur les marchés étrangers sans pour autant rechercher la ruine des entreprises locales. En réalité, ce que nous décrivent les deux auteurs, ce n'est pas une stratégie nationale, mais bien des stratégies d'entreprises qui ont augmenté leur potentiel sur le marché interne et qui se sont lancées sur les marchés étrangers. Quant à la métaphore des termites, on peut dire à tout le moins qu'elle peut prêter à des interprétations néfastes.

### Les secteurs de l'informatique

Pauli et Wright décrivent ainsi la stratégie japonaise dans les technologies de l'information. Les entreprises japonaises ont choisi le sous-secteur des circuits intégrés (*puces de mémoire* surtout). Elles ont exclu au départ les sous-secteurs des logiciels, où les compétiteurs étrangers, tels Lotus, Microsoft, etc., étaient trop en avance sur les producteurs japonais. De plus, autour de 1975 et encore autour de 1980 (périodes d'exportation des puces), les entreprises japonaises ne pouvaient concurrencer IBM pour les gros ordinateurs et Cray et Control Data pour les ordinateurs géants. Enfin, elles ne pensaient pas faire concurrence à Apple et IBM dans le micro-ordinateur.

  Les circuits intégrés on été choisis à cause du fait que les leaders dans les années 1970, les entreprises américaines (Texas Instruments, National Semiconductor, Motorola, Intel), produisaient presque exclusivement des circuits intégrés. Au Japon, la production de ces circuits était le fait d'entreprises géantes qui en utilisaient la majorité (Matsushita utilise environ 80 % de sa production, n'en vendant que 20 % ; pour Hitachi, les proportions sont en gros semblables). Le surplus servait à faire des profits nets. La compagnie pouvait alors les vendre à rabais. En Europe et aux États-Unis, les producteurs se spécialisaient uniquement dans les circuits intégrés. Ils étaient donc vulnérables à des baisses de prix.

Les entreprises japonaises, dès 1975, ont envahi les marchés américains et européens avec des puces de mémoire à bon marché. Elles feront de même dans les années 1980 avec les nouvelles puces de 64 Ko et 256 Ko. C'est que les entreprises japonaises avaient le capital pour se lancer dans la recherche et la production de ces nouvelles puces. La raison est qu'elles faisaient partie de groupes industriels et financiers (*keiretsu*), ce qui leur facilita l'accès au crédit. De plus, des entreprises comme Toshiba, NEC, Matsushita et Hitachi, qui vendaient toutes sortes de produits électriques et électroniques, pouvaient financer leurs recherches sur les puces avec les profits obtenus de ventes d'autres produits.

Devant l'entrée massive de circuits intégrés japonais, les entreprises étrangères ont demandé à leurs gouvernements de bloquer l'entrée des produits japonais. Les Japonais acceptèrent alors de hausser les prix. Mais à ce moment-là, ils contrôlaient la majeure partie des marchés occidentaux de ces produits. Les ententes sur les hausses de prix augmentèrent donc les coûts des entreprises occidentales qui utilisaient les circuits japonais, tout en assurant aux entreprises japonaises de fortes hausses de profit (c'est ce qui est arrivé aussi dans l'automobile).

Le quasi-monopole des Japonais dans les circuits intégrés ordinaires (en particulier les puces de mémoire) et dans les semi-conducteurs leur a permis de dominer le marché de plusieurs autres produits : les photocopieuses, les machines à écrire (et les traitements de texte), les périphériques. À la fin des années 1980, ils se sont mis à concurrencer les Occidentaux dans les gros et très gros ordinateurs, ainsi que dans les télécommunications et même dans le logiciel.

Que penser de cette description ? Il faut souligner tout d'abord que l'avantage des entreprises japonaises dans le domaine des puces de mémoire a beaucoup diminué avec le développement par des entreprises américaines de puces nouvelles plus performantes. Par ailleurs, les entreprises américaines de gros ordinateurs, en utilisant ces puces plus performantes, en sont venues à produire des machines plus rapides que leurs concurrents. Enfin, les Américains n'ont pas encore perdu leur avantage dans le domaine du logiciel.

Mais c'est surtout la description de la stratégie qui encore une fois fait problème. Les entreprises japonaises ne se sont concertées d'aucune façon, ni entre elles ni avec le gouvernement japonais, pour se lancer sur les marchés étrangers. Chacune des entreprises qui ont décidé de vendre des puces de mémoires possédait effectivement une production utilisée surtout à l'interne et ne vendait que ses surplus, ce qui a permis à chacune de vendre à bas prix. Soulignons à ce sujet que la vente à bas prix était un élément dans la concurrence aussi bien entre les entreprises japonaises de même type qu'entre les entreprises japonaises et les entreprises américaines. Le modèle de Pauli et Wright minimise cet élément très important de concurrence entre entreprises japonaises sur les marchés étrangers. Par ailleurs, il prend les effets de l'activité des entreprises japonaises pour l'objectif visé avant le fait, ce qui est tout à fait discutable.

Remarquons cependant les succès importants de plusieurs entreprises japonaises (mais pas toutes) dans les secteurs des nouvelles technologies, dont les technologies de l'information font partie. Des entreprises japonaises en sont venues à concurrencer et même à supplanter les entreprises occidentales dans plusieurs secteurs : les très gros ordinateurs ultrarapides (Hitachi et Fujitsu font une forte concurrence à Cray), les composantes électroniques (sauf les plus sophistiquées: puces de logique, multiplexeurs, circuits «neurologiques»), les fibres optiques, les nouveaux alliages ; dans les biotechnologies, les émulsions ; le matériel médical. Le Japon en est à peu près au même point dans les technologies suivantes : les circuits à multiples canaux conventionnels, les ordinateurs de cinquième génération, les périphériques. Il est moins avancé dans les logiciels, dans les gros ordinateurs et les micro-ordinateurs, dans les technologies les plus avancées et dans les interventions génétiques.

### Le secteur financier

Selon Pauli et Wright, les banques et les entreprises financières japonaises ont appliqué la même stratégie dans les opérations financières. Là, l'entrée s'est faite par le moyen des emprunts gouvernementaux. En effet, avec les forts déficits, les gouvernements ont été à la recherche de capitaux. Or, les entreprises japonaises avaient en main des capitaux en grande quantité, qu'ils pouvaient prêter à meilleur taux que les institutions financières occidentales. En même temps, elles se sont lancées dans des entreprises conjointes dans les secteurs comme le change de monnaies, le courtage boursier et la fiducie (en particulier la gestion de fonds de pension). De plus, à travers les investissements directs et les achats d'entreprises étrangères, les entreprises japonaises ont aussi établi au cours des années 1980 un réseau impressionnant de filiales dans des secteurs comme le courtage et la fiducie. Notons que l'avantage des entreprises financières japonaises a fondu avec la baisse des cours boursiers au Japon et avec la récession. La stratégie décrite par Pauli et Wright s'est donc avérée transitoire et il est peu probable qu'elle reprenne de la même façon après 1995.

Mais s'agissait-il bien là d'une stratégie nationale unique pour envahir le marché américain de la finance ? Encore une fois, cette description ne respecte pas les données. L'avantage des entreprises financières japonaises sur les marchés étrangers venait de deux sources : premièrement, des flux massifs de capitaux vers le Japon qui, couplés à l'évaluation du yen, ont propulsé les banques et les entreprises de courtage japonaises aux tout premiers rangs (voir tableau 3.3) ; deuxièmement, d'une stratégie individuelle des entreprises. L'idée selon laquelle il existait une stratégie japonaise unique, un genre de stratégie nationale visant à la conquête du monde financier, est donc à éviter. Nous en revenons donc à des stratégies d'entreprises. Que ces stratégies d'entreprises, dans le domaine financier comme dans ceux de l'automobile ou des circuits intégrés, aient souvent porté fruit est un fait. C'est le cas aussi dans plusieurs autres secteurs de production, comme l'équipement électrique ou les machines-outils. Dans la production, la cause principale du succès japonais dans les années 1980 est à rechercher dans les gains de productivité attribuables à l'amélioration des procédés et techniques de production. Dans le domaine financier, l'afflux de capitaux à partir de 1980 a formé la base du succès de plusieurs entreprises japonaises. Mais soulignons-le encore une fois : toutes les entreprises japonaises n'ont pas connu le même succès, les entreprises qui avaient du succès se livraient à une concurrence féroce, à la fois sur le marché interne et sur le marché international, et ce succès a été passager. Qu'il y ait eu une stratégie nationale de production, comprenant les éléments mentionnés au chapitre 2, cela est indiscutable, mais cette stratégie, qui visait à la croissance et au rattrapage de l'Occident du point de vue économique et technologique, ne peut être conçue comme stratégie d'invasion des marchés étrangers et de ruine des industries américaines, canadiennes et européennes. Stratégie il y eut, mais stratégie de développement de l'industrie nationale, et non stratégie de ruine à l'étranger.

## Conclusion

En l'espace de quelques années, le Japon est devenu à la fin des années 1980 le pays le plus productif du monde. Cela ne s'est pas fait sans heurts, mais le succès est indéniable. Le pays a connu par la suite une récession importante (1991-1994), mais je suis d'avis que les difficultés de l'économie japonaise ne sont que passagères. Il se peut que plus tard, après l'an 2000, l'économie japonaise connaisse un déclin, en particulier à cause du vieillissement de la population. Mais ce n'est pas pour tout de suite.

Un des facteurs de la croissance japonaise se trouve dans l'effort des entreprises pour devenir compétitives. Si les entreprises japonaises en sont venues à être si compétitives sur les marchés internationaux, c'est parce qu'elles ont pris la peine d'analyser les marchés et d'améliorer leurs méthodes de production. Elles ont aussi sollicité l'appui de leur main-d'œuvre, lui donnant en retour la sécurité d'emploi et des chances de promotion. Les travailleurs ont répondu à la demande, pas toujours de leur plein gré, mais quand même sans trop se plaindre. En général, les travailleurs japonais voient le travail de façon positive, non comme une obligation mais comme quelque chose de naturel. De plus, leur sort étant lié à celui de l'entreprise, tout progrès personnel passe par celui de l'entreprise. Il s'ensuit une participation forte des salariés au bien-être de l'entreprise. Les entreprises japonaises peuvent donc compter sur une main-d'œuvre éduquée, bien formée, motivée et productive.

Mais la force principale des entreprises japonaises se situe sans aucun doute dans la planification de la production. Il est bien clair que cette planification ne pourrait avoir les effets qu'elle a eus sans l'apport des travailleurs. Mais il n'en reste pas moins que les efforts mis dans la conception des procédés de production, non seulement dans l'équipement, mais aussi dans l'agencement des opérations, dans la définition des tâches, etc., ont compté très fortement dans le succès des entreprises japonaises. Un des facteurs de ce succès a sans aucun doute été la présence constante des ingénieurs dans les usines et leur collaboration avec les ouvriers. Ce décloisonnement du travail, avec les améliorations à la conception de l'agencement des tâches de production, est une des contributions majeures de l'industrie japonaise à la production industrielle.

L'éthique du travail est en train de diminuer maintenant, les jeunes valorisant moins le travail et davantage les loisirs et la vie familiale. Les journaux ne cessent de mentionner les cas de décès attribuables au surtravail (*karôshi*), qui, notons-le, sont relativement rares. Il y a donc depuis la fin des années 1980 des transformations de la vision du travail. Évidemment, les jeunes ont dû se recentrer sur le travail, vu les difficultés du marché de l'emploi occasionnées par la récession des années 1990. Mais il n'en demeure pas moins que la mentalité est en train de se modifier.

Ces transformations de la mentalité entraîneront-elles des changement majeurs dans le système de travail au Japon ? Il est permis d'en douter. En tous cas, il est peu probable que le système change rapidement, même si on peut s'attendre à des transformations graduelles. Avec le système de promotion à l'interne qui récompense le zèle au travail, on peut se demander jusqu'à quel point les jeunes pourront demander des réductions des heures de travail : si quelques-uns d'entre eux décident de jouer le même jeu que les plus âgés et travaillent sans arrêt, ceux qui veulent éviter les heures supplémentaires et prendre toutes leurs vacances seront pénalisés. Y aura-t-il assez de jeunes prêts à être pénalisés pour faire augmenter les heures de loisir ?

## Notes

1. Ceci, à condition qu'il n'y ait pas de difficultés cachées ; sur ce sujet, voir plus loin.

2. Certaines de ces modifications ont porté sur l'agencement des gestes des ouvriers, en utilisant des méthodes empruntées directement du taylorisme (voir plus loin « L'exemple de Toyota »).

3. Pour toute cette section, voir Cusumano, 1985, chapitre 5. Price (1993, p. 284-301) fait valoir, avec raison, que plusieurs des moyens utilisés pour améliorer la production chez Toyota ne sont que des applications particulières des principes du taylorisme et du fordisme.

4. Ces enquêtes ont été menées de janvier à mai 1986 et en octobre 1990. Les usines visitées sont les suivantes : en 1986, l'usine de production de composantes utilisées pour les systèmes audio et de montage de ces mêmes systèmes de la société Matsushita à Moriguchi, municipalité d'Osaka ; l'usine de production de composantes électroniques (relais, palpeurs, autocommutateurs) et de machines électroniques complexes (guichets automatiques,

contrôle des billets de métro, systèmes de contrôle de la circulation, etc.) de Tateishi Denki (OMRON) à Kusatsu, préfecture de Shiga ; l'usine de matériel médical (tables à rayon X, laboratoires automatiques) et de composantes pour l'industrie aéronautique de Shimadzu seisakushô à Kyoto ; en 1990, l'usine de montage automobile de Nissan à Zama (fermée en 1993) ; et l'usine (intégrée par ordinateur) de fabrication de commutateurs magnétiques à usage industriel de Fuji Denki à Fukiage, préfecture de Saitama.

5. Les entrevues avec des ouvriers ou des syndicalistes ont toutes eu lieu en 1986. Les entrevues ayant été peu nombreuses, les données ne sont de ce fait pas représentatives et elles n'ont pas été utilisées ici.

6. Ces rapports d'enquête sont au nombre de huit :

— Le premier (MITI, 1984) provient de la Section des activités industrielles du Service de la politique industrielle du MITI (ministère de l'Industrie et du Commerce international). La recherche sur laquelle cette étude se fonde, faite en 1982 à l'aide d'un questionnaire envoyé aux responsables des techniques de production, a porté sur un échantillon national de 655 entreprises de 300 salariés ou plus. Cette enquête est complétée par dix études de cas d'entreprises dans divers secteurs.

— Le second (Koike, 1983), publié en 1983 à la suite d'une recherche faite par Koike Kazuo pour le Conseil pour la promotion de la politique industrielle de la municipalité d'Osaka (Osaka-fu sangyô rôdô seisaku suishin kaigi), combine une enquête par questionnaire auprès de 3 982 entreprises industrielles de plus de 30 salariés de la municipalité d'Osaka, dont 1 174 touchées par l'automatisation industrielle, les autres cas portant sur la bureautique, et des entrevues avec 18 dirigeants de grandes entreprises (300 salariés et plus).

— Le troisième (NIRA, 1988) est l'œuvre d'un organisme de recherche gouvernemental dont le nom en anglais est le *National Institute for Research Advancement* et porte exclusivement sur les conséquences de l'utilisation de robots dans la production industrielle. Cette recherche, effectuée en 1986-1987, porte sur l'ensemble des utilisateurs de robots au Japon et comporte en outre une analyse comparative sur le plan international sur les effets de l'utilisation des robots. Elle comprend aussi une analyse des développements dans ce domaine en Corée du Sud.

— Le quatrième, que je n'ai consulté qu'à travers une source secondaire (Cavestro et Mercier, 1988), a été publié en 1985 par un organisme de recherche financé par le gouvernement, le Koyô shokugyô sôgô kenkyûjo, et porte sur 9 465 entreprises des secteurs de la mécanique ou de l'usinage des métaux à travers le pays.

— Le cinquième (Itô, 1985) est l'œuvre d'un chercheur du même organisme et porte sur un échantillon de 1 290 entreprises de divers secteurs à travers le pays.

— Le sixième (Kansai Productivity Center, 1985) est une étude préparée par une organisation indépendante mais proche des gouvernements locaux du Kansai (région de Osaka-Kôbe-Kyoto) et proche des associations patronales, le Kansai Productivity Center. Il s'agit encore une fois d'une enquête, faite en 1982-1983, par questionnaire distribué à 2 438 employés de six grandes entreprises de la région, complétée par des études de cas plus en profondeur, fondées sur des observations et des entrevues avec le personnel à tous les paliers, de huit entreprises.

— Le septième (Denki Rôren, 1983) a été publié par le Bureau de la planification de la politique de la Fédération syndicale Denki Rôren (le nom complet de cette fédération est Zen Nippon Denki Kiki Rôdô Kumiai Rengô : Fédération des syndicats ouvriers du secteur du matériel électrique du Japon) qui regroupe la grande majorité des grandes entreprises de l'électronique, de l'informatique et du matériel électrique. Cette étude, faite en 1982-1983, est fondée sur les réponses de 277 représentants de syndicats locaux affiliés à la Fédération à un questionnaire envoyé par la poste.

— Le huitième (Nihon sangyô robotto kôgyôkai, 1991 b) est fondé sur une recherche par questionnaire portant sur l'utilisation de robots faite par un organisme représentant les fabricants de robots industriels du Japon. Cette enquête a porté sur 539 entreprises, de tailles et de secteurs différents, dont 402 utilisaient des robots.

6. La définition utilisée dans ce texte est fondée sur les écrits de nombreux auteurs : Aomi, 1982 ; 1984 ; Beechey, 1982 ; Blauner, 1964 ; Heron et Storey, 1986 ; Jones, 1982 ; Kitamura, 1985 ; Penn, 1982 ; Salaman, 1985 ; et Wood, 1985.

7. Zuboff (1988) en arrive à la conclusion que c'est le mode d'utilisation de la technologie davantage que la technologie elle-même qui fait que l'automatisation entraîne une baisse ou non de la qualification. Au sujet de la polarisation des tâches, Myles (1988, p. 354) signale que l'automatisation au Canada a entraîné non pas la polarisation du travail à l'intérieur des usines, mais la division du marché du travail en deux secteurs, l'un exigeant des compétences élevées, l'autre, surtout dans les services, utilisant des travailleurs sans qualification. Les conséquences de l'automatisation sur la qualification sont donc complexes et exigent une analyse poussée.

# Chapitre 7

## L'économie, la culture et les relations sociales

## 1. Introduction

Le fonctionnement de l'économie japonaise, à la fois dans ses aspects institutionnels et dans les relations sociales qui y sont présentes, s'insère dans l'ensemble des rapports sociaux et des rapports de sens qui caractérisent la société japonaise. Autrement dit, l'économie japonaise s'appuie sur des modes de relations sociales et sur des significations, appris ailleurs que dans les institutions proprement économiques, qui l'informent et lui donnent sens. L'imbrication du champ économique, avec son autonomie partielle, et des champs dans lesquels se transmettent les façons de se comporter et les significations, c'est-à-dire en premier lieu la famille et l'école, est complexe et difficile à apprécier. Mais toute explication du succès économique japonais exige un examen, fût-il provisoire, des éléments sociaux et culturels qui affectent l'économie.

L'examen qui suit porte surtout sur les modes et le contenu de l'apprentissage, et moins sur la structure de la famille et de l'école, quoique des indications sur ce dernier point soient pertinentes pour la compréhension de l'apprentissage, en particulier en ce qui concerne les différences structurelles selon l'origine sociale (par exemple, absence du père dans certaines couches sociales haut placées). La famille et l'école sont traitées séparément, puis vient un traitement de la stratification sociale dans le Japon actuel, suivi de l'examen de l'impact des aspects culturels sur le champ économique.

## 2. L'éducation familiale et le préscolaire

*L'éducation dans la famille*

*a) Principes*

Certains principes d'éducation des enfants sont maintenant communs à la majorité des Japonais, à cause en particulier des médias qui diffusent la vision de l'éducation de spécialistes travaillant pour le gouvernement japonais. L'État a fait écrire plusieurs manuels de puériculture par des psychologues, disant aux mères qu'elles devaient, pour être des mères japonaises adéquates, accepter l'opinion des experts. Or, cette opinion comporte peu de variations. Il y a donc eu un effort de l'État pour standardiser l'éducation familiale, dans le but de créer ce qu'on a appelé, dans un livre blanc sur l'éducation publié en 1966 (sous le titre *Kitai sareru ningenzô*), le Japonais idéal.

Le premier principe de l'éducation, c'est que l'enfant est vu un peu comme une page blanche, c'est-à-dire qu'on suppose qu'il n'a pas, à la naissance, beaucoup de signes distinctifs pour ce qui est de la personnalité. Notons qu'il s'agit là d'un principe du behaviorisme, mais qui contredit un certain nombre de pratiques courantes au Japon, comme celle de vérifier méticuleusement l'hérédité des candidats au mariage avec ses propres enfants, l'hérédité étant vue dans ce cas comme très importante (ce qui, évidemment, contredit l'idée de l'enfant-page blanche). Selon le principe que l'enfant à sa naissance est une page blanche, il faut tout lui enseigner. Les parents ont donc la tâche de «créer» leur enfant, et leur responsabilité est de créer un vrai Japonais, donc d'inculquer à l'enfant les «vraies valeurs japonaises».

Un second principe veut que l'enfant demande beaucoup d'attention et qu'on lui en donne beaucoup. L'enfant dort avec la mère pendant deux ans ou jusqu'à la naissance d'un autre enfant. Sa mère le transporte sur son dos dans la maison et au dehors, elle fait la cuisine ou ses courses avec l'enfant sur son dos. Quand l'enfant n'est pas sur le dos de sa mère, celle-ci le suit partout et répond à tous ses besoins. L'enfant est donc toujours avec sa mère. Ce qui fait que le lien à la mère est très fort. En fait, plusieurs psychologues disent que pendant longtemps, l'enfant japonais ne se distingue pas de sa mère, que sa vision de lui-même est liée de près à la mère.

Ce lien profond est à la base d'une théorie psychologique qui prétend expliquer non seulement le comportement psychologique des Japonais, mais aussi leur façon de se comporter dans le milieu économique : il s'agit de la théorie de l'*amae* tel que décrit par Doi Takeo.

*Amae* peut se traduire par «dépendance». La racine du terme est la même que pour «sucré». *Amae* signifie le fait pour la mère d'être présente à tout moment pour répondre aux besoins de son enfant, donc l'indulgence de la mère envers son enfant. *Amae* signifie aussi la réponse de l'enfant à la mère, c'est-à-dire le lien de dépendance, l'attachement profond. *Amae* décrit donc cette relation de dépendance et d'indulgence entre la mère et son jeune enfant. Doi explique la sécurité d'emploi, la loyauté et l'absence de syndicats militants dans les entreprises par l'*amae*, c'est-à-dire par le fait que les patrons veulent envelopper leurs employés et que ceux-ci recherchent une relation quasi parentale avec leur employeur. Il n'est pas nécessaire de reprendre ici les développements du chapitre 5 sur la mise sur pied du système de gestion et de relations de travail japonais entre 1945 et 1954, mais notons tout de même le fait que Doi a recours à une cause simple pour expliquer un ensemble de conséquences complexes de processus historiques eux aussi complexes.

Un troisième principe est que garçons et filles doivent apprendre à se comporter différemment. Cette différence n'est pas spécifique au Japon, mais l'adhésion rigide à ce principe qui caractérise l'éducation familiale au Japon contraste avec l'égalisation progressive (mais évidemment pas encore atteinte, si tant est qu'elle le sera) qui est survenue dans les sociétés occidentales. Soulignons cependant que, de ce point de vue, les différences entre le Japon et l'Occident semblent porter sur le degré d'insistance sur les différences sexuelles plutôt que sur le principe de la différence nécessaire des apprentissages.

### b) Apprentissage

L'enfant apprend tôt que la maison est le lieu de la sécurité et que l'extérieur est le lieu du danger. Donc il apprend rapidement à faire la distinction entre dedans (ou la famille) et dehors (ou l'étranger). De plus, à partir d'un an, l'enfant apprend que la pire punition est d'être séparé de sa mère : une forme de punition consiste à mettre l'enfant en dehors de la maison, de l'autre côté de la porte d'entrée, mais à l'intérieur du mur d'enceinte. La séparation de la mère signifie donc que la mère, qui donne tout, peut aussi tout enlever. Ainsi, la mère est rassurante face à l'extérieur, mais elle peut utiliser l'extérieur contre l'enfant turbulent.

L'éducation familiale donne les premiers rudiments de l'apprentissage du rang et du langage poli. Très tôt, l'enfant apprend son rang par rapport aux autres enfants et par rapport aux parents et autres membres de la maisonnée (grands-parents, etc.). De plus, l'enfant apprend que la famille l'englobe, qu'elle lui apporte le soutien, à condition qu'il accepte de se plier aux règles de la maison. Cet apprentissage continue à la maternelle. Ce que l'on veut faire de l'enfant se résume en un mot : *sunao*, qui signifie acceptation positive des choses, acceptation positive des contraintes et des limites, acceptation positive de l'autorité.

Si le fondement moral de l'éducation familiale se ressemble d'une couche de la population à l'autre — même si des recherches plus poussées seraient nécessaires pour voir jusqu'à quel point il en est ainsi, car les recherches disponibles n'ont porté que sur des milieux relativement aisés —, il y a une différence selon le milieu quant à la façon dont on prépare les enfants pour l'entrée à l'école. Chez les cadres, couche dans laquelle, surtout à Tokyo, les maris sont presque toujours absents du foyer à cause des longues heures de travail (et souvent à cause des mutations pour plusieurs mois à l'extérieur, en laissant la famille dans la maison familiale), couche dans laquelle les femmes ne travaillent pas à l'extérieur de la maison, les femmes concentrent leurs efforts sur l'éducation des enfants, c'est-à-dire, en substance, sur la préparation à la réussite scolaire, gage des meilleurs emplois. Cette préoccupation pour l'éducation, qui ne peut être partagée, du moins au même degré, par les femmes qui travaillent à salaire (on a vu au chapitre 4 que le taux de participation des femmes entre 25 et 35 ans, c'est-à-dire de la majorité de celles qui sont en âge d'avoir des enfants, s'élève à plus de 50 %, et même à plus de 60 % pour les 25-29 ans), distingue donc les couches supérieures de la société japonaise, celles dont les revenus sont les plus élevés. C'est dans ces couches que l'on retrouve celles qu'on a appelées les *kyoiku mama*, les «mamans de l'éducation». On verra plus loin que ces couches sont aussi celles qui ont les moyens financiers d'envoyer leurs enfants dans les meilleures écoles et les meilleures universités, ainsi que dans les meilleures écoles complémentaires (*juku* et *yobikô*). La distinction entre diverses couches de la population pour ce qui est de la possibilité d'accès aux meilleures écoles et aux meilleures places commence donc à s'établir rapidement après la naissance, avec l'entraînement au travail scolaire qui caractérise les couches supérieures.

### L'éducation à la maternelle

#### a) Principes

La maternelle, au Japon comme dans les autres pays, a pour but de poursuivre l'éducation amorcée dans la famille et de préparer les enfants à aller à l'école. Comme ailleurs, l'apprentissage scolaire augmente à mesure que l'on avance en âge. Les techniques les plus utilisées à l'école maternelle sont, d'une part, les routines, toutes les activités étant fortement codifiées (Lock, 1990, p. 85-86) et le contrôle de la codification étant partiellement confié aux pairs, et, d'autre part, le jeu, et en particulier les jeux en groupe. Les enseignants et les moniteurs insistent beaucoup sur la vie de groupe, sur son fonctionnement, sur l'insertion réussie de chacun dans le groupe. En fait, les mères considèrent que l'apprentissage de la vie de groupe ne peut se faire dans la famille et que c'est l'école qui doit l'assurer. Le fondement de l'éducation morale à la maternelle est donc l'apprentissage des routines et des exigences de la vie en groupe. Cet apprentissage s'accorde bien avec les caractéristiques du travail dans les entreprises, comme on les a présentées aux chapitres 5 et 6.

### b) Apprentissage

Dans le groupe, on insiste d'une part sur l'égalité et, d'autre part, sur la hiérarchie : hiérarchie selon l'âge, mais aussi hiérarchie selon les tâches, que les monitrices distribuent de jour en jour, en changeant de supérieur à chaque jour. On apprend ainsi les comportements liés à la direction et à la subordination. Du côté de la direction, on apprend la responsabilité tout en respectant les usages du groupe. Du côté de la subordination, on apprend à se plier au leadership et à accepter les règles du groupe.

Les enfants apprennent aussi qu'ils doivent être heureux. On ridiculise ceux qui pleurent (*wagamama*). On utilise la pression des pairs pour assurer la conformité. On laisse souvent les enfants se battre, c'est-à-dire régler les problèmes par eux-mêmes (responsabilité), mais aussi faire pression sur un récalcitrant (appel à la conformité). On veut ainsi forcer l'enfant à avoir un bon contrôle sur lui-même, le but étant de susciter la participation de tous les enfants à la création de l'harmonie par le groupe lui-même. Conformité aux règles du groupe, harmonie, contrôle sur soi, responsabilité dans la hiérarchie, tout cela prépare bien à l'entrée à l'école et, ultimement, à l'insertion réussie dans une entreprise.

La maternelle enseigne les principes moraux de base, tels que diffusés par le ministère de l'Éducation, mais toutes les maternelles ne sont pas d'égale valeur, comme l'illustrent les efforts de certaines mères des couches supérieures pour voir leurs enfants, et surtout les garçons, acceptés dans l'une des maternelles les plus reconnues. Il y a donc à la maternelle renforcement des différences d'apprentissage fondées sur l'origine sociale et sur le sexe qui avaient commencé à s'affirmer dans le milieu familial. Ces différences continueront de s'accentuer dans le milieu scolaire proprement dit.

### 3. Le système scolaire

#### Le système d'avant-guerre

##### a) Structure

Le système de l'avant-guerre comprenait plusieurs niveaux différents. À la base, il y avait le primaire, obligatoire. Jusqu'en 1908, l'instruction obligatoire était de quatre ans. En 1908, le gouvernement la porta à six ans. En 1941, le gouvernement décréta l'obligation pour tous les enfants de rester à l'école jusqu'à 14 ans. (Notons qu'en 1947, l'instruction obligatoire fut augmentée à neuf ans de scolarité). Le contenu de l'enseignement primaire, analysé plus loin, était strictement contrôlé par l'État.

Après le primaire, il y avait aussi des études secondaires et universitaires. Pour les universitaires, il y avait d'abord un niveau secondaire de cinq ans, préparant pour les études universitaires de trois ans. Ceux qui continuaient leurs études mais qui ne pouvaient accéder à l'université avaient accès à des écoles spécialisées, en particulier dans les techniques, dont le cours était d'une durée variable (de deux ans pour les écoles de métiers à cinq ans pour les vraies écoles techniques qui préparaient les ingénieurs). Ce qui caractérisait le secteur universitaire, c'était le petit nombre des étudiants : environ 55 000 diplômés en 1941, dont seulement 15 000 dans les prestigieuses universités d'État. L'entrée dans les universités, surtout les plus prestigieuses, était très difficile : la concurrence était féroce, un petit nombre seulement étant accepté.

Un diplôme d'une des meilleures universités menait automatiquement aux meilleurs emplois, surtout dans la fonction publique, et assurait à ceux qui l'avaient obtenu les promotions les plus rapides. Les universités japonaises de l'époque, dont l'accès était limité à une petite élite — la reproduction de cette élite était assurée par l'accès différentiel aux écoles préparatoires —, fonctionnaient de façon très semblable aux grandes écoles françaises (voir Bourdieu, 1989, deuxième partie).

## b) *Contenu*

Le contenu de l'enseignement dans les écoles primaires a donné lieu au Japon, dans les années qui ont suivi le changement de régime de 1868, à un vif débat entre trois grandes factions : premièrement, les défenseurs d'une éducation à l'occidentale, avec insistance sur les apprentissages de base (mathématiques, lecture et écriture) et sur les qualités individuelles, seule éducation capable selon eux de former les dirigeants, les cadres et les ouvriers nécessaires au développement industriel du pays ; deuxièmement, les défenseurs du maintien de l'éducation classique confucianiste, seule forme reconnue d'éducation formelle avant 1868, réservée aux guerriers et aux élites non militaires, fondée sur l'apprentissage des classiques des grands maîtres chinois ; troisièmement, les défenseurs d'une éducation centrée sur les mythes d'origine de la famille impériale, donc centrée sur la tradition nationale (mais telle que formulée aux XVIIIᵉ et XIXᵉ siècles par les créateurs du *kokugaku*). Juste après la restauration de Meiji de 1868, c'est la première faction qui l'emporta : le système et le contenu de l'éducation furent calqués sur ceux de l'Occident.

Mais le système d'éducation primaire fut modifié autour de 1885, pour lui faire jouer un rôle différent : les apprentissages de base furent maintenus, mais, au lieu d'insister sur l'individualité et sur la créativité, le système fut orienté vers les vertus nécessaires pour les «sujets» de l'empereur, c'est-à-dire l'obéissance, la loyauté, le respect de la hiérarchie, qualités associées aux subordonnés dans le confucianisme, mais tout cela maintenant justifié par les mythes d'origine de la famille impériale, qui plaçait l'empereur au sommet de la hiérarchie nationale, comme souverain divin et père de toute la nation. La nouvelle synthèse des vertus confucianistes, du culte à l'empereur et des apprentissages de l'écriture et des mathématiques s'accordait bien avec les dispositions des dirigeants, qui, issus pour la plupart de l'ancienne classe des guerriers, avaient été formés pour diriger au nom de l'empereur. Cette synthèse est demeurée la base du contenu de l'éducation primaire jusqu'aux réformes imposées par l'armée d'occupation américaine en 1946.

Si tous les Japonais devaient passer par le primaire et absorber les principes moraux et patriotiques, ceux qui, issus des couches supérieures, se destinaient à des études plus poussées, en particulier ceux qui voulaient accéder à l'université, recevaient une éducation sensiblement différente de celle des classes populaires. En effet, l'élite apprenait déjà ce qui était nécessaire pour gouverner ou pour exercer

divers métiers plus nobles. Car aux niveaux secondaire et universitaire, la fonction de l'éducation était de produire des gens compé-
tents dans divers domaines. Dans les universités d'État, le but était de
former les cadres de la bureaucratie. Ce qui veut dire qu'on y apprenait le fonctionnement de l'État, avec une étude de la place de l'empereur dans son fonctionnement réel, mais on y acquérait aussi les
dispositions nécessaires à la direction des inférieurs. Dans les écoles
secondaires techniques, on formait les techniciens et les ingénieurs
nécessaires à l'encadrement de la production industrielle. Le système
d'éducation était donc clairement divisé en deux grandes voies, et la
voie supérieure était elle-même divisée en plusieurs voies secondaires, la plus prestigieuse étant celle qui passait par la faculté de
droit de l'Université impériale de Tokyo.

### Le système d'après-guerre

#### a) Les réformes américaines

Comme dans d'autres domaines, les occupants américains s'étaient
donné pour objectif de démocratiser le système d'enseignement, pour
éviter un retour à l'autoritarisme d'avant 1945. À cette fin, ils ont
modifié la structure du système pour en faire un système unifié :
système de six ans de primaire, de trois ans d'école moyenne (premier
cycle du secondaire), trois ans d'école secondaire, deux, trois ou
quatre ans d'éducation postsecondaire (deux ans pour le collège de
cycle court, destiné surtout aux filles, trois ans pour des cours techniques, et quatre ans pour le baccalauréat), suivis des études graduées.
Ils ont donc formellement éliminé les distinctions entre les écoles
préparant à l'université et les écoles pour le peuple.

Par ailleurs, les Américains ont aussi décentralisé le système,
enlevant au ministère de l'Éducation plusieurs de ses fonctions d'encadrement, maintenant laissées à des comités locaux élus. Ils ont enfin
modifié le curriculum, en éliminant les cours de morale et les cours
d'histoire nationaliste.

#### b) Les réorganisations japonaises

Avant même le départ des Américains en 1952, les autorités japonaises ont entrepris de modifier le système pour redonner au
gouvernement national son autorité sur l'ensemble de l'éducation.

Tout d'abord, le ministère de l'Éducation s'est arrogé le droit de nommer les membres des comités de districts scolaires ; puis il s'est doté d'un système par lequel tous les manuels scolaires devaient recevoir son approbation. Ensuite, il a remis au programme les cours de morale, tout de même remaniés, et il a réintroduit dans l'histoire les mythes d'origine de la lignée impériale, mais sans mentionner leur caractère mythique. Enfin, par la suite, le gouvernement a tenté plusieurs fois de réintroduire dans les écoles le salut au drapeau et l'hymne national.

La volonté du gouvernement était de renforcer une organisation sociale conservatrice, en utilisant à cette fin le système d'éducation. Cet objectif est apparu clairement dans les années 1960 avec la publication du livre blanc sur l'éducation mentionné plus haut, dont l'objectif était de promouvoir le patriotisme et le respect de l'ordre établi, tout en assurant les apprentissages de base et en insistant sur la compétition. Dans l'esprit des rédacteurs, le système d'éducation ainsi conçu devait préparer de bons travailleurs.

*c) Le système actuel*

– Les résultats

Parmi les réussites du système japonais d'éducation, citons les suivants : les taux d'analphabétisme se situant près de zéro ; l'apprentissage d'un système d'écriture particulier, qui combine idéogrammes chinois et syllabaires, un apprentissage qui, pour réussir, requiert discipline et mémoire ; l'apprentissage des mathématiques ; un taux de passage du premier cycle du secondaire au second de 94 % ; un taux de passage à l'éducation postsecondaire de près de 40 % (le Japon compte près de 500 universités de cycle long de quatre ans, et plus de 500 universités de cycle court de deux ou trois ans). Le système d'éducation de l'après-guerre a donc assuré un niveau général très élevé d'éducation pour toute la population. Ce qui ne veut cependant pas dire que ce système a éliminé toutes les distinctions, fondées sur l'origine sociale et sur le sexe, qui existaient dans l'avant-guerre.

– La recherche du diplôme

Le diplôme au Japon (plus qu'au Québec, mais sensiblement comme en France ; sur ce point, voir Bourdieu, 1989, deuxième partie) classe les gens. En théorie, tout le monde a un accès égal aux différentes écoles et universités, à travers les examens d'entrée qui sont (au moins théoriquement) anonymes. Il y a donc une démocratisation formelle, héritée, faut-il le répéter, des réformes américaines. Mais toutes les écoles et universités n'ont pas le même statut. Certaines, et c'est le cas surtout de l'Université de Tokyo et particulièrement de sa faculté de droit (notons que, sur ce point, les différences avec l'avant-guerre ne sont que de degré), mènent à des carrières prestigieuses, d'autres à des postes subalternes ou dans des entreprises de seconde zone. De plus, plus de la moitié des Japonais n'ont pas accès à l'université, devant se contenter d'un diplôme d'école secondaire. Ceux qui sont dans cette situation donnaient comme raison, dans les années 1980, d'une part le manque d'argent (plus de 40 % des répondants) et, d'autre part, l'incapacité à suivre les cours (30 % ; Sabouret, 1984, p. 126).

Enfin, l'accès aux bonnes écoles suit d'assez près la hiérarchie sociale : ce sont surtout les enfants des gens bien placés qui ont accès aux bonnes écoles qui elles-mêmes donnent accès aux bonnes universités (Sabouret, 1984, p. 119-126 ; Mouer et Sugimoto, 1986, p. 280 ; Rohlen, 1988, p. 29-31). Les exceptions à la règle existent et sont assez nombreuses pour masquer son fonctionnement, mais la tendance générale, au Japon comme ailleurs, est à la reproduction selon la couche sociale à travers le système d'éducation, reproduction dont les mécanismes sont, premièrement, l'éducation familiale (habitus) qui prépare ou non à l'éducation formelle, et deuxièmement, les revenus des parents qui permettent d'avoir accès aux meilleures écoles officielles et aux meilleures écoles complémentaires (voir plus loin). En effet, les études universitaires coûtent extrêmement cher et plusieurs jeunes n'ont même pas les moyens d'espérer aller dans une des bonnes universités, même si, pour une importante minorité d'entre eux, ils peuvent avoir un emploi à temps partiel pendant leurs études.

– La compétition

Pour réussir au Japon, il faut donc se battre pour obtenir les diplômes nécessaires. Pour cela, il faut passer par le système scolaire tel qu'il est organisé, c'est-à-dire qu'il faut passer par des examens d'entrée. Les examens terminaux ont peu d'importance ; par contre, les examens d'entrée en ont beaucoup. Avant la guerre, le lieu de passage important était l'entrée au secondaire qui donnait accès à l'université. La démocratisation de l'enseignement dans l'après-guerre et la forte hausse de la proportion d'élèves finissant le secondaire ont fait que c'est maintenant l'entrée à l'université qui est le point de passage important et qui détermine presque totalement l'emploi auquel vous pouvez aspirer (sauf pour les fils de PDG qui sont aussi propriétaires d'entreprises et qui peuvent espérer avoir un bon poste même en sortant d'une université médiocre). Mais pour entrer dans une bonne université, il faut passer par une bonne école secondaire de second cycle.

Si l'entrée à l'école secondaire de quartier se fait en général sans examen, l'accès aux meilleures écoles secondaires privées et publiques dépend de la réussite au concours d'entrée, ce qui a transformé le premier cycle du secondaire en préparation pour le second cycle. Mais des examens d'entrée ont aussi été institués dans les meilleures écoles moyennes et même, encore plus à la base du système scolaire, dans les bonnes écoles primaires et même les maternelles.

Ce système est fondé sur la concurrence féroce entre les élèves au moment de l'examen d'entrée et non sur les examens dans les écoles. Il a permis de départager les élèves selon un critère (discutable) d'excellence. On a donc pu à la fois permettre l'accès à l'université pour une forte minorité, donc démocratiser l'université, et distinguer entre les diplômes (sur la base de la difficulté de l'examen d'entrée).

Étant donné la nature de cet examen, la formation dans les écoles secondaires, formation qui devient essentiellement une préparation aux examens, est fondée sur la mémorisation des détails (non sur l'analyse) et sur les connaissances formelles. Alors que l'école primaire tente de faire progresser tout le monde en suivant la moyenne (promotion de groupe), l'école secondaire tente plutôt de tirer tout le monde vers les plus hauts niveaux. Il s'agit de donner la priorité à l'imitation de modèles requis pour passer les examens d'entrée, ce qui encourage la préférence pour les modes d'expression codifiés et figés. Il s'ensuit que l'objectif de donner une information diversifiée et de bonne qualité diminue, sans toutefois disparaître complètement.

Une autre conséquence du système actuel est que l'éducation dans les universités est plutôt faible. Les étudiants qui accèdent à l'université ont tellement travaillé pour en arriver là qu'ils voient l'université un peu comme un endroit de repos. Il faut dire que la difficulté des cours et l'effort des étudiants varient selon les spécialisations (les disciplines plus techniques, comme le génie ou la médecine, ont tendance à être plus difficiles) et selon les universités (les mieux cotées n'étant pas nécessairement celles dans lesquelles le curriculum est le meilleur). Parmi les autres conséquences, notons la nécessité, pour la grande majorité des étudiants qui veulent poursuivre leurs études dans une bonne école ou université, de fréquenter des écoles complémentaires qui préparent aux examens.

– Les *juku* ou écoles complémentaires

Les écoles préparatoires sont des institutions privées non reconnues par le ministère de l'Éducation, dont l'objectif est de préparer les candidats pour les examens à divers niveaux. La majorité des jeunes Japonais commencent à aller dans ces écoles dès la fin du primaire, pour se préparer à l'examen d'entrée en première année du premier cycle du secondaire. Ils continuent de fréquenter ces écoles pendant les six années des deux cycles du secondaire, soit, globalement, de 10 ans à 17 ans. La fréquentation est à son maximum dans la dernière année du premier cycle et du second cycle du secondaire. Cela signifie que la majorité des étudiants (et des étudiantes), à partir de dix ans, ont beaucoup moins de temps de loisir, et que ceux dont l'âge varie entre 14 et 17 ans n'en ont pas. En effet, les écoles préparatoires dispensent en général leurs cours de 17 h à 22 h tous les jours (l'école officielle se terminant vers 15 h) et de 14 h à 18 h le samedi. Les dimanches se passent à terminer les travaux nécessaires pour l'école officielle et ceux pour l'école préparatoire. Plusieurs étudiants doivent prolonger les études la nuit pour pouvoir terminer tous les travaux. Inutile de dire que ce genre de travail entraîne du surmenage et une anxiété permanente.

Le système des écoles spéciales est en train de modifier le système scolaire par la création d'un système parallèle, dont les maîtres, qui se nomment eux-mêmes, contestent la qualité du système officiel. Dans plusieurs de ces écoles, la discipline est très stricte, un certain nombre de «professeurs» étant d'anciens militaires qui n'hésitent pas à utiliser les châtiments corporels. Parmi ces écoles, celles qui sont reconnues comme les meilleures, c'est-à-dire celles qui ont les meilleurs taux de réussite aux examens d'entrée dans les bonnes universités, coûtent très cher et ne sont donc accessibles qu'à ceux qui en ont les moyens. L'accès aux écoles complémentaires alimente donc la tendance à la diversité des trajets scolaires.

– La formation technique

L'accès plus facile à l'université depuis 1945 et surtout depuis 1970 a mené à une dévalorisation de l'enseignement technique, même dans les universités de cycle long dont le curriculum comprend deux années sur quatre consacrées à la formation générale, suivies par deux années de formation technique souvent peu spécialisée. Cette dévalorisation contraste avec l'importance de l'enseignement technique dans l'avant-guerre et elle a été accompagnée d'un affaiblissement progressif du contenu technique de l'enseignement, du moins jusque dans les années 1980. Étant donné la valorisation de la formation générale menant à l'université depuis 1945, les écoles techniques ont changé leur formation pour permettre aux finissants d'aspirer à l'université. Le contenu technique a diminué.

Depuis 1975 et surtout dans les années 1980, avec le développement des secteurs des nouvelles technologies, le gouvernement a de nouveau encouragé le développement des lycées et universités (à cycles courts) techniques. Certaines entreprises, mais non parmi les plus grandes, se sont mises à embaucher les diplômés de ces écoles, dont la réputation demeure toutefois faible.

La formation technique demeure toujours l'apanage des entreprises. Comme on l'a vu, les grandes entreprises préfèrent embaucher des jeunes sortant d'écoles reconnues, choisis pour leur diplôme et leur docilité, et les former dans l'entreprise. En fait, les dirigeants des entreprises ne veulent pas que leurs recrues aient une trop bonne formation technique. Ils souhaitent que les nouveaux apprennent tout de l'entreprise, et ce pour limiter leur possibilité de mobilité en liant la formation à une forme de technique particulière, et pour inculquer, en même temps que les qualifications techniques, l'esprit de l'entreprise. Les PME souhaiteraient qu'une partie de la formation technique soit donnée dans les écoles et les universités, car en général elles n'ont pas les moyens de se doter de centres de formation spécifiques. Les PME ont recours soit aux grandes entreprises auxquelles elles sont liées, soit à des centres de formation spécialisés pour donner à leurs travailleurs la formation technique nécessaire.

– La formation du comportement

Les fonctions majeures du système d'éducation demeurent, d'une part, la sélection par le moyen des examens d'entrée, et, d'autre part, l'apprentissage des comportements nécessaires à un fonctionnement adéquat dans la société et particulièrement dans les usines et les bureaux. La formation technique compte peu, mais la formation «morale» est cruciale.

À l'école, on apprend le conformisme. Dans la grande majorité des écoles japonaises, sauf les universités, le port de l'uniforme est obligatoire, et les mesures et les couleurs exactes de cet uniforme sont imposées par la direction des écoles. Dans les cours, les maîtres encouragent peu l'initiative : ils préfèrent que les élèves écoutent passivement. Tout l'enseignement est en général centré sur la préparation aux examens d'entrée au niveau supérieur. Les élèves ne sont pas appelés à se distinguer dans les cours. Là où on se distingue, c'est dans les examens d'entrée au niveau supérieur.

L'école enseigne par ailleurs que la compétition est l'essence de la vie. Or, le succès dans la compétition exige de longues heures de travail, un effort surhumain pour atteindre l'«excellence». Le système d'éducation est donc fondé sur l'émulation, ce qui, faut-il le dire, s'accorde bien avec le climat de compétition qui existe dans les entreprises. À l'école comme à l'usine, pas de relâchement, du travail tout le temps. L'accès à une bonne université, gage de l'accès à une bonne entreprise, sert de preuve : les résultats escomptés découlent de l'effort.

De plus, l'école enseigne les valeurs morales et les comportements qui permettent d'entrer sans problème dans le monde du travail japonais : le sens de la hiérarchie, la coopération dans le groupe, le contrôle de soi, les comportements et le langage appropriés, etc. Le sens de la hiérarchie s'apprend à partir de la forte autorité des maîtres, qui imposent des règles très strictes et qui s'arrangent pour que les déviants soient mâtés (châtiments corporels, correction musclée par les pairs, etc.). Quant à la coopération, elle est de règle à l'intérieur de l'école, où les activités de groupe sont nombreuses et obligatoires. L'insistance mise sur la coopération cache la compétition entre les individus, qui n'apparaît que sous sa forme la plus anonyme dans les examens d'entrée. La coopération et l'esprit de groupe, d'une part, cachent la diversité des destins individuels, mais, d'autre part, assurent la cohésion future des groupes d'employés issus des mêmes écoles. Enfin, le système d'éducation japonais est aussi centré sur la solution la plus rapide possible de problèmes limités[1]. C'est ce genre de tâches qui attend les recrues dans l'entreprise.

Le contrôle de soi, donc de sa nature, qui est fortement valorisé (Smith, 1983, p. 99-101), est souvent mentionné par les Japonais comme l'une de leurs qualités, par opposition à l'individualisme ou à l'égoïsme de l'Occident. Le contrôle de soi et de ses impulsions commence à s'acquérir dans la famille, mais c'est vraiment à la maternelle, avec l'apprentissage de la vie de groupe (*shûdan seikatsu*) que les jeunes Japonais doivent l'intérioriser dans un milieu autre que le milieu familial. La maternelle puis l'école primaire sont les lieux de l'acquisition du véritable sens social, qui est aussi un sens de la retenue, que les Japonais valorisent. Ce contrôle est souvent vu comme donnant aux Japonais une certaine supériorité sur le reste du monde, à la manière de ces élèves des grandes écoles en France, destinés aux positions dominantes, qui font du contrôle de soi la justification de leur domination future (Bourdieu, 1989, p. 153-154). Ce qui est intéressant dans le cas du Japon, c'est que le contrôle de soi, à travers une discipline sévère (davantage au primaire et au secondaire qu'à la maternelle), est devenu une exigence pour la majorité, ce qui explique peut-être que le sens de la supériorité s'exerce dans ce cas à l'égard de l'extérieur, par rapport à d'autres pays, et surtout à l'égard de l'Occident, plutôt que par rapport à des dominés internes.

Le système scolaire japonais transmet donc une sorte de vision implicite de la société, vision conservatrice (Leclercq, 1984, chap. 5). Il s'agit donc moins d'une idéologie, au sens d'un corps de doctrines clairement défini, qu'un ensemble de dispositions intellectuelles, psychologiques et éthiques, un ensemble de façons de se comporter, de penser, et de capacités à bien se situer par rapport aux autres. Les fonctionnaires du ministère de l'Éducation, depuis les années 1950, tentent de préciser le contenu doctrinal du système d'éducation, en censurant les manuels scolaires jugés dangereux (ceux qui, par exemple, mentionnaient le massacre de Nanjing de 1937-1938 ou analysaient la responsabilité des autorités japonaises dans la guerre contre la Chine), en insistant sur le patriotisme fondé sur l'idéologie impériale et en précisant ce que devrait être une morale purement japonaise. Ils y ont réussi partiellement, mais, à cause de résistances venant du syndicat des enseignants (voir plus loin) ou de professeurs éminents des plus grandes universités, ils n'ont pas pu imposer toutes les précisions désirées. La politique du gouvernement en matière d'éducation a toutefois entraîné l'accord implicite d'une immense majorité, y compris des enseignants, sur la nécessité de modeler le comportement des étudiants selon les principes du conformisme, du respect de l'autorité, du maintien de l'harmonie et de la concurrence.

Paradoxalement, les Japonais, qui semblent s'entendre sur les façons de faire et sur les dispositions morales générales, semblent avoir une image assez confuse d'eux-mêmes, puisqu'ils se demandent avec anxiété ce qu'ils sont, comme en font foi les ventes phénoménales des livres qui tentent de définir la culture ou la psychologie des Japonais. Plusieurs auteurs essaient donc de définir une image explicite de la culture japonaise à partir d'une interprétation des usages et des significations implicites, mais le passage à la doctrine est difficile. Mentionnons néanmoins que l'idée de l'homogénéité de la culture japonaise, sans que l'on s'entende toutefois sur son contenu, en est venue à être acceptée par une bonne partie des Japonais qui sont convaincus qu'il s'agit d'un acquis qu'il faut protéger à tout prix (voir la section 5 plus loin).

Un dernier aspect de l'apprentissage scolaire, surtout aux niveaux du secondaire et de l'université, est la participation à des clubs divers : clubs sportifs, clubs d'échecs, etc. Au secondaire, la participation est obligatoire, comptant pour un cours par année, mais le choix du club particulier est laissé à l'étudiant. Ces clubs préparent bien sûr à la coopération nécessaire au travail en équipe, mais permettent aussi d'établir des réseaux qui pourront par la suite servir en milieu de travail.

– Les problèmes de l'éducation

Le syndicat national des enseignants (Nikkyôsô), dont les dirigeants sont influencés par le marxisme, s'oppose à l'idéologisation explicite de l'éducation. Sur ce point, le syndicat a réussi à contrer partiellement les efforts du ministère de l'Éducation. Cependant, la contestation du syndicat souffre de certaines faiblesses, puisque ses membres acceptent en général le sens moral que l'école tente de transmettre et les moyens, tels la discipline et la conformité, employés pour ce faire. L'opposition du syndicat semble donc superficielle, puisqu'elle ne porte pas sur l'essentiel, c'est-à-dire sur la vision implicite qui est transmise à travers l'école.

Il est bien apparu une forme de contestation plus radicale du système, venant des étudiants militants, mais cette contestation, qui a proliféré dans les années 1960 et 1970, a aujourd'hui pratiquement disparu. Notons que cette contestation a porté plus sur la critique du traité de sécurité avec les États-Unis que sur la discipline et le contenu implicite du système d'éducation.

L'opposition à la définition d'une idéologie explicite, unique et univoque, telle que le ministère de l'Éducation et certains Premiers ministres voulaient l'imposer (voir entre autres Inoue, 1986, p.112-116), a eu plus de succès, mais en la retardant et non en l'empêchant. Ceux qui se sont battus sur ce point, en plus des dirigeants du syndicat des enseignants, sont des professeurs d'université qui ont

préparé des manuels scolaires contrevenant aux directives du ministère. Le ministère a refusé d'approuver ces manuels et a exigé des
corrections. Les professeurs, dont le plus connu est Ienaga Saburô,
professeur d'histoire à l'Université de Tokyo, ont porté leur cause
devant la Cour. C'est seulement en 1993 que la Cour, après près de 20
ans d'attente, a décidé de trancher en faveur du ministère, en reconnaissant son droit d'approuver les manuels et d'interdire dans les
écoles l'utilisation des manuels non approuvés.

Les problèmes dont nous venons de parler portent tous sur la
définition du contenu de l'éducation. D'autres problèmes viennent
des conséquences du système d'éducation dans sa forme actuelle.
Parmi ceux-ci, le plus important est sans doute le surmenage des
jeunes, tenus de travailler comme des forcenés, empiétant souvent sur
les heures de sommeil nécessaires. Le surmenage mène quelquefois
au refus de l'école, c'est-à-dire à la pratique assez répandue des élèves
qui refusent absolument d'aller à l'école (ils restent couchés le matin,
ou ils se promènent dans les rues ; voir Lock, 1990). La pression sur
les élèves a aussi entraîné des réactions plus violentes, dont il ne faut
toutefois pas exagérer l'ampleur : vandalisme, violence contre les
autres élèves et même contre les maîtres et les parents, suicides.
Souvent, plusieurs phénomènes se conjuguent, comme dans les cas de
violence d'un groupe d'élèves contre un des leurs, ce qui le mène au
suicide. Les phénomènes de rejet violent, quelquefois encouragés par
les professeurs, surviennent souvent contre des jeunes Japonais reve-
nant de l'étranger, où ils ont appris des comportements jugés inaccep-
tables au Japon (comme celui de poser des questions en classe). Ces
pratiques violentes font donc partie des moyens de pression visant à
la conformité.

Un autre problème a trait à la baisse de la démocratisation de
l'enseignement, une démocratisation qui, malgré les idées reçues, a
toujours été limitée depuis 1946. En effet, malgré la démocratisation,
certains groupes ont toujours été défavorisés : les intouchables, les
Coréens, les ouvriers des grandes villes et les femmes. Ces catégories
ont été moins touchées par la quête féroce du diplôme des bonnes
écoles. Par exemple, les grandes entreprises ont préféré longtemps
embaucher des jeunes hommes venant des campagnes plutôt que de
la ville. Les jeunes de Tokyo qui finissaient une 9e ou une 12e année ne
pouvaient espérer trouver un emploi dans une grande entreprise. Ils
devaient donc se contenter d'un emploi dans une PME. La démocratisation de l'enseignement a toutefois permis à une certaine proportion de jeunes des classes populaires d'avoir accès aux bonnes

universités. Mais la tendance à l'ouverture des bonnes écoles aux candidats méritants d'origine modeste semble s'atténuer, du fait des coûts énormes que représentent non seulement les études dans les universités mais aussi celles dans les écoles préparatoires. De plus en plus, la proportion de jeunes venant de milieux favorisés, ceux qui ont les moyens de se payer une bonne éducation, augmente dans les universités comme celle de Tokyo, instituant ainsi une forme plus stricte de reproduction des couches sociales à travers le système d'éducation (Ishida, 1993, p. 69-72). Ishida (1993, p. 74) note aussi que c'est de plus en plus le niveau d'éducation de la mère qui détermine le succès et l'ambition scolaire des jeunes. La différenciation sociale qui existe présentement au Japon, et dont l'accès aux bonnes institutions scolaires n'est qu'un aspect, est traitée plus en détail dans la prochaine section.

Enfin, l'école, en insistant sur la conformité et sur la mémorisation, prépare moins bien à la situation actuelle du Japon : on a besoin maintenant de gens inventifs, imaginatifs, en particulier dans les sciences fondamentales, mais le système d'éducation prépare surtout des «hommes de l'organisation», pas des gens d'imagination. D'ailleurs, comme on l'a vu, c'est ce genre de personnes que les entreprises recherchent : des gens dociles, qui ne contesteront pas la structure de l'entreprise ni l'autorité des dirigeants. Il faut tempérer cette remarque en mentionnant que les entreprises japonaises ont eu beaucoup de succès dans la mise sur pied d'équipes de recherche qui ont très bien réussi à développer des produits à partir des recherches fondamentales faites ailleurs. Il sera peut-être possible d'utiliser encore davantage cette créativité collective pour pallier le manque de créativité individuelle. Mais cela reste à voir.

## 4. La différenciation sociale et les inégalités

### La société japonaise, société de classe moyenne ?

Plusieurs auteurs japonais, dont Murakami Yasusuke (1983 et 1984), ont présenté la société japonaise comme la moins différenciée parmi toutes les sociétés industrielles actuelles et comme constituée en réalité d'une immense classe ou couche moyenne. Le raisonnement de Murakami est le suivant. Dans toutes les sociétés industrielles avancées, la stratification s'est faite selon diverses dimensions, soit la dimension économique (revenu, richesse accumulée, contrôle de la gestion des entreprises), la dimension politique (présence d'un système parlementaire, élargissement des organisations dans l'administration publique et dans le privé) et, enfin, la dimension culturelle (niveau d'éducation, style de vie et système des valeurs). Selon Murakami, il n'y aurait plus, dans l'après-guerre, unité du statut selon l'ensemble des dimensions, comme c'était le cas auparavant ; chaque dimension divise les membres de la société selon des stratifications différentes et non concordantes.

Parmi tous les pays industrialisés, c'est le Japon qui a connu, selon Murakami, le plus fort morcellement de la stratification. Cette évolution particulière du Japon serait attribuable, d'une part, au fait que la stratification, même dans l'avant-guerre, y était moins prononcée que dans les autres pays (notons, à l'encontre de ce que dit Murakami, que le Japon était une des sociétés avec la plus grande disparité des revenus et avec la différenciation la plus prononcée sur la base de l'accès à l'éducation supérieure, ceci dans l'ensemble des pays fortement industrialisés avant 1945), et, d'autre part, aux conséquences de la haute croissance : égalisation des revenus, disparition de la distinction entre cols bleus et cols blancs, transformation des entreprises en communautés avec la généralisation de l'emploi à vie, homogénéisation de la culture, etc.

Récemment, un autre auteur, à partir d'une comparaison systématique entre le Japon, les États-Unis et l'Angleterre, a remis en question cette interprétation de l'évolution des sociétés industrielles vers une stratification morcelée (Ishida, 1993). Au moyen d'une étude statistique, Ishida a montré comment, dans les trois sociétés, l'appartenance à une classe continue de jouer et que ce facteur explique mieux les différences relatives au revenu, à l'occupation, à la propriété d'une maison et à la propriété d'actions que d'autres variables tel le niveau de scolarité. Comme on l'a vu, Ishida mentionne le lien qui existe entre l'appartenance à une classe et la scolarisation, un lien qui se manifeste aussi dans le fait que les familles se situant dans le quintile avec les plus hauts revenus dépensent jusqu'à quatre fois plus pour l'éducation que celles se trouvant dans le quintile inférieur. L'éducation devient ainsi un des moyens de perpétuation des différences de classes.

Ishida a aussi montré que, malgré certaines différences, notamment quant au statut des petits propriétaires et des employés de bureau, les structures de classes des trois pays se ressemblent, notamment en donnant aux hauts administrateurs et aux propriétaires d'entreprise les meilleures places pour ce qui est du revenu et de la propriété, bien que leur niveau de scolarité soit en général plus bas que celui des professionnels et des employés de bureau, et en relé-guant les ouvriers au bas de l'échelle (1993, p. 253 et suiv.). Une des particularités du Japon est que la différence entre ouvriers qualifiés et non qualifiés est plus faible qu'aux États-Unis, pays où les manœu-vres sont particulièrement mal traités, mais la différence de traitement des ouvriers est plus grande entre grandes et moyennes entreprises au Japon qu'ailleurs (bien qu'elle ne définisse pas une nouvelle division de classe, comme le soutenait Odaka, 1984).

Il ressort donc de l'analyse d'Ishida que la théorie du tassement de toute la population autour de la classe moyenne, tout en indiquant une tendance à l'affaiblissement des écarts de revenus depuis 1945, n'est pas adéquate pour décrire le Japon. Il demeure des inégalités de revenus, de conditions de travail, de richesse entre les différents groupes sociaux au Japon, comme c'est le cas dans les autres pays industrialisés. Cependant, le fait pour une majorité de Japonais de se définir eux-mêmes comme faisant partie de la classe moyenne[2], sans être accepté comme description juste de la réalité sociale japonaise, peut néanmoins être interprété comme indiquant certaines aspirations de la majorité. Notons que la possibilité que ces aspirations se réali-sent était assez forte jusqu'en 1990, étant donné la croissance soutenue de l'économie japonaise. Depuis, toutefois, à cause de la récession actuelle, il se peut que le pourcentage de personnes se classant dans la classe moyenne, sur la base d'un calcul pratique des chances d'accé-der à un certain niveau de revenu, ait diminué, étant donné la baisse objective (et peut-être seulement momentanée, l'avenir nous le dira) des chances de voir son revenu augmenter ou ses conditions de travail s'améliorer.

La théorie du Japon sans classe, qui trouve un fondement dans l'affaiblissement des écarts de revenus depuis 1945, s'appuie aussi sur l'idée que les Japonais sont tous semblables culturellement, et qu'il n'existe donc que des distinctions mineures entre eux. Il s'agit là d'un thème important dans la pensée japonaise actuelle (bien que certains ne l'acceptent pas) qu'il nous faut maintenant examiner, en tentant d'en dégager l'impact sur l'économie.

## 5. L'homogénéité culturelle, la culture et l'économie

### La théorie de l'homogénéité culturelle

La théorie de l'homogénéité culturelle du Japon se fonde sur de nom-breux points et, en particulier, sur le partage d'une seule langue à travers tout le pays. Cette théorie veut que les Japonais partagent certains codes communs, spécifiques, qui font que les Japonais se comprennent facilement entre eux, même en l'absence de conversation, et que personne d'autre ne les comprend vraiment. Certains auteurs ont même affirmé que la culture japonaise était la plus spécifique et la plus homogène au monde (Umesao et Tada, 1972, p. 64-65), sans mentionner pour autant comment le degré de spécificité ou d'homogénéité pouvait se mesurer avec exactitude. Ceux qui ont le plus recherché la spécificité de la culture japonaise en ont trouvé l'origine dans les sociétés de chasseurs-cueilleurs qui, dans la préhistoire, ont précédé l'introduction de l'agriculture autour du Vᵉ siècle av. J.-C. (Umesao et Tada, 1972, p. 34-40).

Il serait un peu hors de propos d'analyser toutes les conclusions ayant trait à l'homogénéité et à la spécificité de la culture japonaise (voir Bernier et Richard, 1995). Mais comme certains auteurs font appel à cette culture pour expliquer le succès japonais en général, ou certains aspects précis de l'organisation de l'économie ou des entreprises qui seraient à la base de ce succès, il est nécessaire d'en examiner certains aspects.

En premier lieu, on peut admettre que le Japon a un degré d'homogénéité culturelle qui a tendance à être plus élevé que celui des pays industrialisés d'Europe ou d'Amérique du Nord, en particulier du point de vue de la langue, parlée en exclusivité (sauf les langues étrangères) par plus de 99 % de la population. Il s'agit là d'un degré d'uniformité élevé, si l'on considère que des pays relativement homogènes comme la France et le Royaume-Uni comprennent des populations qui, en plus du français ou de l'anglais, parlent le breton, le corse, le gallois, l'arabe, etc. De ce point de vue, il est donc possible d'admettre que le Japon a un degré d'homogénéité culturelle élevé.

Mais d'où vient cette homogénéité ? Vient-elle d'une culture homogène originelle, créée par les chasseurs-cueilleurs il y a plus de 2 000 ans, et qui s'est perpétuée comme telle jusqu'à nos jours ? L'examen élémentaire des données historiques permet d'en arriver à des conclusions tout autres. Quatre grands facteurs se trouvent à l'origine de l'homogénéité culturelle japonaise : premièrement, l'unification de l'État japonais autour du VIᵉ siècle de notre ère, unification qui est à la base de l'existence politique du Japon ; deuxièmement, l'inclusion graduelle de diverses populations sous le contrôle de l'État japonais ; troisièmement, la dissémination de la morale confucianiste dans la période Edo (1600-1868) comme moyen de contrôle de la population ; et, quatrièmement, la centralisation étatique et un effort conscient d'uniformisation de la culture juste après le changement de régime de 1868, changement de régime qui a conduit à la création d'un État moderne.

En réalité, c'est ce dernier élément qui a joué le plus fortement dans l'homogénéisation de la culture. En effet, avant 1868, il y avait de multiples variations régionales de la langue et des coutumes ; il existait, de même, des écarts culturels importants entre la classe dominante des guerriers et les gens du commun, et, parmi ces derniers, entre la population urbaine et les paysans. Les dirigeants du nouvel État ont tenté par divers moyens d'éliminer ces variations et écarts, surtout à l'aide d'un système d'éducation extrêmement centralisé. Les objectifs de la création du système d'éducation étaient de former des gens prêts à travailler dans les nouveaux secteurs de l'économie (fonction publique, services, usines) et d'inculquer à toute la population des valeurs morales appropriées à la tâche immense de la construction du pays. Parmi les valeurs morales considérées comme essentielles, il y avait le patriotisme. Le patriotisme devait se fonder sur l'adhésion à la nation en tant que telle. Or, dans la période antérieure, l'objet de la loyauté n'était pas la nation (ou le souverain), mais bien le seigneur, c'est-à-dire le potentat local. Il fallait donc réorienter la loyauté vers la nation. Pour ce faire, on a fait de la nation une extension de la monarchie, et on a tenté de susciter la loyauté envers le monarque comme centre et symbole de la nation.

Pour s'assurer du bon fonctionnement du système scolaire en vue de cet objectif, l'État l'a fortement centralisé, du moins pour ce qui est de la forme et du contenu de l'enseignement. En particulier, il a défini une langue standard, à partir de la langue des guerriers de la région de la capitale, et cette langue standard est devenue la base de l'enseignement. Par ailleurs, l'État a défini de façon stricte le contenu des cours de morale, d'histoire et de littérature, pour uniformiser les codes à travers le pays. L'État a donc uniformisé la culture à plusieurs niveaux et a utilisé le système d'éducation comme mécanisme premier de transmission de la culture nouvellement définie (voir Berque, 1986, p. 233 et suiv.). Fait à noter, la nouvelle définition de la culture a ignoré des variantes culturelles régionales ou sociales, ramenées au rang de curiosités locales.

L'État a aussi utilisé l'armée comme mécanisme de transmission culturelle. La nouvelle armée, instituée en 1871, était fondée sur la conscription (les officiers venant de l'ancienne classe des guerriers). Étant donné la composition de la population à l'époque, la majorité des conscrits venaient des milieux paysans. Les dirigeants de l'État résolurent d'inculquer aux nouveaux soldats les valeurs morales qu'ils jugeaient essentielles, à commencer par le patriotisme et la loyauté envers l'empereur. Puis ils rendirent obligatoires dans les écoles l'entraînement militaire sous la direction d'anciens soldats. Enfin, ils favorisèrent la création d'associations locales de soldats démobilisés, afin de conserver vivants l'esprit martial et le patriotisme. De cette façon, l'armée servit de lieu d'enseignement et de promotion des nouvelles valeurs et de dissémination de ces valeurs à travers le pays.

Les réformes américaines de 1945-1952 avaient pour but de démocratiser le Japon. Dans le domaine de l'éducation, comme on l'a vu, les Américains décentralisèrent le contrôle des écoles et abolirent les cours de morale et les cours d'histoire présentant cette histoire comme fondée, rappelons-le, sur les mythes d'origine de la famille impériale. Mais dès le départ des Américains en 1952, le gouvernement japonais entreprit de recentraliser le système scolaire, et pour les mêmes raisons que dans l'avant-guerre, c'est-à-dire pour assurer l'uniformité du contenu de la culture et pour promouvoir le patriotisme (voir le discours de Yoshida en 1949, cité dans Inoue, 1986, p. 112). Au sujet du contenu de la culture, le ministère ne put définir aussi strictement l'idéologie justifiant les codes culturels transmis, à cause de l'abolition du système impérial de l'avant-guerre et de la dévalorisation des mythes d'origine de la lignée impériale. Mais, comme on l'a vu, les pratiques diverses dans le milieu scolaire ont conduit à la mise sur pied d'une atmosphère particulière encourageant la transmission de modes de faire et de penser particuliers.

Le caractère relativement uniforme des codes partagés par les Japonais vient donc en bonne partie de la codification étatique et scolaire de la culture et de sa transmission systématique. Remarquons encore une fois que l'uniformité qui s'ensuit laisse tout de même place à des exceptions et à des variations régionales et sociales ; il s'agit donc d'une uniformité relative. Cela étant dit, l'effort gouvernemental d'uniformisation a eu des résultats, entre autres, dans la définition d'un certain nombre de schèmes, explicites ou implicites, qui modèlent le comportement. Autrement dit, cet effort a conduit à la définition de certains éléments comme typiquement japonais et à la transmission d'autres éléments, de façon implicite, à travers la forme même de la transmission scolaire.

### Certains thèmes de la culture japonaise

Avant d'entrer dans l'analyse de ces thèmes, il est nécessaire de définir ce que l'on entend par culture. Il s'agit en résumé de l'univers de sens, implicite et explicite, que tout groupe social développe et qui l'enveloppe. L'expression «univers de sens» fait référence à tout ce qui est appris et qui a du sens pour les membres d'un groupe, c'est-à-dire les modes de faire et de penser conscients ou inconscients (l'habitus selon Bourdieu), les attentes, mais aussi les représentations, les doctrines, les images explicites que le groupe se donne. Chaque ensemble social, c'est-à-dire, pour le monde actuel, chaque pays, chaque nation ou chaque ethnie, développe cet univers de sens, spécifique, mais pouvant partager — et en général partageant — des traits avec d'autres groupes semblables. La culture est ce que l'on apprend, à partir de la naissance, et qui nous définit comme québécois ou français ou japonais. Parmi les aspects de la culture, il faut inclure la culture des élites, et en particulier toutes les formes d'art et le sens esthétique.

Soulignons que cet univers de sens, qui va de soi pour les membres d'un groupe à un moment donné, peut être l'objet — et l'est en général — de luttes pour le définir d'une certaine façon ou pour le redéfinir. En réalité, l'univers de sens partagé à un certain moment est le résultat de luttes antérieures (par exemple, les luttes mentionnées plus haut pour la définition du contenu de l'éducation dans les années 1885-1900) qui ont abouti à une définition particulière, incluant peut-être des éléments des autres visions concurrentes, mais en général les excluant. C'est dans ce sens-là de la culture, c'est-à-dire en tant qu'univers de sens s'imposant comme allant de soi à un moment donné — mais résultant de luttes antérieures, enjeu de luttes actuelles, donc changeant — que nous parlerons maintenant du cas du Japon actuel.

Plusieurs thèmes culturels ont été soulignés dans l'analyse de l'éducation familiale et du système scolaire présenté plus haut. Globalement, ces thèmes sont les suivants : le sens et le respect de la hiérarchie, autrement dit le sens du rang, entre autres le sens des inégalités venant de la participation à des relations calquées sur le modèle de la parenté (relations *oyabun-kobun*) ; la valorisation de la conformité aux normes ; l'obéissance et la loyauté des inférieurs envers les supérieurs, et, lié à cela, l'ensemble des obligations morales réciproques des supérieurs et des inférieurs[3] ; le contrôle de soi ; l'insistance sur le groupe d'appartenance et sur les frontières entre ce groupe et l'extérieur ; l'importance des relations sociales et des réseaux ; l'importance du travail et de la compétition ; enfin, la valorisation de la nation et le patriotisme. La grande majorité de ces traits culturels ont été transposés à peu près tels quels de l'avant-guerre. Notons toutefois que certains ont connu depuis 1945 une diffusion dans des couches nouvelles : mentionnons la compétition et l'importance des réseaux, qui s'appliquaient à peu près seulement aux classes supérieures dans l'avant-guerre. On peut ajouter deux thèmes qui, eux, sont particuliers à l'après-guerre : le pacifisme et la valorisation de la démocratie. Notons que ces deux derniers thèmes sont davantage sujets à des remises en question de la part des dirigeants politiques (ce fut le cas, à la fois pour la démocratie et pour le pacifisme, du Premier ministre Nakasone, qui occupa ce poste de 1982 à 1987 ; voir à ce sujet Inoue, 1986, p. I-II) que les thèmes plus anciens, qui ont pour eux la force de la tradition, même si cette tradition, dans certains cas (le patriotisme, par exemple), ne date que de la période qui suit le changement de régime de 1868.

Pour ce qui est des arts et du sens esthétique, un sujet trop vaste pour un si bref traitement, le Japon a une tradition ancienne qui se perpétue jusqu'à nos jours. On devrait plutôt dire *des* traditions, car, au cours de l'histoire, plusieurs formes artistiques et plusieurs styles ont surgi et se sont affirmés. De plus, ces formes et styles ont été appréciés surtout des couches dominantes : la cour impériale, les seigneurs, les *samouraïs*, etc. (mais pas exclusivement : la culture urbaine des XVIII$^e$ et XIX$^e$ siècles était une culture des couches populaires). Dans le domaine de l'art comme dans les autres domaines de la culture, la période Meiji en a été une de choix de certains styles ou pratiques comme authentiques et de rejet d'autres comme non japonais. Ce qui a été retenu, surtout, ce sont les formes et les pratiques associées au bouddhisme zen : jardins, maisons de thé, calligraphie, peinture monochrome. Cette tradition artistique était fondée sur un sens esthétique particulier, valorisant la retenue, la sobriété, l'allusion, etc. Certaines traditions anciennes, telle l'esthétique bourgeoise urbaine des XVIII$^e$ et XIX$^e$ siècles (voir Bernier, 1988 a, p. 179-181), plus flamboyante et portée à l'exagération, ou l'architecture du début de la période Edo (1600-1868), avec un foisonnement de détails décoratifs, ont été écartées presque complètement comme ne respectant pas la sobriété propre à ce que les dirigeants voyaient comme la véritable esthétique japonaise. L'insistance sur la sobriété n'a pas empêché le clinquant, le kitsch ou simplement le vulgaire de se développer au Japon : à preuve, le quartier Shinjuku. Par ailleurs, les productions artistiques elles-mêmes sont très variées et leur consommation varie d'un milieu social à l'autre. La sobriété artistique demeure encore l'idéal des couches supérieures et n'est pas nécessairement partagée par tous les Japonais.

L'origine de la majorité des traits culturels (en excluant ici le sens esthétique) peut se trouver en dernier lieu dans le confucianisme, cette morale sociale qui fut importée de Chine à peu près au moment de la création de l'État impérial japonais autour du VIᵉ siècle de notre ère : c'est le cas du sens du rang et du respect de la hiérarchie, de l'obéissance et de la loyauté, de la conformité aux normes, du contrôle de soi et de l'importance accordée au travail. Il faut toutefois souligner que ces éléments ont été remaniés et redéfinis à diverses époques afin de les rendre compatibles avec les formes du pouvoir en vigueur. La redéfinition la plus systématique a eu lieu dans la période Meiji (1868-1912), période de définition et de redéfinition des traditions, afin qu'elles s'intègrent au plan des dirigeants désireux de créer un pays moderne.

Le patriotisme, issu du nationalisme impérial de l'avant-guerre, a eu sa source dans les théories de l'école des «études nationales» (*kokugaku*) aux XVIIIᵉ et XIXᵉ siècles (voir Bernier, 1988 a, p. 165-167), mais il est devenu produit de consommation populaire à la suite des campagnes gouvernementales des années 1885-1905, campagnes qui avaient pour but de diriger la loyauté envers l'empereur comme centre, symbole et source de la nation. Quant à la valorisation du groupe, elle a son fondement dans l'orientation prioritaire des personnes envers la maisonnée (*ie*) et envers le village, une orientation qui date, dans le cas de la maisonnée et des couches populaires, de la période Edo et même, dans certaines régions, de la période Meiji (Bernier, 1988 a, p. 108-121 ; et Bernier, 1994 a ; Lock, 1993). Cependant, ici aussi, cette orientation a connu une modification majeure, surtout dans l'après-guerre : les groupes qui ont pris de l'importance sont, d'une part — et surtout — les entreprises pour lesquelles on travaille et, d'autre part, les écoles et les universités que l'on a fréquentées. Notons le maintien de l'importance de la famille dans les couches où la famille et l'entreprise sont fortement liées, c'est-à-dire chez les propriétaires des grandes entreprises, dans le petit commerce et dans l'agriculture. Quant au village, son importance a beaucoup diminué à la suite des transformations de l'agriculture analysées au chapitre 1.

Ces éléments culturels, qui sont dominants à l'heure actuelle, ne doivent pas être perçus comme une mécanique fonctionnant automatiquement du seul fait qu'ils forment la base de l'enseignement scolaire. Ce ne sont pas tous les Japonais qui intériorisent ces principes et qui les acceptent. Il y a — et il y a toujours eu — des exceptions, des cas «aberrants». De plus, comme on l'a déjà noté, il existe des variations régionales et des variations selon la place occupée dans la stratification sociale.

## La culture, l'économie et l'ordre social

Les éléments culturels que nous venons d'analyser sont fortement liés à la fois à l'organisation du monde économique et à l'ordre social actuel, fondé sur le lien étroit existant entre le système scolaire et le monde du travail (moins sur le plan de la formation technique que sur celui de la formation morale). Dans le domaine économique, des thèmes comme l'importance de la hiérarchie, l'insistance sur le groupe (l'entreprise, le groupe de travail), les obligations morales, les relations de type *oya-ko* entre inférieurs et supérieurs, la conformité aux normes, l'importance du travail et de la compétition, enfin l'effort pour la nation ont eu depuis 50 ans une influence cruciale dans le monde économique.

C'est au moyen de l'insistance mise sur le groupe et sur le sacrifice pour la nation qu'il faut comprendre le statut ambigu du profit dans l'idéologie économique japonaise. Ce statut ambigu n'est pas nouveau, comme on peut le voir dans le livre de Marshall (1967). Dans l'avant-guerre, avec la forte insistance mise sur la grandeur du pays et en l'absence d'un esprit d'entreprise aussi fort que depuis 1950, c'est le sacrifice pour la nation qui a surtout joué dans le rejet officiel du profit. Dans l'après-guerre, l'ambiguïté du profit est liée davantage à l'égalité économique plus grande et à l'insistance sur l'identification à l'entreprise. En effet, le profit étant synonyme d'avantage privé, il apparaît à la fois comme facteur non totalement légitime de différenciation sociale et comme opposition à l'idéologie de l'entreprise en tant que communauté réunissant tous ses membres réguliers. Il s'oppose donc à l'idée de l'entreprise comme fondée sur une sorte de contrat moral. Ce n'est pas que le profit soit absent de l'univers économique japonais : des auteurs comme Sautter (1973, p. 141 et suiv.), Patrick (1975, p. 248) et Caves et Uekusa (1976, p. 95-96) ont montré comment les taux de profit au Japon dans les années 1960-1970 se situaient à des niveaux plus élevés qu'en Occident. Mais dans l'idéologie du contrat moral qui domine au Japon, le profit ne doit pas servir au seul avantage des propriétaires ou des hauts administrateurs, il doit profiter à tous ceux qui ont contribué à le produire, donc à tous les membres d'une organisation. Il doit donc être en partie réinvesti dans l'entreprise et en partie redistribué (sous forme de hausses de salaires ou de primes). Remarquons toutefois que le profit fait partie des calculs des entreprises. Diverses mesures fiscales, comme l'amortissement accéléré, permettent cependant de le camoufler partiellement. De cette façon, le profit peut à la fois faire partie des calculs des entreprises et être nié comme catégorie importante de l'économie politique japonaise.

L'ordre social de l'après-guerre, quant à lui, n'est pas fondé principalement sur une idéologie précise, mais sur un ensemble de comportements, un ensemble de normes intériorisées qui sont généralement concordantes dans le système scolaire et dans le monde du travail. Cette concordance relative n'a pas de quoi surprendre, car, autant pour les dirigeants de Meiji que pour ceux de l'après-guerre, un des objectifs de la centralisation du système scolaire était la préparation morale adéquate au monde du travail, une préparation qui exigeait que soient inculqués à la fois le patriotisme et les valeurs morales associées à l'acceptation active des obligations liées au travail salarié. C'est cette préparation qui fonde et permet de maintenir l'idée que l'économie n'est pas surtout affaire privée mais affaire nationale, et celle que les entreprises sont fondées sur un contrat économique, certes, mais davantage moral, entre les directions et les salariés.

Nous pouvons donc voir que l'organisation du monde du travail est tout empreinte des thèmes culturels transmis par le système d'éducation : insistance sur le groupe, conformisme, sens du rang, respect de la hiérarchie, compétition, etc. Il est peut-être nécessaire de répéter que ces thèmes, tout comme les différents aspects du mode de gestion et d'organisation des entreprises et le système de relations de travail, bien qu'ayant quelquefois des fondements dans la tradition japonaise, sont des produits historiques, fruits des luttes et des stratégies de divers groupes, et ce à diverses époques. Leur analyse n'est donc pas complète si, comme Nakane (1974), Iwata (1978) ou Murakami *et al.* (1979), on les considère strictement comme des legs du passé, transmis tels quels.

Le lien solide entre le système scolaire et le monde du travail, associé à la cohésion sociale qui marque à la fois la vie quotidienne et le travail, explique la lenteur des modifications que le gouvernement a introduites dans le régime scolaire et le régime du travail. Depuis 1970, plusieurs spécialistes demandent, d'une part, que la journée et la semaine de travail soient abrégées et, d'autre part, que le système scolaire soit modifié pour laisser plus de place à la créativité et plus de temps de loisir aux élèves. Depuis 1980, ce sont les Américains qui ont dénoncé le système social japonais, en faisant valoir que l'insistance sur la production nuisait à la mise en place d'une véritable société de consommation (le développement de la consommation au Japon étant vu, selon cette opinion, comme le moyen d'exporter plus de produits américains vers le Japon et ainsi de faire diminuer le déficit américain de la balance commerciale). Le gouvernement a procédé timidement en invitant les grandes entreprises à adopter la semaine de cinq jours de travail et en forçant les écoles à donner un samedi de congé par mois (jusqu'au début des années 1980, les bureaux, les usines et les écoles étaient ouverts tous les samedis avant-midi). Le gouvernement songe maintenant à décréter deux samedis de congé par mois dans les écoles. Mais plusieurs dirigeants et plusieurs intellectuels craignent que l'«oisiveté» venant de ces congés amenuise l'éthique japonaise du travail et mène à des problèmes sociaux créés par les écoliers en congé. Pour éviter ces problèmes, le ministère de l'Éducation a donné des directives aux écoles afin qu'elles établissent des loisirs organisés, obligatoires, pour éviter que les jeunes ne soient pas encadrés.

La lenteur des modifications au système social s'explique en fait par la volonté des dirigeants japonais d'éviter d'imiter les pays occidentaux, étant donné que la diminution des heures de travail, le laxisme dans les écoles, l'augmentation des loisirs et l'avènement de la société de consommation dans ces pays sont vus par plusieurs Japonais comme ayant entraîné la baisse de la productivité, le déclin économique, l'apparition de nombreux problèmes sociaux et la recrudescence de l'analphabétisme. Les dirigeants japonais craignent que des modifications à un aspect du système social affaiblissent tout l'ordre social, garantie selon eux de la croissance économique.

Cette crainte est paradoxale : si la formation morale donnée à l'école est efficace, comment se pourrait-il que de légères modifications au système social entraînent des conséquences aussi dramatiques ? La clé de ce paradoxe se trouve peut-être dans le fait que les dirigeants ont une confiance limitée dans le processus d'apprentissage des valeurs «typiquement» japonaises, et ce depuis 1868. En effet, les dirigeants ont toujours cru qu'il était nécessaire de renforcer cet apprentissage par divers moyens de contrôle social : discipline et surveillance strictes à l'école (les maîtres sont responsables de la conduite des élèves même hors de l'école), présence de postes de police dans tous les quartiers et dans les sous-quartiers, enregistrement nécessaire au poste de police lors d'un déménagement, contrôle strict sur les salariés dans certaines grandes entreprises par le biais du service du personnel, etc. Peut-être les valeurs que le système scolaire transmet sont-elles moins bien ancrées que ce que divers auteurs soutiennent, peut-être sont-elles plus fragiles qu'on le croit, peut-être faut-il des moyens de contrôle externe pour assurer qu'elles perdurent. Si c'est le cas, il faut alors admettre que la culture japonaise actuelle est fragile, qu'elle requiert un effort particulier pour la maintenir et qu'elle pourrait donc s'affaiblir, sous l'impact de l'influence venant de l'extérieur. Cette fragilité expliquerait peut-être pourquoi plusieurs intellectuels s'efforcent avec autant d'ardeur de définir explicitement et précisément, mais souvent en la réduisant à un seul ou à un nombre limité d'éléments, la culture de leur pays.

**Notes**

1. Sur ce point, voir Leclercq, 1984, p. 90 ; Bourdieu dit la même chose des écoles préparatoires aux grandes écoles en France (1989, p. 112 et suiv.)

2. Notons que les sondages posent la question en divisant la classe moyenne en trois strates, ce qui n'est pas le cas pour les classes supérieure et inférieure, ce qui a probablement des effets, difficiles à mesurer, sur l'auto-classement.

3. Ces obligations morales son traitées en détail dans le livre bien connu de Ruth Benedict (1946). Benedict mentionne, entre autres, les dettes morales infinies (*on*) envers ses parents, envers le souverain ou envers ses maîtres, et des dettes limitées, mais très lourdes, encourues du fait que l'on a reçu une faveur (*giri*).

# Conclusion

Notre examen des institutions et des stratégies économiques du Japon depuis 1945 nous a forcé à remonter dans le passé et à inclure dans l'analyse des domaines souvent exclus d'une telle entreprise, comme l'organisation sociale et la culture. Ce regard sur le passé et cette inclusion des éléments sociaux et culturels se justifient par la conception de l'économie comme partie d'ensembles sociaux plus vastes, incluse dans des rapports qui la débordent largement, rapports qui se sont établis historiquement en fonction de luttes et de stratégies. L'analyse contenue dans ce livre a pris l'économie japonaise de l'après-guerre pour objet, en insistant en particulier sur l'organisation du monde économique (organisation des entreprises et des groupes financiers, associations patronales, liens entre le monde des affaires et l'État, etc.) et sur les stratégies économiques, définies conjointement par les milieux d'affaires et les fonctionnaires des ministères des Finances et de l'Industrie et du Commerce international. L'analyse, tout en insistant sur la cohésion relative qui a entraîné la définition de modes d'organisation et de politiques efficaces, a aussi porté sur les conflits, et en particulier sur les conflits dans le monde du travail entre 1945 et 1954, conflits dont la résolution a mené à la mise sur pied du système de relations de travail actuel.

Certains auteurs ont récemment décrit le système économique et industriel qui s'est établi juste après la guerre au Japon comme différent du capitalisme occidental. Les expressions utilisées pour nommer ce système diffèrent d'un auteur à l'autre : Ozaki parle de «capitalisme humain» (Ozaki, 1991), Itami parle d'un système qui met l'insistance sur les facteurs humains (*jinponshugi* ; voir Itami, 1986 et 1987) alors que le capitalisme occidental insisterait quant à lui sur la matière (le capital-argent et les machines). Ces auteurs ont donné comme caractéristiques de ce type de système le partage de l'autorité, de l'information, de la responsabilité et des ressources entre administrateurs et salariés, et la reconnaissance des humains comme des êtres qui réfléchissent et qui ont des émotions (Ozaki, 1991, chap. 1). Il ne fait pas de doute que les entreprises japonaises ont insisté, et ce beaucoup plus que leurs concurrents occidentaux, sur la qualité de la main-d'œuvre, sur son utilisation efficace, sur les capacités d'apprentissage des salariés et sur un certain partage des responsabilités et des profits. Cependant, on ne peut tirer de ces caractéristiques la conclusion que le système japonais traite les humains autrement que comme «ressource humaine» : c'est en fonction du rendement des entreprises que les capacités humaines sont utilisées, et non en fonction des besoins des salariés. Que les besoins des salariés passent au second rang est attesté par les longues heures de travail qui nuisent à la vie familiale, par les mutations forcées et sans consultation dans d'autres villes ou pays, par la coutume qui veut que le travail ait préséance sur tout (y compris sur la présence chez soi lors de maladie grave dans la famille) et par l'information sur la vie privée des employés que les entreprises accumulent dans le but de contrôler les aspects de la vie des salariés influençant la productivité. On peut reconnaître que le système industriel japonais fait plus de place à l'apprentissage et aux compétences des salariés que le système occidental ; on peut aussi reconnaître que, dans ce système, la relation entre entreprises et salariés est définie comme relation morale et économique. Mais l'existence de ces caractéristiques ne fait pas du système japonais un système plus centré sur les humains en tant que personnes ayant des besoins, car, dans les entreprises japonaises, les personnes sont conçues, et ce, de façon plus générale plus qu'en Occident, comme subordonnées aux besoins de l'organisation.

Notre analyse a aussi montré comment la stratégie globale définie autour de 1950 a eu pour effet à la fois la haute croissance et un ensemble de problèmes, dont la pollution et l'excédent commercial vis-à-vis des États-Unis. C'est pour régler ces problèmes et assurer le maintien de la croissance qu'une seconde stratégie a été définie au début des années 1970. Cette nouvelle stratégie a été définie dans un contexte international de pressions pour l'ouverture du marché japonais et sa mise en place progressive a accompagné la libéralisation relative du marché japonais des biens et des capitaux. Cette stratégie, extrêmement efficace dans les années 1980, s'est cependant heurtée aux difficultés économiques mondiales dans les années 1990. Il s'en est suivi une période d'incertitude économique, amplifiée par des scandales politiques, qui ont finalement mené à la défaite du Parti libéral-démocrate, au pouvoir depuis 1955, dans les élections législatives de l'été 1993. La grande confiance des économistes et des dirigeants japonais à la suite de l'expansion des années 1980 a maintenant disparu, pour laisser place à l'inquiétude face à l'avenir. Les spécialistes se demandent si l'expansion est terminée pour de bon, si la sécurité d'emploi dans les grandes entreprises est menacée (certains la considèrent maintenant comme entraînant des coûts prohibitifs), si l'absence de chômage est désormais une chose du passé.

Il est bien difficile de prévoir ce qui adviendra dans le futur, et ce principe s'applique aussi à l'économie et à la société japonaises (malgré les tentatives de certains dirigeants japonais de déterminer l'avenir par des plans élaborés qui prévoient diverses pratiques jusqu'en l'an 2050). L'avenir se construit à mesure, suivant les aléas de la conjoncture intérieure et extérieure. Mais la façon dont chaque pays réagit à la conjoncture dépend de ses forces et de ses faiblesses. Si l'on ne peut prédire l'avenir, on peut au moins tenter de définir les forces et les faiblesses de l'économie et de la société japonaises après trois ans de récession.

Parmi les forces de l'économie japonaise, soulignons le faible taux de chômage (malgré une augmentation récente et la présence d'un taux plus élevé de chômage déguisé), l'excellente formation de la main-d'œuvre, l'adoption de méthodes de production avancées dans divers secteurs (et ce bien que les investissements aient beaucoup diminué depuis 1991, car les investissements des années 1980 avaient donné au Japon un net avantage dans plusieurs secteurs, un avantage qui pourrait être réactivé par la relance mondiale), la présence d'entreprises modernisées dans le secteur financier (bien que leurs opérations actuelles soient au ralenti), les réserves de capital accumulées dans les années 1980 (bien qu'une partie ait été dévaluée par la baisse de l'indice Nikkei et des prix des terrains), les liens interentreprises qui divisent les risques et le lien étroit entre la production et les besoins des consommateurs. La force compétitive potentielle du Japon vient aussi de divers facteurs sociaux et culturels : l'absence de conflits de travail, l'éthique du travail (qui, bien qu'elle soit un peu affaiblie, n'a pas disparu), l'acceptation positive des difficultés, le contrat moral entre grandes entreprises et leurs salariés, et la loyauté envers la nation.

Le Japon n'est donc pas démuni face à la concurrence internationale. Mais pour que ces facteurs commencent à jouer, il faudra que la reprise économique commencée durant l'été 1994 se poursuive de façon soutenue. Or, cette reprise est fortement hypothéquée par la crise du système financier, comme on l'a vu au chapitre 3. La faiblesse des gouvernements de coalition depuis 1993 empêche, semble-t-il, de trouver à cette crise une solution durable, à un moment où une action décisive du gouvernement est essentielle. Mais si l'État règle les problèmes financiers, alors l'économie pourra reprendre sa croissance.

Par ailleurs, la récession récente a démontré, si cela était encore nécessaire, la dépendance du Japon (comme de n'importe quel autre pays) envers le marché mondial. La confiance aveugle dans la capacité du pays à se sortir seul des récessions, confiance qui s'était manifestée à la fin des années 1980, s'est envolée. Avec elle a disparu la confiance des consommateurs envers l'avenir, ce qui a entraîné une baisse de la consommation, alimentée par la baisse des primes semi-annuelles dans les entreprises. Plusieurs entreprises japonaises ont tenté de compenser en exportant, mais cette solution a provoqué des affrontements commerciaux plus sérieux avec les États-Unis.

Le Japon est-il à un point tournant de son histoire économique ? A-t-il atteint les limites de son expansion ? Ou bien la récession récente ne marque-t-elle qu'une étape difficile dans une évolution à la hausse qui reprendra bientôt son cours ? Il n'est pas facile de répondre à ces questions, mais un examen de la situation économique du Japon nous permet au moins de formuler certaines hypothèses.

Il ne fait pas de doute que le Japon, dès les années 1980, entrait dans un tournant historique. Le pays avait finalement atteint les sommets dans plusieurs secteurs et il ne pouvait continuer sa politique d'achat de brevets à l'extérieur. Il lui fallait maintenant inventer, créer de la nouveauté. Les industries japonaises ont commencé dans cette voie dans les années 1980 : les budgets en hausse pour la recherche et le développement sont là pour le démontrer. La récession des années 1990 a ralenti cette tendance, mais les industries japonaises vont devoir reprendre là où elles avaient laissé en 1990. La preuve n'est pas faite que le Japon pourra concurrencer les États-Unis dans la recherche fondamentale, mais il ne fait pas de doute que les entreprises japonaises demeureront à l'avant-garde dans le développement de nouveaux produits dans plusieurs secteurs de pointe. Elles devront faire face à une concurrence américaine réorganisée et renforcée, mais il est certain que les entreprises japonaises sont encore dans la course. On peut donc répondre à la première question posée plus haut : le virage est déjà bien amorcé au Japon et tout indique que la réorientation partielle de l'économie japonaise se fera même si elle entraîne présentement un certain nombre de problèmes.

La réponse que je viens de donner à la première question comprend la réponse aux deux autres : si le Japon réussit à réorienter son économie, la croissance devrait reprendre et l'expansion japonaise devrait donc réapparaître. Si cela se produit, on pourra dire que la récession du début des années 1990 n'aura été qu'un passage difficile dans l'évolution d'une économie en progression.

Cela étant dit, nous pouvons suggérer des modifications possibles dans la façon dont l'économie japonaise fonctionnera à l'avenir.

Premièrement, un certain nombre de problèmes risquent de nuire à la force compétitive des entreprises japonaises : le vieillissement de la population, qui exigera des fonds en augmentation et donc, probablement, une augmentation des charges sociales ; la baisse graduelle de l'éthique du travail et la diminution des heures de travail, deux facteurs de la productivité japonaise dans les années 1980 ; la baisse graduelle de la loyauté envers les entreprises, donc du contrat moral entre salariés et entreprises, avec une augmentation de la mobilité de la main-d'œuvre ; l'augmentation des écarts de revenus, qui pourrait miner la légitimité de l'ordre socio-économique fondé sur l'objectif de la croissance économique ; l'instabilité politique et la réorganisation des relations entre les élus et la fonction publique, qui pourraient nuire à la définition claire d'objectifs nationaux ; la fermeture partielle des marchés occidentaux qui pourrait nuire aux exportations ; l'influence culturelle de l'Occident qui, avec la globalisation rapide de l'économie japonaise, pourrait entraver la définition d'objectifs nationaux et entraîner l'apparition de comportements divergents par rapport aux modèles acceptés jusqu'ici. On peut donc prévoir un certain affaiblissement graduel de l'aspect patriotique et moral de l'économie.

Deuxièmement, le Japon conservera toutefois des avantages : une main-d'œuvre bien formée et disciplinée ; des groupes d'entreprises souples qui permettent une mobilisation rapide des ressources (surtout du capital) ; des techniques de gestion de la production très efficaces (mais de plus en plus copiées en Occident et en Asie) ; une abondance de capital venant entre autres des surplus commerciaux (malgré les pertes attribuables à la chute des cours boursiers) ; un degré encore élevé de convergence culturelle, fondé sur un système d'éducation contrôlé ; un sens des priorités nationales qui, bien qu'il ait subi un affaiblissement, demeure encore plus fort que dans les pays occidentaux.

L'image du Japon au milieu des années 1990 n'est plus celle, triomphale, de la fin des années 1980, au moment où plusieurs observateurs prédisaient l'avènement de l'hégémonie économique japonaise et la fin de la domination américaine. Ce genre de prédiction à l'emporte-pièce n'était d'ailleurs pas nouveau : au début des années 1980, plusieurs spécialistes parlaient de l'Europe comme de la nouvelle force hégémonique en montée. Les difficultés des années 1980 et la récession des années 1990 ont rapidement mis un terme à ces spéculations. La même récession aura mis un terme aux discours sur l'hégémonie japonaise. La chute de l'Europe et l'arrêt de la croissance japonaise ne peuvent toutefois être perçus comme des signes du retour de l'hégémonie américaine des années 1950 et 1960. Nous vivons maintenant dans un monde multipolaire, dans lequel les formes précédentes d'hégémonie économique sont devenues impossibles. Si le Japon a souffert dans les années 1990, il n'est pas pour cela éliminé de la course économique et technique. Ni l'Europe d'ailleurs. De plus, de nouveaux joueurs apparaissent : ceux qu'on a appelés dans les années 1980 les nouveaux pays industrialisés (surtout en Asie), la Chine, l'Asie du Sud-Est, et même certains pays d'Amérique latine. Tous ces pays ne sont pas à égalité du point de vue des ressources, de l'éducation et de la formation de la main-d'œuvre, du capital, de la technologie, etc., mais tous peuvent aspirer à jouer un rôle accru dans l'économie mondiale. C'est dans ce monde changeant que le Japon devra maintenant évoluer. S'étant déjà adapté à un monde en mouvement, le Japon a sur ce point une expérience que l'Occident ne possède pas, du moins pas au même niveau. Par ailleurs, le Japon fait partie d'un continent en pleine expansion. La proximité géographique et culturelle du Japon par rapport à l'Asie lui confère un certain avantage, avantage marqué toutefois par les souvenirs de la Deuxième Guerre mondiale.

Comme on peut le voir, la situation est extrêmement complexe et il va sans dire que les jeux ne sont pas faits. Le Japon est bien placé dans la course, mais il y a toujours la possibilité, avec les problèmes d'environnement, que le tracé de la course change rapidement du tout au tout : il est possible que les politiques économiques antérieures fondées sur la production industrielle telle qu'on l'a connue deviennent périmées. Si cela se produit, le Japon, tout comme l'Occident, perdra une bonne partie de ses avantages et devra alors redéfinir ses priorités.

# Bibliographie

(Cette bibliographie contient non seulement les ouvrages cités comme tels dans le corps du texte de cet ouvrage, mais aussi les autres ouvrages consultés lors de la rédaction.)

ABEGGLEN, James C., *The Japanese Factory*, Glencoe, Ill., The Free Press, 1958.

ABEGGLEN, James C., *Business Strategies for Japan*, Tokyo, Sophia University, 1971.

ABEGGLEN, James C. et STALK, George, Jr., *Kaisha : The Japanese Corporation*, New York, Basic Books, 1985.

ACKLEY, Gardner et ISHI, Hiromitsu, «Fiscal, Monetary, and Related Policies», dans PATRICK, H. et ROSOVSKY, H. (eds.), *Asia's New Giant*, Washington, The Brookings Institution, 1976, p. 153-247.

AKIMOTO, Hideaki, «The Stock Market (II)», dans FAIR (éd.), *Japan's Financial Markets*, Tokyo, Foundation for Advanced Information and Research, 1991, p. 193-210.

ANCHORDOGUY, Marie, *Computers Inc. : Japan's Challenge to IBM*, Cambridge, Mass., Harvard University Press, 1989.

ANDROUAIS, Anne, ANGUIS, Emmanuel, BOUISSOU, Jean-Marie, FAURE, Guy et FOUQUIN, Michel, *La réforme administrative au Japon*, Paris, Centre de recherches sur le Japon contemporain, *Sciences sociales du Japon contemporain*, n° 5, 1984.

ANGUIS, Emmanuel, *Le ressort financier de la croissance des entreprises japonaises*, Louvain, Peeters, 1983.

ANGUIS, Emmanuel, «Les insuffisances du système fiscal», dans SABOURET, Jean-François (dir.), *L'état du Japon*, Paris, Éditions La Découverte, 1988, p. 307-308.

AOKI, Masahiko, *Information, Incentives and Bargaining in the Japanese Economy*, Cambridge, Cambridge University Press, 1988.

AOKI, Masahiko, KOIKE Kazuo et NAKATANI, Iwao, *Nihon kigyô glôbaruka no kenkyû*, Tokyo, PHP kenkyûjo, 1989.

AOKI, Masahiko (éd.), *The Economic Analysis of the Japanese Firm*, North Holland, Elsevier Science Publishers B. V., 1984.

AOMI, Tsukasa, «"Jôhôka" ni okeru gijutsu to rôdô» , dans *Keizai Kagaku Tsûshin*, n° 37, 1982, p. 25-33.

AOMI, Tsukasa, «Otomeshon to rôdô no mirai», dans *Yuibutsuron Kenkyû*, n° 10, 1984, p. 81-93.

ARSENEAU, Philippe, «Émergence des rites d'initiation dans les grandes entreprises japonaises», mémoire de M. Sc., département d'anthropologie, Université de Montréal, 1991.

AZUMI, Koya et McMILLAN, Charles, «Worker Sentiment in the Japanese Factory: Its Organizational Determinants», dans AUSTIN, L. (éd.), *Japan: The Paradox of Progress*, New Haven, Yale University Press, 1976, p. 215-229.

BALLON, Robert J., *The Japanese Employee*, Tokyo, Sophia University, 1966.

BECK, John C. et BECK, Martha N., *The Change of a Lifetime. Employment Patterns Among Japan's Managerial Elite*, Honolulu, University of Hawaii Press, 1994.

BEECHEY, Veronica, «The Sexual Division of Labour and the Labour Process : A Critical Assessment of Braverman», dans WOOD, S. (éd.), *The Degradation of Work ? Skill, Deskilling and the Labour Process*, Londres, Hutchison & Co., 1982, p. 54-73.

BEILLEVAIRE, Patrick, «Le Japon, une société de la maison», dans A. BURGUIÈRE, KLAPISCH-ZUBER, C., SEGALEN, M. et ZONABEND, F. (dir. ), *Histoire de la famille*, vol. I : *Mondes lointains, mondes anciens*, Paris, Armand Colin, 1986 a, p. 479-517.

BEILLEVAIRE, Patrick, «La famille, instrument et modèle de la nation japonaise», dans BURGUIÈRE, A. *et al.* (dir.), *Histoire de la famille*, vol. II : *Le choc des modernités*, Paris, Armand Colin, 1986 b, p. 237-265.

BEILLEVAIRE, Patrick, «Ethos et oikos. Figures familiales de la vie collective japonaise», dans BERQUE, A. (dir.), *Le Japon et son double. Logiques d'un auto-portrait*, Paris, Masson, 1987, p. 31-43.

BENEDICT, Ruth, *The Chrysanthemum and the Sword*, Boston, Houghton Mifflin, 1946.

BERNIER, Bernard, «L'économie et la société japonaises face à la crise monétaire de 1971», dans GARRY, Robert (dir.), *Le Japon : mythes et réalités*, Québec, CQRI, 1973, p. 27-57.

BERNIER, Bernard, «Le système d'emploi à vie au Japon : réexamen et interprétation», dans *Anthropologie et sociétés*, vol. 3, n° 3, 1979, p. 109-125.

BERNIER, Bernard, «The Japanese Peasantry and Economic Growth Since the Land Reform of 1946-1947», dans *Bulletin of Concerned Asian Scholars*, vol. 12, n° 1, 1980, p. 42.

BERNIER, Bernard, «Croissance économique et relations de travail au Japon», dans *Cahiers du Centre d'études de l'Asie de l'Est* (Université de Montréal), n° 3, 1985, p. 33-83.

BERNIER, Bernard, «Les facteurs qui ont favorisé l'automatisation industrielle au Japon», dans *Cahiers du Centre d'études de l'Asie de l'Est* (Université de Montréal), n° 4, 1987 a, p. 105-131.

BERNIER, Bernard, «Factory Automation in Japan : Context and Consequences», dans *Proceedings of the Modern Japan Conference*, Edmonton, Alberta, Japan Social Science Association of Canada et University of Alberta, 1987 b, p. 81-117.

BERNIER, Bernard, *Capitalisme, société et culture au Japon. Aux origines de l'industrialisation*, Montréal, Les Presses de l'Université de Montréal, Paris, Les Publications Orientalistes de France, 1988 a.

BERNIER, Bernard, «Cohésion nationale et risques calculés : la politique industrielle du Japon depuis 1945», dans *Travail, capital et société*, vol. 21, n° 1, 1988 b, p. 52-86.

BERNIER, Bernard, «La transition au Japon. Le jeu des circonstances dans le passage au capitalisme», dans *Sociologie et sociétés*, vol. 22, n° 1, 1990 a, p. 107-127.

BERNIER, Bernard, «Révisionnisme, japonisme, culturalisme : comment expliquer le succès économique du Japon ?», dans *Anthropologie et sociétés*, vol. 14, n° 3, 1990 b, p. 21-43.

BERNIER, Bernard, «La famille comme modèle/métaphore de l'entreprise au Japon. Les rapports historiques de la culture, de l'idéologie et des formes institutionnelles», dans *L'Ethnographie*, 90.1, 1994 a, p. 25-50.

BERNIER, Bernard, «Le Japon, société sans classes ?», dans *Anthropologie et sociétés*, vol. 18, n° 2, 1994 b, p. 49-75.

BERNIER, Bernard, «Culture et contraintes institutionnelles. L'identification des ouvriers à leur entreprise au Japon», dans LEBLANC, C. et ROCHER, A. (dir.), *Tradition et innovations. Regards sur l'histoire intellectuelle de la Chine et du Japon*, Montréal, Les Presses de l'Université de Montréal, 1995.

BERNIER, Bernard et RICHARD, Michel, «"Fûdo" and "Jômon" : Some Japanese Intellectuals Define Japanese Culture», dans COMTOIS, C. (dir.), *Actes du colloque sur l'Asie de l'Est, 1992*, Montréal, Association canadienne des études asiatiques, 1995.

BERQUE, Augustin, *Le Japon. Gestion de l'espace et changement social*, Paris, Flammarion, 1976.

BERQUE, Augustin, *Le sauvage et l'artifice. Les Japonais devant la nature*, Paris, Gallimard, 1986.

BLAUNER, Robert, *Alienation and the Worker*, Chicago, Chicago University Press, 1964.

BOETTCHER, Colin et FISCHER, Pierre, *Le Japon et l'informatique*, Paris, La Documentation Française, 1982.

BOURDIEU, Pierre, *La noblesse d'État*, Paris, Éditions de Minuit, 1989.

BRAVERMAN, Harry, *Labor and Monopoly Capitalism*, New York, Monthly Review Press, 1974.

BRÉMOND, Janine, CHALAYE-FENET, Catherine et LOEB-PÉLISSIER, Michelle, *L'économie du Japon. Une menace ou un modèle ?*, Paris, Hatier, 1987.

BRINTON, Mary C., *Women and the Economic Miracle. Gender and Work in Postwar Japan*, Berkeley et Los Angeles, University of California Press, 1992.

BRZOSTOWSKI, Édouard, «Y a-t-il des pauvres au Japon ?», dans SABOURET, Jean-François (dir.), *L'état du Japon*, Paris, La Découverte, 1988, p. 81-82.

CARGILL, Thomas F. et ROYAMA, Shoichi, *The Transition of Finance in Japan and the United States*, Stanford, Hoover Institution Press, Stanford University, 1988.

CAVES, R. E. et UEKUSA, Masu, *Industrial Organization in Japan*, Washington, The Brookings Institution, 1976.

CAVESTRO, William et MERCIER, Christian, «Le système d'emploi et de travail au Japon et le développement de la micro-électronique», dans MERCIER, C. (dir.), *Japon: stratégies industrielles et enjeux sociaux*, Lyon, Presses Universitaires de Lyon, 1988, p. 279-329.

CHALMERS, Norma J., *Industrial Relations in Japan. The Peripheral Workforce*, Londres et New York, Routledge, 1989.

CHANG, Wei-penn, «Face aux pressions américaines, les entreprises japonaises à la recherche d'un réajustement stratégique», dans BERNIER, Bernard et SATOW, Yukio (dir.), *Le Japon face à l'internationalisation : perspectives économiques et socio-politiques pour les années 1990*, Hiroshima, Institute for Peace Research, Hiroshima University, 1988, p. 17-27.

CHUNG, Bertrand, « Les relations État-entreprise au Japon », *Sciences sociales du Japon contemporain*, n° 3, Paris, Centre de recherches sur le Japon contemporain, 1983.

Chûshô kigyôchô keikakubu shitauke kigyôka, *Shitauke kigyô to jôhôka*, Tokyo, Tsûshôsangyôshô chôkai, 1985.

CLARK, Rodney, *The Japanese Company*, New Haven, Yale University Press, 1979.

COLE, Robert E., *Work, Mobility, and Participation. A Comparative Study of American and Japanese Industry*, Berkeley et Los Angeles, University of California Press, 1979.

COLE, Robert E., *Strategies for Learning. Small-Group Activities in American, Japanese, and Swedish Industry*, Berkeley et Los Angeles, University of California Press, 1991.

CURTISS, Gerald, *The Japanese Way of Politics*, New York, Columbia University Press, 1988.

CUSUMANO, Michael A., *The Japanese Automobile Industry. Technology and Management at Nissan and Toyota*, Cambridge, Mass., Harvard University Press, 1985.

CZINKATA, Michael et WORONOFF, Jon, *Unlocking Japanese Markets*, Chicago, Probus, 1991.

DALY, Donald J., «Microeconomic Performance : Interrelations Between Trade and Industrial Policy», dans CONKLIN, David C. et COURCHENE, Thomas J. (eds.), *Canadian Trade at a Crossroads : Options for International Agreement*, Toronto, Ontario Economic Council, 1985, p. 156-187.

DENISON, Edward et CHUNG, William K., «Economic Growth and Its Sources», dans PATRICK, H. et ROSOVSKY, H. (eds.), *Asia's New Giant*, Washington, The Brookings Institution, 1976, p. 63-151.

DENKI RÔREN, *Maikuroerekutoronikusu Eikyô Chôsa Hôkoku* (Rapport de l'enquête sur les effets de la microélectronique), Chôsa Jihô, n° 182, Tokyo, Denki Rôren, 1983.

DOGAKINAI, Shigeharu, «Deregulation of Interest Rates», dans FAIR (éd.), *Japan's Financial Markets*, Tokyo, Foundation for Advanced Information and Research, 1991, p. 319-334.

DOI, Takeo, *The Anatomy of Dependence*, Tokyo et New York, Kodansha International, 1973.

DORE, Ronald P., *Land Reform in Japan*, Londres et New York, Oxford University Press, 1959.

DORE, Ronald P., *British Factory-Japanese Factory. The Origins of National Diversity in Industrial Relations*, Berkeley et Los Angeles, University of California Press, 1973.

DORE, Ronald P., *Flexible Rigidities. Industrial Policy and Structural Adjustment in the Japanese Economy, 1970-1980*, Stanford, Stanford University Press, 1986.

DOURILLE, Évelyne, «Le système japonais joue la carte de la globalisation», dans *Économie et Statistique*, n° 232, 1990, p. 93-106.

ESMEIN, Jean (dir.), *Les bases de la puissance japonaise*, Paris, Collège de France, Fondation pour les études de défense nationale, 1988.

ESMEIN, Jean, *Pouvoir politique au Japon. Le point de vue des Japonais*, Paris, Les Presses Orientalistes de France, 1994.

FAURE, Guy, *Le rôle du MITI dans les processus de prise de décision industrielle au Japon*, Tokyo, Maison franco-japonaise, 1984.

FAURE, Guy, «L'organisation du monde des affaires», dans SABOURET, Jean-François (dir.), *L'état du Japon*, Paris, La Découverte, 1988, p. 198-200.

FELDMAN, Robert A., «The Future of Japanese Banking», dans GOODHART, C.A.E. et SUJITA, G. (eds.), *Japanese Financial Growth*, New York, New York University Press, 1990, p. 1-26.

FRANK, Isaiah (éd.), *The Japanese Economy in International Perspective*, Baltimore, Johns Hopkins University Press, 1975.

FRANKEL, Jeffrey A., *The Yen-Dollar Agreement: Liberalizing Japanese Capital Markets*, Washington, D. C., Institute for International Economics, 1984.

FREEMAN, Christopher, *Technology Policy and Economic Performance. Lessons from Japan*, Londres, Pinter, 1987.

FRUIN, W. Mark, *The Japanese Enterprise System*, Oxford, Clarendon Press, 1992.

FUJI DENKI, «CREATE-F 90 o Teko ni CIM o Kôchiku — Fukiage Kôjô», dans *Kôjô Kanri*, vol. 36, n° 2, 1990, p. 46-55.

FUNAHASHI, Masami, «Participation of Foreign Financial Institutions», dans FAIR (éd.), *Japan's Financial Markets*, Tokyo, Foundation for Advanced Information and Research, 1991, p. 418-425.

GALENSON, Walter et ODAKA, Konosuke, «The Japanese Labor Market», dans PATRICK, H. et ROSOVSKY, H. (eds.), *Asia's New Giant*, Washington, The Brookings Institution, 1976, p. 587-675.

GARON, Sheldon, *The State and Labor in Modern Japan*, Berkeley et Los Angeles, University of California Press, 1987.

GERLACH, Michael L., *Alliance Capitalism: The Social Organization of Japanese Business*, Berkeley et Los Angeles, University of California Press, 1992.

GIGA, Sôichirô, *Takokuseki kigyô*, Tokyo, Aoki shoten, 1981.

GILPIN, Robert G., «Implications of the Changing Trade Regime for U.S.-Japanese Relations», dans INOGUCHI, Takashi et OKIMOTO, Daniel I. (eds.), *The Political Economy of Japan*, Vol. 2, *The Changing International Context*, Stanford, Stanford University Press, 1988, p. 138-170.

GIRAUD, Pierre-Noël et GODET, Michel, *Radioscopie du Japon*, Paris, CPE-Economica, 1987.

GLAZER, Nathan, «Social and Cultural Factors in Japanese Economic Growth», dans PATRICK, H. et ROSOVSKY, H. (eds.), *Asia's New Giant*, Washington, The Brookings Institution, 1976, p. 813-896.

GÖNENC, Rauf, «La dynamique de la demande et de l'offre des biens d'équipements électronisés au Japon», dans GÖNENC, R. et LECLER, Y., *L'électronisation industrielle au Japon*, Paris, Centre de recherches sur le Japon contemporain, *Sciences sociales du Japon contemporain*, n° 2, 1982, p. 1-58.

GOODHART, C. A. E. et SUJITA, G. (eds.), *Japanese Financial Growth*, New York, New York University Press, 1990.

GORDON, Andrew, *The Evolution of Labor Relations in Japan. Heavy Industry, 1853-1955*, Cambridge, Mass., Harvard University Press, 1985.

HAITANI, Kanji, *The Japanese Economic System*, Lexington, Mass., Lexington Books, 1976.

HAMADA, Tomoko, *American Enterprise in Japan*, Albany, State University of New York Press, 1991.

HAMAGUCHI, Esyun, «Mal japonais ou nipponisation ?», dans *Cahiers du Japon*, n° 9, 1981, p. 41-53.

HAMAGUCHI, Esyun, *Kanjinshugi no shakai nippon*, Tokyo, Tôyô keizai shinbunsha, 1982.

HANAMI, Shinji, *Labor Relations in Japan Today*, Tokyo et New York, Kodansha International, 1979.

HAYASHI, Tadashi, *Culture and Management in Japan*, Tokyo, University of Tokyo Press, 1988.

HAZAMA, Hiroshi, *Nihonteki keiei no keifu*, Tokyo, Nihon nôritsu kyôkai, 1963.

HAZAMA, Hiroshi, *Nihonteki keiei: Shûdanshugi no kôzai*, Tokyo, Nihon keizai shinbunsha, 1974.

HENDRY, Joy, *Becoming Japanese. The World of the Pre-school Child*, Honolulu, University of Hawaii Press, 1986.

HERON, Craig et STOREY, Robert, «On the Job in Canada», dans HERON, C. et STOREY, R. (eds.), *On the Job. Confronting the Labour Process in Canada*, Kingston et Montréal, McGill-Queen's University Press, 1986, p. 1-46.

HIRSCHMEIER, Johannes et YUI, Tsunehiko, *The Development of Japanese Business, 1600-1973*, Londres, George Allen & Unwin, 1973.

HOLLERMAN, Leon, *Japan, Disincorporated. The Economic Liberalization Process*, Stanford, Stanford University et The Hoover Institution, 1988.

HSU, Francis L. K., *Iemoto : The Heart of Japan*, New York, John Wiley and Sons, 1975.

ICHIKI, Marumi, «Japanese Overseas Invesment», FAIR (éd.), *Japan's Financial Markets*, Tokyo, Foundation for Advanced Information and Research, 1991, p. 303-316.

IKEDA, Masayoshi et LECLER, Yveline, *Modernisation industrielle et sous-traitance au Japon*, Paris, Centre de recherches sur le Japon contemporain, *Sciences sociales du Japon contemporain*, n° 6, 1984.

IKEGAMI, Jun, *Jôhôka Shakai no Seiji Keizaigaku*, Kyoto, Shôwadô, 1985.

IMAI, Ken'ichi, *Nihon no sangyô shakai*, Tokyo, Chikuma shobô, 1983.

IMAI, Ken'ichi et KOMIYA, Ryûtarô, *Nihon no kigyô*, Tokyo, University of Tokyo Press, 1989.

INOGUCHI, Takashi, «The Ideas and Structure of Foreign Policy : Looking Ahead With Caution», dans INOGUCHI, Takashi et OKIMOTO, Daniel I. (eds.), *The Political Economy of Japan*, vol. 2, *The Changing International Context*, Stanford, Stanford University Press, 1988, p. 23-63.

INOGUCHI, Takashi et OKIMOTO, Daniel I. (eds.), *The Political Economy of Japan*, vol. 2, *The Changing International Context*, Stanford, Stanford University Press, 1988.

INOHARA, Hideo, *Ressources humaines dans les entreprises japonaises*, Paris, Eyrolles, 1991.

INOUE, Kiyoshi, *Tennô. Tennôsei no rekishi*, Tokyo, Akaishi shoten, 1986.

ISHIDA, Hiroshi, *Social Mobility in Contemporary Japan : Educational Credentials, Class and the Labour Market in a Cross-National Perspective*, Stanford, Stanford University Press, 1993.

ITAMI, Hiroyuki, «"Global Sharing" — Can Japanese "Peoplism" Catch On Abroad», *Look Japan*, vol. XXXII, n° 363, 1986, p. 4-5.

ITAMI, Hiroyuki, *Jinponshugi kigyô*, Tokyo, Chikuma Shobô, 1987.

ITÔ, Makoto, «Gijutsu kakushin no naibuka to shokumu hensei», dans *Nihon Rôdô Kyôkai Zasshi* ,n° 317, 1985, p. 29-41.

ITOH, Motoshige et KIYONO, Kazuharu, «Foreign Trade and Direct Investment», dans KOMIYA, Ryûtarô, OKINO, Masahiro et SUZUMURA, Kôtarô (eds.), *Industrial Policy in Japan*, Tokyo et New York, Academic Press, 1988, p. 155-181.

ITOZONO, Tatsuo, *Nihon shakaikô seido*, Tokyo, Iwanami, 1978.

IWAO, Sumiko, *The Japanese Woman*, Cambridge, Mass., Harvard University Press, 1994.

IWATA, Ryûshi, *Nihonteki keiei no hensei genri*, Tokyo, Bunshindô, 1971.

IWATA, Ryûshi, *Gendai Nihon no keiei fûdo*, Tokyo, Nihon keizai shinbunsha, 1978.

JETRO, *Japan Economic Data Book*, Tokyo, JETRO, 1991.

JOHNSON, Chalmers, *MITI and the Japanese Economic Miracle*, Stanford, Stanford University Press, 1982.

JOLIVET, Muriel, «Le consensus social dans l'entreprise», dans TOURAINE, Alain *et al.*, *Japon. Le consensus : mythe et réalités*, Paris, Economica, 1984, p. 139-170.

JOLIVET, Muriel, *L'université au service de l'économie japonaise*, Paris, Economica, 1988.

JOLIVET, Muriel, *Un pays en mal d'enfants. Crise de la maternité au Japon*, Paris, La Découverte, 1993.

JONES, Bryn, «Destruction or Redistribution of Engineering Skills ? The Case of Numerical Control», dans WOOD, S. (ed.), *The Degradation of Work ? Skill, Deskilling and the Labour Process*, Londres, Hutchison & Co., 1982, p. 179-200.

KANSAI PRODUCTIVITY CENTER, *Mechatronics: The Policy Ramifications*, Tokyo, Asian Productivity Organization, 1985.

KATSUMATA, Makoto, «Réflexion socio-économique sur la perspective de la coopération régionale : la désindustrialisation du Japon et l'industrialisation de l'Asie de l'Est», dans BERNIER, Bernard et SATOW, Yukio, (dir.), *Le Japon face à l'internationalisation : perspectives économiques et socio-politiques pour les années 1990*, Hiroshima, Institute for Peace Research, Hiroshima University, 1988, p. 43-58.

KAWADA, Hisanao, «City Bank's Comprehensive Financial Strategy», dans FAIR (éd.), *Japan's Financial Markets*, Tokyo, Foundation for Advanced Information and Research, 1991, p. 352-364.

KAWAMURA, Yusuke, «Securitization of Finance», dans FAIR (éd.), *Japan's Financial Markets*, Tokyo, Foundation for Advanced Information and Research, 1991, p. 335-349.

KAWASHIMA, Takeyoshi, *Nihon shakai no kazokuteki kôsei*, Tokyo, Nihon hyôronsha, 1950.

KAWASHIMA, Takeyoshi, *Ideorogi to shite no kazoku seido*, Tokyo, Iwanami shoten, 1971.

Keizai Koho Center, *Japan, 1993. An International Comparison*, Tokyo, Keizai Koho Center, 1992 et 1993.

KINYA, Nobuo, «Feature of Trust Banks», dans Fair (ed.), *Japan's Financial Markets*, Tokyo, Foundation for Advanced Information and Research, 1991, p. 378-388.

KINZLEY, W. Dean, *Industrial Harmony in Modern Japan. The Invention of a tradition*, Londres et New York, Routledge, 1991.

KITAMURA, Hiromoto, «Otomeshon to jôhôka», dans *Shôgaku Ronshû*, vol. 54, n° 1, 1985, p. 90-118.

KOIKE, Kazuo, *Nihon no jukuren*, Tokyo, Yuhikaku, 1981.

KOIKE, Kazuo, *Maikuroerekuturonikusuka no tomonau kôyô rôdô e no eikyô to taiô ni tsuite*, Osaka, Osaka-fu Sangyô Rôdô Seisaku Suishin Kaigi, 1983.

KOIKE, Kazuo, «Jinzai» (Ressources humaines), dans ISHII, Takemochi et NAKAO, Takaaki (dir.), *Kigyô senryaku to tekunorojî*, Tokyo, Tokyo daigaku shuppankai, 1984 a, p. 185-217.

KOIKE, Kazuo, «Skill Formation in the U. S. and Japan : A Comparative Study», dans AOKI M. (éd.), *The Economic Analysis of the Japanese Firm*, North Holland, Elsevier Science Publishers, 1984 b, p. 44-77.

KOIKE, Kazuo, *Understanding Labor Relations in Modern Japan*, Londres, Macmillan, 1988.

Kokuritsu kokkai toshokan, *Kokusei tôkei handobukku*, Tokyo, Kokuritsu kokkai toshokan, 1990, 1991, 1992.

KOMIYA, Ryutaro, *The Japanese Economy: Trade, Industry, and Government*, Tokyo, University of Tokyo Press, 1990.

KOMIYA, Ryutaro et ITOH, Motoshige, «Japan's International Trade and Trade Policy, 1955-1984», dans INOGUCHI, Takashi et OKIMOTO, Daniel I. (eds.), *The Political Economy of Japan*, vol. 2, *The Changing International Context*, Stanford, Stanford University Press, 1988, p. 173-224.

KOMIYA, Ryutaro, OKUNO, Masahiro et SUZUMURA, Kotaro (eds.), *Industrial Policy of Japan*, New York, Tokyo, Londres, Academic Press, 1988.

KONDO, Dorinne K., *Crafting Selves. Power, Gender, and Discourses of Identity in a Japanese Workplace*, Chicago, University of Chicago Press, 1990.

KONO, Toyohiro, *Strategy and Structure of Japanese Enterprises*, New York, M. E. Sharpe, 1984.

KOSAI, Yutaka, *The Era of High-Speed Growth. Notes on the Postwar Japanese Economy*, Tokyo, University of Tokyo Press, 1986.

KRAUSE, Lawrence B. et SEKIGUCHI, Aueo, «Japan and the World Economy», dans PATRICK, H. et ROSOVSKY, H. (eds.), *Asia's New Giant*, Washington, The Brookings Institution, 1976, p. 383-458.

LAM, Alice C. M., *Women and Japanese Management. Discrimination and Reform*, Londres et New York, Routledge, 1992.

LECLER, Yveline, «Précarisation de la main-d'œuvre et réouverture des écarts entre petites et grandes entreprises», dans *Économie et politique du Japon contemporain*, n° 10, juin 1981, p. 23-66.

LECLER, Yveline, Les mutations technologiques et les relations P. M. I. / grandes entreprises : L'évolution de la sous-traitance», dans BERQUE, Augustin (dir.), *Le Japon et son double. Logiques d'un autoportrait*, Paris, Masson, 1987, p. 111-125.

LECLER, Yveline, «Les relations inter-entreprises et la flexibilité du travail : le cas du Japon», dans NADEL, Henri (dir.), *Emploi et relations industrielles au Japon*, Paris, L'Harmattan, 1994, p. 157-184.

LECLERCQ, Jean-Michel, *Éducation et société au Japon*, Paris, Anthropos, 1984.

LEVINE, Solomon B., *Industrial Relations in Postwar Japan*, Urbana, University of Illinois Press, 1958.

LEVINE, Solomon, OKOCHI, Kazuo et KARSH, Bernard (eds.), *Workers and Employers in Japan : The Japanese Employment Relations System*, Princeton, Princeton University Press, 1973.

LILLRANK, Paul et KANO, Noriaki, *Continuous Improvement. Quality Control Circles in Japan*, Ann Arbor, Mich., Center for Japanese Studies, University of Michigan, 1989.

LOCK, Margaret, «Les trésors perdus. Ordre/désordre social et récits de révolte des adolescents japonais», dans *Anthropologie et sociétés*, vol. 14, n° 3, 1990, p. 77-95.

LOCK, Margaret, *Encounters With Aging. Mythologies of menopause in Japan and North America*, Berkeley et Los Angeles, University of California Press, 1993.

MARSH, Robert M. et MANNARI, Hiroshi, *Modernization and the Japanese Factory*, Princeton, Princeton University Press, 1976.

MARSHALL, Byron K., *Capitalism and Nationalism in Prewar Japan. The Ideology of the Business Elite, 1868-1941*, Stanford, Stanford University Press, 1967.

MASSWOOD, Syed Javed, *Japan and Protection*, Londres et New York, Oxford University Press et Nissan Institute, 1989.

MATSUMOTO Koji, *The Rise of the Japanese Corporate System*, Londres, Kegan Paul, 1991.

McMILLAN, Charles J., *The Japanese Industrial System*, Berlin et New York, Gruyter, 1984.

McMILLAN, Charles J., *Bridge Across the Pacific : Canada and Japan in the 1990's*, Ottawa, Canada Japan Trade Council, 1988.

MERCIER, Christian (dir.), *Japon. Stratégies industrielles et enjeux sociaux*, Lyon, Presses Universitaires de Lyon, 1988.

MILLS, Edwin S. et OHTA, Katsutoshi, «Urbanization and Urban Problems», dans PATRICK, H. et ROSOVSKY, H. (eds.), *Asia's New Giant*, Washington, The Brookings Institution, 1976, p. 673-751.

Ministry of Finance, *Public Finance and Tax System in Japan*, Tokyo, FAIR, 1992.

Ministry of Finance, *Main Economic Indicators of Japan*, Tokyo, Ministry of Finance, 1993.

MITI (Tsûshôsangyôshô sangyô seisaku kyoku kigyô kôdô ka), *FA ga Kôba dô Kaeru ka ?*, Tokyo, Nihon nôritsu kyôkai, 1984.

MIYAJIMA, Takashi, BEILLEVAIRE, Patrick, BERQUE, Augustin et TRINH, Sylvaine, *Vie privée, travail, espace public au Japon*, Paris, Centre de recherches sur le Japon contemporain, *Sciences sociales du Japon contemporain*, n ° 4, 1983.

MIYAMOTO, Ken'ichi, *Gendai toshi to nôson*, Tokyo, NHK, 1982.

MIYAMOTO, Ken'ichi, *Keizai taikoku*, («Shôwa no rekishi», n° 10), Tokyo, Shogakkan, 1989.

MIYAMOTO, Ken'ichi, *Kankyô to kaihatsu*, Tokyo, Iwanami, 1992.

MIYAZAKI, Isamu, «Clouds on the Horizon», dans *Look Japan*, Vol. 33, n° 382, 1988, p. 8-10.

MOORE, Joe, *Japanese Workers and the Struggle for Power*, Madison, University of Wisconsin Press, 1983.

MORIKAWA, Hidemasa, *Nihongata keiei no genryû: keiei nashonarizumu no kigyô rinen*, Tokyo, Tôyô keizai shinpôsha, 1973.

MORISHIMA, Michio, *Why Has Japan «Succeeded»* ?, Cambridge, Cambridge University Press, 1982

MORITANI, Masanori, *Japanese Technology*, Tokyo, Simul Press, 1982.

MOUER, Ross et SUGIMOTO, Yoshio, *Images of Japanese Society*, Londres et New York, Kegan Paul International, 1986.

MURAKAMI, Yasusuke, «The Age of Middle Mass Politics: The Case of Japan», *Journal of Japanese Studies*, vol. VIII, n° 2, 1983, p. 29-72.

MURAKAMI, Yasusuke, *Shin chûkan taishû ho jidai*, Tokyo, Chûô kôron sha, 1984.

MURAKAMI, Yasusuke, « *Ie* Society as a Pattern of Civilization», *Journal of Japanese Studies*, vol. X, n° 2, 1985, p. 279-363.

MURAKAMI, Yasusuke, «The Japanese Model of Political Economy», dans YAMAMURA, Kôzô et YASUBA, Y. (eds.), *The Political Economy of Japan*, vol. 1, *The Domestic Transformation*, Stanford, Stanford University Press, 1987, p. 33-90.

MURAKAMI, Yasusuke, KUMON, Shunpei et SATO, Seisaburô, *Bunmei to shite no «ie shakai»*, Tokyo, Chûô kôronsha, 1979.

MURAKAMI, Yasusuke et KOSAI, Y. (eds.), *Japan in the Global Community: Its Role and Contribution on the Eve of the 21st Century*, Tokyo, Tokyo University Press, 1986.

MYLES, John, «The Expanding Middle : Some Canadian Evidence on the Deskilling Debate», dans *Revue canadienne de sociologie et d'anthropologie*, vol. 25, n° 3, 1988, p. 335-364.

NADEL, Henri (dir.), *Emploi et relations industrielles au Japon*, Paris, L'Harmattan, 1994.

Naikaku sôridaijin kanbô kôhô shitsu, *Zenkoku seron chôsa no genkyô*, Tokyo, Naikaku sôridaijin kanbô kôhô shitsu, 1991.

NAKAGAWA, Yasuhiro et OHTA, N., *Le système économique de type japonais*, Tokyo, Centre de la presse étrangère, 1981.

NAKAISHI, Atsushi, «The Foreign Exchange Market», dans FAIR (éd.), *Japan's Financial Markets*, Tokyo, Foundation for Advanced Information and Research, 1991, p. 245-259.

NAKAMURA, Jun, «Storming Sailing, Good Swing», dans *Look Japan*, vol. 34, n° 386, 1988, p. 10-11.

NAKAMURA, Takafusa, *The Postwar Japanese Economy*, Tokyo, Tokyo University Press, 1981.

NAKANE, Chie, *La société japonaise*, Paris, Armand Colin, 1974.

*Nihon nôgyô nenkan*, Tokyo, Ie no hikari kyôkai, 1980.

Nihon sangyô robotto kôgyôkai, *Sangyô robotto no genjô to tenbô*, Tokyo, Nihon sangyô robotto kôgyôkai, 1991 a.

Nihon sangyô robotto kôgyôkai, *Sangyô robotto ni kan suru kigyô jittai chôsa*, Tokyo, Nihon sangyô robotto kôgyôkai, 1991 b.

*The Nikkei Weekly, Japan Economic Almanach*, Tokyo, Nihon Keizai Shimbun, 1991.

NIRA (National Institute for Research Advancement), *Robotto kanren gijutsu no sangyô oyobi keizai ataeru eikyô to taiô senryaku*, Tokyo, Sôgô kenkyû kaihatsu kikai, 1988.

NISHIO, Kanji, «Soredemo watashi wa "rôdô sakoku" o shuchô suru», dans *Bessatsu Takarajima*, vol. CVI, n° 9, 1990.

NISHIO, Kanji, «Les dangers de la politique de la porte ouverte», *Cahiers du Japon*, n° 44, p. 51-55.

OCDE, *OCDE en chiffres*, Paris, OCDE, 1992.

ODAKA, Kônosuke, *Rôdô shijô bunseki*, Tokyo, Iwanami shoten, 1984.

ODAKA, Kunio, *Toward Industrial Democracy. Management and Workers in Modern Japan*, Cambridge, Mass., Harvard University Press, 1975.

OKA, Juntaro, «The Stock Market, I», dans FAIR (éd.), *Japan's Financial Markets*, Tokyo, Foundation for Advanced Information and Research, 1991, p. 184-192.

OKIMOTO, Daniel I., «Political Inclusivity: The Domestic Structure of Trade», dans INOGUCHI, Takashi et OKIMOTO, Daniel I. (eds.), *The Political Economy of Japan. Vol. 2, The Changing International Context*, Stanford, Stanford University Press, 1988, p. 305-344.

OKIMOTO, Daniel I., *Between MITI and the Market: Japanese Industrial Policy for High Technology*, Stanford, Stanford University Press, 1989.

OKIMOTO, Daniel I. et ROHLEN, Thomas P. (eds.), *Inside the Japanese System*, Stanford, Stanford University Press, 1988.

OKIMOTO, Daniel I., SUGANO, Takuo et WEINSTEIN, Franklin B. (eds.), *Competitive Edge : The Semiconductor Industry in the U.S. and Japan*, Stanford, Stanford University Press, 1984.

OUCHI, William, *Theory Z*, New York, Addison-Wesley, 1981.

OZAKI, Robert, *Human Capitalism. The Japanese Enterprise System as a World Model*, Tokyo, Kôdansha, 1991.

OZAWA, Terumoto, *Japan's Technological Challenge to the West, 1950-1974*, Cambridge, Mass., MIT Press, 1974.

PASCALE, Richard T. et ATHOS, Anthony G., *The Art of Japanese Management*, New York, Simon and Schuster, 1981.

PATRICK, Hugh, «Economic Realities and Enterprise Strategy : A Comment», dans VOGEL, Ezra (éd.), *Modern Japanese Organization and Decision-Making*, Berkeley et Los Angeles, University of California Press, 1975, p. 244-248.

PATRICK, Hugh (éd.), *Japan's High Technology Industries*, Seattle, University of Washington Press, 1986.

PATRICK, Hugh et ROSOVSKY, Henry (eds.), *Asia's New Giant. How the Japanese Economy Works*, Washington, The Brookings Institution, 1976.

PATRICK, Hugh et ROSOVSKY, Henry, «Japan's Economic Performance : An Overview», dans PATRICK, H. et ROSOVSKY, H. (eds.), *Asia's New Giant*, Washington, The Brookings Institution, 1976, p. 1-61.

PAULI, Gunter et WRIGHT, Richard W., *L'assaut japonais sur la finance*, Paris, Economica, 1991.

PEAK, Lois, «Learning to Become Part of the Group : The Japanese Child's Transition to Preschool Life», *Journal of Japanese Studies*, 15.1, 1989, p. 93-123.

PECHMAN, Joseph A. et KAIZUKA, Keimei, «Taxation», dans PATRICK, H. et ROSOVSKY, H. (eds.), *Asia's New Giant*, Washington, The Brookings Institution, 1976, p. 317-382.

PECK, Merton J. et TAMURA, Shûji, «Technology», dans PATRICK, H. et ROSOVSKY, H. (eds.), *Asia's New Giant*, Washington, The Brookings Institution, 1976, p. 525-585.

PEMPEL, T. J., *Policy and Politics in Japan*, Philadelphie, Temple University Press, 1982.

PENN, Roger, «Skilled Manual Workers in the Labour Process, 1856-1964», dans WOOD, S. (éd.), *The Degradation of Work ? Skill, Deskilling and the Labour Process*, Londres, Hutchison & Co., 1982, p. 90-108.

PLATH, David (éd.), *Work and Lifecourse in Japan*, Albany, State University of New York Press, 1983.

PONS, Philippe, «Consensus et idéologie», dans TOURAINE, Alain, *et al.*, *Japon. Le consensus: mythe et réalités*, Paris, Economica, 1984, p. 29-66.

PRICE, John, *From Quality Circles to Team Concept : A Critical Review of the Japanese Labour Relations Model*, Vancouver, University of British Columbia, Institute of Asian Research, Working Paper n° 31, 1989.

PRICE, John, «Postwar Industrial Relations and the Origins of Lean Production in Japan (1945-1973)», thèse de Ph. D., Département d'histoire, University of British Columbia, 1993.

PYLE, Kenneth B. (éd.), *The Trade Crisis : How Will Japan Respond ?*, Seattle, University of Washington, 1987.

RATCLIFFE, C. Tait, «Approaches to Distribution in Japan», dans FRANK, Isaiah (éd.), *The Japanese Economy in International Perspective*, Baltimore et Londres, Johns Hopkins University, 1975, p. 101-133.

RICHARD, Michel, «Les frictions commerciales nippo-américaines et le rôle de l'agriculture», dans BERNIER, Bernard et SATOW, Yukio (dir.), *Le Japon face à l'internationalisation : perspectives économiques et socio-*

*politiques pour les années 1990*, Hiroshima, Institute for Peace Research, Hiroshima University, 1988, p. 59-84.

RICHARDSON, Bradley et UEDA, Taizo (eds), *Business and Society in Japan*, New York, Praeger, 1981.

RICKETTS, Robert, «Kûkô-ron. Le nouvel aéroport international de Tokyo : ses origines et son économie politique, 1962-1966», dans BERNIER, Bernard, CHANG, Wei-penn et RICKETTS, Robert (dir.), *Le Japon : problèmes économiques et sociaux de l'après-guerre*, Montréal, Université de Montréal, Centre d'études de l'Asie de l'Est, *Cahiers du Centre d'études de l'Asie de l'Est*, n° 1, 1980, p. 8-60.

ROBERTS, Glenda, *Staying on the Line. Blue-Collar Women in Contemporary Japan*, Honolulu, University of Hawaii Press, 1994.

RÔDÔSHÔ, *Rôdô hakusho*, Tokyo, Rôdôshô, 1991, 1992.

ROHLEN, Thomas P., *For Harmony and Strength: Japanese White-Collar Organization in Anthropological Perspective*, Berkeley, University of California Press, 1974.

ROHLEN, Thomas P., «Education in Japanese Society», dans OKIMOTO, Daniel I. et ROHLEN, Thomas P. (eds.), *Inside the Japanese System*, Stanford, Stanford University Press, 1988, p. 25-31.

ROSENBLUTH, Frances McCall, *Financial Politics in Contemporary Japan*, Ithaca, N. Y., Cornell University Press, 1989.

RÔYAMA, Shoichi, «Freer Financial Markets», dans *Look Japan*, Vol. 33, n° 376, juillet 1987, p. 12-13.

RÔYAMA, Shoichi, «Deregulation. Time for Change», dans *Look Japan*, Vol. 37, n° 427, octobre 1991, p. 12-14.

RÔYAMA, Shoichi, «Financial Reform. Motions of Low Confidence», dans *Look Japan*, Vol. 38, n° 438, septembre 1992, p. 12-13.

SABOURET, Jean-François, «L'éducation nippone : passé, présent. La société du diplôme», dans TOURAINE, A. *et al.*, *Le Japon. Le consensus : mythe et réalités*, Paris, Economica, 1984, p. 91-137.

SABOURET, Jean-François, «La course à l'examen», dans SABOURET, Jean-François (dir.), *L'état du Japon*, Paris, La Découverte, 1988, 208-209.

SABOURET, Jean-François (dir.), *L'état du Japon*, Paris, La Découverte, 1988.

SALAMAN, Graeme, «Factory Work», dans DEEM, S. et SALAMAN, G. (eds.), *Work, Culture and Society*, Londres et Philadelphie, Open U. Press, Milton Keynes, 1985, p. 1-21.

SASO, Mary, *Women in the Japanese Workplace*, Londres, Harry Shipman, 1990.

SATO, Kôzô et HOSHINO, Yasuo (eds.), *The Anatomy of Japanese Business*, Armonk, New York, M. E. Sharpe, 1984.

SAUTTER, Christian, *Japon. Le prix de la puissance*, Paris, Seuil, 1973.

SAUTTER, Christian, *Les dents du géant. Le Japon à la conquête du monde*, Paris, Olivier Orban, 1987.

SAXONHOUSE, Gary R., «Industrial Restructuring in Japan», *Journal of Japanese Studies*, vol. 5, n° 2, 1979, p. 273-320.

SCHILLING, Jean-Luc, «Le système financier», dans SABOURET, Jean-François (dir.), *L'état du Japon*, Paris, La Découverte, 1988, p. 257-260.

SHIGEHARA, Kumiharu, «Financial Liberalization and Monetary Policy», dans FAIR (éd.), *Japan's Financial Markets*, Tokyo, Foundation for Advanced Information and Research, 1991, p. 523-540.

SHINKAI, Yoichi, «The Internationalization of Finance in Japan», dans INOGUCHI, Takashi et OKIMOTO, Daniel I. (eds.), *The Political Economy of Japan*, Vol. 2, *The Changing International Context*, Stanford, Stanford University Press, 1988, p. 249-271.

SMITH, Robert J., *Japanese Society : Tradition, Self, and the Social Order*, Cambridge, Cambridge University Press, 1983.

SMITH, Thomas C., *The Agrarian Origins of Modern Japan*, Stanford, Stanford University Press, 1959.

SPAULDING, Robert M., Jr., «The Bureaucracy as a Political Force, 1920-45», dans MORLEY, James W. (ed.), *Dilemmas of Growth in Prewar Japan*, Princeton, Princeton University Press, 1971, p. 33-80.

Statistics Bureau, Prime Minister's Office, *Japan's Statistical Yearbook*, Tokyo, Prime Minister's Office, 1972, 1974, 1982, 1990, 1992.

SUMIYA, Mikio, *Nihon chinrôdô shi ron*, Tokyo, Tokyo daigaku shuppankai, 1955.

SUMIYA, Mikio, *Social Impact of Industrialization in Japan*, Tokyo, Japanese Commission for UNESCO, 1963.

SUMIYA, Mikio, *Nihon no rôdô mondai*, Tokyo, Tokyo daigaku shuppankai, 1967.

SUMIYA, Mikio, KOBAYASHI, K. et HYODO, T., *Nihon shihonshugi to rôdô mondai*, Tokyo, Tokyo daigaku shuppankai, 1967.

SUMIYA, Mikio (éd.), *Gijustu kakushin to rôshi kankei*, Tokyo, Nihon rôdô kyôkai, 1985.

SUZUKI, Kazushige et ISHIYAMA, Hitoshi, «Changes in Corporate Fund Raising and Corporate Management», dans FAIR (éd.), *Japan's Financial Markets*, Tokyo, Foundation for Advanced Information and Research, 1991, p. 45-63.

SUZUKI, Yoshio et YOMO, Hiroshi (eds.), *Financial Innovation and Monetary Policy: Asia and the West*, Tokyo, University of Tokyo Press, 1986.

TACHI, Ryuichiro, «Banking Reform. Pulling Down Walls», dans *Look Japan*, Vol. 34, n° 385, avril 1988, p. 10-12.

TAIRA, Kôji, *Economic Development and the Labor Market in Japan*, New York, Columbia University, 1970.

TAKAHASHI, Gen, «Investing in Growth», dans *Look Japan*, Vol. 34, n° 96, 1989, p. 18-19.

TAKENAKA, Heizo, «Looking to the Heisei Boom», dans *Look Japan*, Vol. 34, n° 396, 1989, p. 24.

TATEWAKI Kazuo, *Banking and Finance in Japan*, Londres et New York, Routledge, 1991.

TESTART, Hubert, «Le budget de l'État», dans SABOURET, Jean-François (dir.), *L'état du Japon*, Paris, La Découverte, 1988, p. 172-175.

THAYER, Nathaniel B., *How the Conservatives Rule Japan*, Princeton, Princeton University Press, 1969.

TOURAINE, Alain, *et al.*, *Japon. Le consensus : mythe et réalités*, Paris, Economica, 1984.

TRESIZE, Philip H. et SUZUKI, Yukio, «Politics, Government, and Economic Growth in Japan», dans PATRICK, H. et ROSOVSKY, H. (eds.), *Asia's New Giant*, Washington, The Brookings Institution, 1976, p. 753-811.

TSUDO, Masumi, *Shûdanshugi keiei no kôsô*, Tokyo, Toyo keizai shinpôsha, 1973.

TSURUMI, E. Patricia, *Factory Girls. Women in the Thread Mills of Meiji Japan*, Princeton, Princeton University Press, 1990.

UEDA, Kazuo, «Keiretsu. Judging the Ties That Bind», dans *Look Japan*, Vol. 36, n° 415, octobre 1990, p. 20-21.

UEKUSA, Masu, «Unmaking the Rules», dans *Look Japan*, Vol. 35, n° 397, avril 1989, p. 8-10.

UMESAO, Tadao et TADA, Michitarô (eds.), *Nihon bunka no kôzô*, Tokyo, Kôdansha, 1972.

USUKI, Masaharu, «The Future of Corporate Finance», dans FAIR (éd.), *Japan's Financial Markets*, Tokyo, Foundation for Advanced Information and Research, 1991, p. 31-44.

VOGEL, Ezra F., *Japan's New Middle Class*, Berkeley, University of California Press, 1963.

VOGEL, Ezra F., *Japan as Number One*, New York, Harper, 1979.

VOGEL, Ezra F., *The Impact of Japan on a Changing World*, Hong Kong, The Chinese University Press, 1987.

VOGEL, Ezra F. (éd.), *Modern Japanese Organization and Decision-Making*, Berkeley, University of California Press, 1975.

WALLICH, Henry C. et WALLICH, Mable I., «Banking and Finance», dans PATRICK, H. et ROSOVSKY, H. (eds.), *Asia's New Giant*, Washington, The Brookings Institution, 1976, p. 250-315.

WATANABE, Takashi et NAKATANI, Yukio, «Financial Deregulation and the Long-Term Credit Banks' Response to It», dans FAIR (éd.), *Japan's Financial Markets*, Tokyo, Foundation for Advanced Information and Research, 1991, p. 365-377.

WOOD, Stephen, «Work Organization», dans DEEM, Rosemary et SALA-MAN, Graeme (eds.), *Work, Culture and Society*, Londres et Philadelphie, Open U. Press, Milton Keynes, 1985, p. 77-101.

WRIGHT, Richard W. et HUGGETT, Susan, *A Yen for Profit: Canadian Financial Institution in Japan*, Halifax, The Institute for Policy Research, 1987.

YAMAMURA, Kôzô, *Economic Policy in Postwar Japan*, Berkeley et Los Angeles, University of California Press, 1967.

YAMAMURA, Kôzô (éd.), *Policy and Trade Issues of the Japanese Economy*, Seattle, University of Washington Press, 1982.

YAMAMURA, Kôzô et YASUBA, Yasukichi (eds.), *The Political Economy of Japan*, vol. 1, *The Domestic Transformation*, Seattle, University of Washington Press, 1987.

Yano-Tsuneta Kinenkai, *Nippon, A Chartered Survey of Japan*, Tokyo, Yano-Tsuneta Kinenkai, 1962, 1972, 1981, 1990, 1991, 1992.

YOSHINO, Kôsaku, *Cultural Nationalism in Contemporary Japan*, Londres et New York, Routledge, 1992.

YOSHINO, Michael Y., *Japanese Multinational Enterprises*, Cambridge, Mass., Harvard University Press, 1976.

ZUBOFF, Shoshanna, *In the Age of the Smart Machine : The Future of Work and Power*, New York, Basic Books, 1988.

# Table des matières

**Graphique**

**Cartes**

**Tableaux**

• Cap-Saint-Ignace
• Sainte-Marie (Beauce)
  Québec, Canada
  1995